OEUVRES
COMPLÈTES
DE JACQUES-HENRI-BERNARDIN
DE
SAINT-PIERRE.

TOME CINQUIÈME.

DE L'IMPRIMERIE DE L.-T. CELLOT.

ŒUVRES
COMPLÈTES
DE JACQUES-HENRI-BERNARDIN
DE
SAINT-PIERRE,

MISES EN ORDRE ET PRÉCÉDÉES DE LA VIE DE L'AUTEUR,

PAR L. AIMÉ-MARTIN.

.... Miseris succurrere disco.
ÆN., lib. I.

ÉTUDES DE LA NATURE.
TOME TROISIÈME.

A PARIS,

CHEZ MÉQUIGNON-MARVIS, LIBRAIRE,
RUE DE L'ÉCOLE DE MÉDECINE, N° 9.

M. DCCC. XVIII.

ÉTUDES
DE
LA NATURE.

ÉTUDE DOUZIÈME.

DE QUELQUES LOIS MORALES DE LA NATURE.

FAIBLESSE DE LA RAISON; DU SENTIMENT; PREUVES DE LA DIVINITÉ ET DE L'IMMORTALITÉ DE L'AME PAR LE SENTIMENT.

TELLES sont les preuves physiques de l'existence de la Divinité, que la faiblesse de ma raison m'a permis de mettre en ordre. J'en ai recueilli peut-être dix fois autant; mais j'ai vu que je n'étais encore qu'au commencement de la carrière; que plus j'avançais, plus elle s'étendait devant moi; que je serais bientôt accablé de mon propre travail, et que, comme dit l'Ecriture, il ne me resterait, à la fin des ouvrages de la création, qu'un profond étonnement.

C'est un des grands maux de notre vie, qu'à mesure que nous approchons de la source de la vérité, elle s'enfuie de devant nous, et que, quand nous en saisissons, par hasard, quelques rameaux, nous ne puissions y rester constamment attachés. Pourquoi le sentiment qui m'élevait hier aux cieux, à la vue d'un rapport nouveau de la nature, a-t-il disparu aujourd'hui? Archimède ne resta pas toujours ravi hors de lui-même par sa découverte des rapports des métaux dans la couronne du roi Hiéron. Il en trouva, depuis, d'autres plus à son gré : tel est celui du cylindre circonscrit à la sphère, qu'il ordonna qu'on gravât sur son tombeau. Pythagore vit à la fin, de sang-froid, le carré de l'hypothénuse, pour la découverte duquel il avait voué, dit-on, cent bœufs à Jupiter. Je me souviens que lorsque j'eus, pour la première fois, la démonstration de ces sublimes vérités, j'en ressentis une joie presque aussi vive que celle des grands hommes qui en avaient été les inventeurs. Pourquoi s'est-elle éteinte? Pourquoi faut-il aujourd'hui des nouveautés pour me donner des plaisirs? L'animal est, sur ce point, plus heureux que nous : ce qui lui plaisait hier lui plaira encore demain; il se fixe à un terme, sans aller au-delà; ce qui lui suffit, lui semble toujours beau et bon. L'abeille ingénieuse bâtit des cellules commodes, et elle ne fabrique ni arcs de triomphe, ni obélisques pour décorer ses villes de cire. Une cabane suffisait de même à l'homme pour être aussi bien logé qu'une abeille.

Pourquoi lui a-t-il fallu cinq ordres d'architecture, des pyramides, des tours, des kiosques?

Quelle est donc cette faculté versatile, appelée *raison*, que j'emploie à observer la nature? C'est, disent les écoles, une perception de convenances, qui distingue essentiellement l'homme de la bête; l'homme a de la raison, et la bête n'a que de l'instinct. Mais si cet instinct montre toujours à l'animal ce qui lui est le plus convenable, il est donc aussi une raison, et une raison plus précieuse que la nôtre, puisqu'elle est invariable, et qu'elle ne s'acquiert point par de longues et pénibles expériences. A cela, les philosophes du siècle passé répondaient, qu'une preuve que les bêtes n'avaient pas de raison, c'est qu'elles agissaient toujours de la même manière; ainsi ils concluaient, de la perfection même de leur raison, qu'elles n'en avaient pas. On peut voir par là combien de grands noms, des pensions et des corps peuvent accréditer les plus grandes absurdités; car l'argument de ces philosophes attaque directement l'intelligence suprême elle-même, qui est constante dans ses plans, comme les animaux dans leur instinct. Si les abeilles font toujours leurs alvéoles de la même forme, c'est que la nature fait toujours les abeilles de la même figure.

Je ne veux pas dire toutefois que la raison des bêtes et celle des hommes soient la même; la nôtre est, sans contredit, plus étendue que l'instinct de chaque animal en particulier; mais si l'homme a une raison universelle, ne serait-ce point parce qu'il a des besoins universels? A la vérité, il démêle aussi les besoins des autres animaux; mais ne serait-ce point relativement à lui qu'il a fait cette étude? Si le chien ne s'occupe point de l'avoine du cheval, c'est peut-être parce que le cheval ne sert pas aux besoins du chien. Nous avons cependant des convenances naturelles qui nous sont propres, telles que l'usage de l'agriculture et du feu. Ces connaissances prouveraient sans doute notre supériorité, si elles n'étaient pas encore des témoignages de notre misère. Les animaux n'ont pas besoin d'allumer de feu et d'ensemencer la terre, puisqu'ils sont vêtus et nourris par la nature; d'ailleurs, plusieurs d'entre eux ont en eux-mêmes des facultés bien supérieures à nos sciences, qui nous sont, au fond, étrangères. Si nous avons découvert quelques phosphores, la mouche lumineuse des tropiques a en elle-même un foyer de lumière, qui l'éclaire pendant la nuit. Tandis que nous nous amusons à faire des expériences avec l'électricité, la torpille l'emploie à sa défense; et pendant que les académies de l'Europe proposent des prix considérables pour ceux qui trouveront le moyen de déterminer la longitude en pleine mer, des paille-en-cus et des frégates parcourent tous les jours des trois ou quatre cents lieues entre les tropiques, d'orient en occident, sans jamais manquer de retrouver, le soir, le rocher d'où ils sont partis le matin.

C'est bien une autre insuffisance, lorsque les philosophes veulent employer, pour combattre l'intelligence de la nature, cette même raison qui ne peut servir à la connaître. Voilà de beaux argumens sur les dangers des passions, la frivolité de la vie, la perte de l'honneur, de la fortune, des enfants. Vous me délogez bien, divin Marc-Aurèle, et vous aussi, sceptique Montaigne; mais vous ne me logez pas. Vous m'appuyez sur le bâton de la philosophie, et vous me dites : Marchez ferme ; courez le monde en mendiant votre pain ; vous voilà tout aussi heureux que nous dans des châteaux, avec nos femmes et la considération de nos voisins. Mais voici un mal que vous n'avez pas prévu. Je n'ai reçu, dans ma patrie, que des calomnies pour mes services; je n'ai éprouvé que de l'ingratitude de la part de mes amis, et même de mes patrons; je suis seul, et je n'ai plus de quoi subsister; j'ai des maux de nerfs, j'ai besoin des hommes, et mon ame se trouble à leur vue, en se rappelant les funestes raisons qui les réunissent, et qu'on ne vient à bout de les intéresser qu'en flattant leurs passions, et en devenant vicieux comme eux. A quoi lui a servi d'avoir étudié la vertu? elle se trouble par ces ressouvenirs, et même sans aucune réflexion, au simple aspect des hommes. La première chose qui me manque est cette raison, sur laquelle vous voulez que je m'appuie. Toutes vos belles dialectiques disparaissent, précisément quand j'en ai besoin. Mettez un roseau entre les mains d'un malade : la première chose qui lui échappera, s'il lui survient une faiblesse, c'est ce même roseau; et s'il vient à s'appuyer dessus, dans sa force, il le brisera, et s'en percera peut-être la main. La mort vous guérira de tout, me dites-vous; mais, pour mourir, je n'ai pas besoin de tant raisonner : d'ailleurs, je n'entre pas vivant dans la mort, mais mourant et ne raisonnant plus, sentant toutefois et souffrant encore.

Ainsi, la religion l'emporte de beaucoup sur la philosophie, parce qu'elle ne nous soutient point par notre raison, mais par notre résignation. Elle ne nous veut pas debout, mais couchés; non sur le théâtre du monde, mais reposés au pied du trône de Dieu; non inquiets de l'avenir, mais confiants et tranquilles. Quand les livres, les honneurs, la fortune et les amis nous abandonnent, elle nous présente, pour appuyer notre tête, non pas le souvenir de nos frivoles et comédiennes vertus, mais celui de notre insuffisance; et au lieu des maximes orgueilleuses de la philosophie, elle ne demande de nous que le repos, la paix et la confiance filiale.

Je ferai encore une réflexion sur cette raison,

ou, ce qui revient au même, sur cet esprit dont nous sommes si vains : c'est qu'il paraît être le résultat de nos malheurs. Il est très-remarquable que les peuples les plus célèbres par leur esprit, leurs arts, et leur industrie, ont été les plus malheureux de la terre par leur gouvernement, leurs passions ou leurs discordes. Lisez la vie de la plupart de nos hommes célèbres par leurs lumières, vous verrez qu'ils ont été fort misérables, sur-tout dans leur enfance. Les borgnes, les boiteux, les bossus, ont en général plus d'esprit que les autres hommes, parce qu'étant plus désagréablement conformés, ils portent leur raison à observer avec plus d'attention les rapports de la société, afin d'échapper à son oppression. A la vérité, ils passent pour avoir l'esprit méchant, mais ce caractère appartient assez à ce que la société appelle de l'esprit. D'ailleurs, ce n'est point la nature qui les a rendus tels, mais les railleries ou les mépris de ceux avec lesquels ils ont vécu.

Qu'est-ce, d'ailleurs, que cette raison dont on fait tant de bruit? Puisqu'elle n'est que la relation des objets avec nos besoins, elle n'est donc que notre intérêt personnel. Voilà pourquoi il y a tant de raisons de famille, de corps et d'états, des raisons de tous les pays et de tous les âges : voilà pourquoi autre est la raison d'un jeune homme et celle d'un vieillard, d'une femme et d'un ermite, d'un militaire et d'un prêtre. Tout le monde a raison, disait le duc de la Rochefoucault. Oui, sans doute; et c'est parce que chacun a raison, que personne n'est d'accord.

Cette faculté sublime éprouve de plus, dès les premiers moments de son développement, des secousses qui la rendent, en quelque sorte, incapable de pénétrer dans le champ de la nature. Je ne parle pas de nos méthodes et de nos systèmes, qui répandent des jours faux sur les premiers principes de notre savoir; en ne nous montrant plus la vérité que dans des livres, au milieu des machines, et sur des théâtres. J'ai dit quelque chose de ces obstacles dans les objections que j'ai présentées contre les éléments de nos sciences; mais ces maximes qu'on nous inspire dès l'enfance, *faites fortune, soyez le premier*, suffisent seules pour bouleverser notre raison naturelle; elles ne nous montrent plus le juste ou l'injuste que par rapport à nos intérêts personnels et à notre ambition; elles nous attachent pour l'ordinaire à la fortune de quelque corps puissant et accrédité, et nous rendent indifféremment athées ou dévots, libertins ou continents, Cartésiens ou Newtoniens, suivant qu'il importe à la cause qui est devenue notre unique mobile.

Méfions-nous donc de la raison, puisque dès les premiers pas elle nous égare dans la recherche de la vérité et du bonheur. Voyons s'il n'est pas en nous quelque faculté plus noble, plus constante et plus étendue. Quoique je n'aie à offrir dans cette recherche que des vues vagues et indéterminées, j'espère que des hommes plus éclairés que moi les fixeront, et les porteront un jour plus loin. C'est dans cette confiance, qu'avec des moyens bien faibles, je vais m'engager dans une carrière digne de toute l'attention du lecteur.

Descartes pose pour base des premières vérités naturelles : *je pense ; donc j'existe.* Comme ce philosophe s'est fait une grande réputation, qu'il méritait d'ailleurs par ses connaissances en géométrie, et sur-tout par ses vertus, son argument de l'existence a été fort applaudi, et a acquis la pondération d'un axiome. Mais, selon moi, cet argument pèche essentiellement en ce qu'il n'a point la généralité d'un principe fondamental ; car il s'ensuit implicitement, que dès qu'un homme ne pense pas, il cesse d'exister, ou au moins d'avoir des preuves de son existence. Il s'ensuit encore que les animaux, à qui Descartes refusait la pensée, n'avaient aucune preuve qu'ils existaient, et que la plupart des êtres sont dans le néant par rapport à nous, parce que souvent ils ne nous font naître que de simples sensations de formes, de couleurs et de mouvements, sans aucunes pensées. D'ailleurs les résultats des pensées humaines ayant été souvent employés, par leur versatilité, à faire douter de l'existence de Dieu, et même de la nôtre, comme fit le sceptique Pyrrhon ; ce raisonnement, comme toutes les opérations de notre intelligence, nous est suspect à juste titre.

Je substitue donc à l'argument de Descartes celui-ci, qui me paraît et plus simple et plus général : *je sens; donc j'existe*. Il s'étend à toutes nos sensations physiques, qui nous avertissent bien plus fréquemment de notre existence que la pensée. Il a pour mobile une faculté inconnue de l'ame, que j'appelle le *sentiment*, auquel la pensée elle-même se rapporte; car l'évidence à laquelle nous cherchons à ramener toutes les opérations de notre raison, n'est elle-même qu'un simple sentiment.

Je ferai voir d'abord que cette faculté mystérieuse diffère essentiellement des sensations physiques et des relations que nous présente la raison, et qu'elle se mêle d'une manière constante et invariable à tout ce que nous faisons; en sorte qu'elle est, pour ainsi dire, l'instinct humain.

Quant à la différence du sentiment aux sensations physiques, il est évident qu'Iphigénie aux autels, nous donne des impressions d'une nature différente du goût d'un fruit ou du parfum d'une fleur; et, quant à ce qui le distingue de l'esprit, il est certain que les larmes et le désespoir de Clytemnestre excitent en nous des émotions d'un autre genre que celles d'une satyre, d'une comédie, ou même, si l'on veut, d'une démonstration de géométrie.

Ce n'est pas que la raison n'aboutisse quelquefois au sentiment, quand elle se présente avec l'évidence; mais elle n'est, par rapport à lui, que ce que l'œil est par rapport au corps, c'est-à-dire, une vue intellectuelle : d'ailleurs, le sentiment me paraît être le résultat des lois de la nature, comme la raison le résultat des lois politiques.

Je ne définirai pas davantage ce principe obscur; mais je le ferai suffisamment connaître, si je le fais sentir. C'est à quoi nous nous flattons de parvenir, en l'opposant d'abord à la raison. Il est très-remarquable que les femmes, qui sont toujours plus près de la nature, par leurs désordres même, que les hommes, avec leur prétendue sagesse, ne confondent jamais ces deux facultés, et distinguent la première sous le nom de sensibilité, ou de sentiment par excellence, parce qu'elle est en effet la source de nos affections les plus délicieuses. Elles se gardent bien, comme la plupart des hommes, de confondre l'esprit et le cœur, la raison et le sentiment. Celle-ci, comme nous l'avons vu, est souvent notre ouvrage; l'autre est toujours celui de la nature. Ils diffèrent si essentiellement l'un de l'autre, que si vous voulez faire disparaître l'intérêt d'un ouvrage où il y a du sentiment, vous n'avez qu'à y mettre de l'esprit. C'est un défaut où sont tombés les plus fameux écrivains, dans tous les siècles où les sociétés achèvent de se séparer de la nature. La raison produit beaucoup d'hommes d'esprit, dans les siècles prétendus policés ; et le sentiment, des hommes de génie, dans les siècles prétendus barbares. La raison varie d'âge en âge, et le sentiment est toujours le même. Les erreurs de la raison sont locales et versatiles, et les vérités de sentiment sont constantes et universelles. La raison fait le moi grec, le moi anglais, le moi turc ; et le sentiment, le moi homme et le moi divin. Il faut des commentaires pour entendre aujourd'hui les livres de l'antiquité, qui sont les ouvrages de la raison, tels que ceux de la plupart des historiens et des poëtes satyriques et comiques, comme Martial, Plaute, Juvénal, et même ceux du siècle passé, comme Boileau et Molière ; mais il n'en faudra jamais pour être touché des prières de Priam aux pieds d'Achille, du désespoir de Didon, des tragédies de Racine, et des fables naïves de La Fontaine. Il faut souvent bien des combinaisons pour mettre à découvert quelque raison cachée de la nature ; mais les sentiments simples et purs de repos, de paix, de douce mélancolie, qu'elle nous inspire, viennent à nous sans effort. A la vérité, la raison nous donne quelques plaisirs ; mais si elle nous découvre quelque portion de l'ordre de l'univers, elle nous montre en même temps notre propre destruction, attachée aux lois de sa conservation ; elle nous présente à-la-fois les maux passés et les maux à venir ; elle donne des armes à nos passions, dans le même temps qu'elle nous démontre notre insuffisance. Plus elle s'étend au loin, plus, en revenant à nous, elle nous rapporte de témoignages de notre néant ; et bien loin de calmer nos peines, par ses recherches, elle ne fait souvent que les accroître, par ses lumières. Le sentiment, au contraire, aveugle dans ses désirs, embrasse les monuments de tous les pays et de tous les temps ; il se flatte, au milieu des ruines, des combats et de la mort même, de je ne sais quelle existence éternelle ; il poursuit, dans tous ses goûts, les attributs de la Divinité, l'infinité, l'étendue, la durée, la puissance, la grandeur et la gloire ; il en mêle les désirs ardents à toutes nos passions ; il leur donne ainsi une impulsion sublime ; et, en subjuguant notre raison, il devient lui-même le plus noble et le plus délicieux instinct de la vie humaine.

Le sentiment nous prouve bien mieux que la raison la spiritualité de notre ame ; car celle-ci nous propose souvent pour but la satisfaction de nos passions les plus grossières,[1] tandis que celui-là est toujours pur dans ses désirs. D'ailleurs, beaucoup d'effets naturels, qui échappent à l'une, ressortissent à l'autre ; telle est, comme nous l'avons dit, l'évidence même, qui n'est qu'un sentiment, et sur laquelle notre réflexion n'a point de prise ; telle est encore notre existence. La preuve n'en est point dans notre raison : car

pourquoi est-ce que j'existe? où en est la raison?
Mais je sens que j'existe, et ce sentiment me suffit.

Ceci posé, nous allons nous convaincre qu'il y a, dans l'homme, deux puissances, l'une animale, et l'autre intellectuelle, toutes deux de nature opposée, et qui forment la vie humaine, par leur réunion, comme toute harmonie, sur la terre, est formée de deux contraires.

Quelques philosophes se sont plu à nous peindre l'homme comme un dieu. Son attitude, disent-ils, est celle du commandement. Mais pour qu'il ait l'attitude du commandement, il faut donc que d'autres hommes aient celle de l'obéissance ; sans quoi il trouverait ses ennemis dans tous ses semblables. L'empire naturel de l'homme ne s'étend qu'aux animaux; et dans les guerres qu'il leur livre, ou dans les soins qu'il en prend, il est souvent obligé de quitter son attitude d'empereur, pour prendre celle d'un esclave. D'autres le représentent comme un objet perpétuel du courroux céleste, et ont accumulé sur son existence, toutes les misères qui pouvaient la lui faire abhorrer. Ce n'est point là l'homme. Il n'est point formé d'une nature simple comme les autres animaux, dont chaque espèce conserve constamment son caractère; mais de deux natures opposées, dont chacune se subdivise elle-même en plusieurs passions qui se contrastent. Par l'une de ces natures, il réunit en lui tous les besoins et toutes les passions des animaux; et par l'autre, les sentiments ineffables de la Divinité. C'est à ce dernier instinct, bien plus qu'à sa réflexion, qu'il doit le témoignage de l'existence de Dieu; car je suppose qu'ayant, par sa raison, la faculté d'apercevoir les convenances qui sont entre les objets de la nature, il trouvât les rapports qui existent entre une île et un arbre, un arbre et un fruit, un fruit et ses besoins; il se sentirait bien déterminé, à la vue d'une île, à y chercher sa nourriture : mais sa raison, en lui montrant les chaînons de quatre harmonies naturelles, n'en rapporterait pas la cause à un auteur invisible, s'il n'en avait le sentiment au fond du cœur. Elle s'arrêterait là où s'arrêteraient ses perceptions, et où se terminent celles des animaux. Un loup, qui passe une rivière à la nage, pour aborder dans une île où il aperçoit de l'herbe, dans l'espérance d'y trouver des moutons, conçoit également les chaînons de quatre relations naturelles entre l'île, l'herbe, des moutons, et son appétit; mais il ne se prosterne point devant l'Être intelligent qui les a établis.

En considérant l'homme comme animal, je n'en connais point qui lui soit comparable en misère. D'abord il est nu, exposé aux insectes, au vent, à la pluie, au froid, au chaud, et obligé par tout pays de se vêtir. Si sa peau acquiert, avec le temps, assez de dureté pour résister aux injures des éléments, ce n'est qu'après de cruelles épreuves, qui le font quelquefois peler de la tête aux pieds. Il ne sait rien naturellement, comme les autres animaux. S'il veut traverser une rivière, il faut qu'il apprenne à nager; il faut même que, dans son enfance, il apprenne à marcher et à parler (le nom même d'enfant vient du latin *infans*, c'est-à-dire, qui ne parle pas). Il n'y a point de pays, si heureusement situé, où il ne soit forcé de préparer sa nourriture avec beaucoup de soins. Le bananier et l'arbre du fruit à pain, lui donnent, entre les tropiques, des vivres toute l'année; mais il faut qu'il en plante les arbres, qu'il les enclose de haies épineuses, pour les préserver des bêtes, qu'il en fasse sécher les fruits pour la saison des ouragans, et qu'il bâtisse des loges pour les conserver. D'ailleurs, ces végétaux utiles ne sont réservés qu'à quelques îles privilégiées; car, dans le reste de la terre, la culture des grains et des racines alimentaires, exige une multitude d'arts et de précautions. Quand il a rassemblé autour de lui tous ses biens, l'amour et la volupté qui naissent de l'abondance, l'avarice, les voleurs, les incursions de l'ennemi, viennent troubler ses jouissances. Il lui faut des lois, des juges, des magasins, des forteresses, des confédérations et des régiments pour défendre au-dehors et au-dedans son malheureux champ de blé. Enfin, quand il pourrait jouir avec toute la tranquillité d'un sage, l'ennui s'empare de son cœur; il lui faut des comédies, des bals, des mascarades et des divertissements, pour l'empêcher de raisonner avec lui-même.

Il est impossible de concevoir qu'une nation puisse exister avec les simples passions animales. Les sentiments de justice naturelle, qui sont les bases de la législation, ne sont point des résultats de nos besoins mutuels, comme on le prétend. Nos passions ne sont point rétrogressives; elles n'ont que nous-mêmes pour centre unique. Une famille de sauvages dans l'abondance, ne s'inquiéterait pas plus du malheur de ses voisins qui manqueraient de vivres, que nous ne nous inquiétons à Paris si notre sucre et notre café coûtent des larmes à l'Afrique.

La raison même, jointe aux passions, n'en ferait qu'accroître la férocité; car elle leur fournirait de nouveaux arguments, long-temps après que leurs désirs seraient satisfaits. Elle n'est dans la plupart des hommes, que la relation des êtres avec leurs besoins, c'est-à-dire, leur intérêt personnel. Examinons-en l'effet, combiné avec l'amour et l'ambition, qui sont les deux tyrans de la vie.

Supposons d'abord un état entièrement régi par l'amour, tel que celui qui a été imaginé sur les bords du Lignon, par l'ingénieux d'Urfé. Je demande qui est-ce qui aurait soin d'y bâtir des maisons, et d'y labourer les terres? Ne faut-il pas y supposer des serviteurs qui subviennent à l'oisiveté de leurs maîtres? Ces serviteurs ne seront-ils pas obligés de s'abstenir de faire l'amour, afin que leurs maîtres en soient sans cesse occupés? D'ailleurs, à quoi les vieillards des deux sexes passeraient-ils leur temps? Voilà pour eux une belle perspective de voir leurs enfants toujours amoureux! Ce spectacle ne leur deviendrait-il pas un sujet perpétuel de regrets, de mauvaise humeur et de jalousie, comme il l'est parmi les nôtres? En vérité, un pareil gouvernement, fût-il dans une des îles de la mer du Sud, sous des bocages de cocotiers et d'arbres de fruits à pain, où il n'y eût rien à faire qu'à manger et à faire l'amour, serait bientôt rempli de discorde et d'ennui. Mais je veux que *la raison sociale* obligeât les familles à travailler chacune pour soi; et à mettre plus de variété dans leur vie en y appelant nos arts et nos sciences; elle acheverait bientôt de les détruire. Il ne faut pas du tout compter qu'on y entendît jamais aucun de ces discours touchants que d'Urfé met dans la bouche d'Astrée et de Céladon; ils n'appartiennent ni à l'amour animal, ni à la raison savante. Ceux-ci ont une autre logique. Quand un amant, éclairé de notre savoir, voudrait y inspirer de l'amour à sa maîtresse, si

toutefois il était besoin de quelque discours pour en venir à bout, il lui parlerait de ressorts, de masses, d'attractions, de fermentations, de feu électrique, et des autres causes physiques qui déterminent, selon nos modernes, les penchants des deux sexes et les mouvements des passions. *Les raisons politiques* viendraient mettre le sceau à leur union, en stipulant, dans la langue triste et mercenaire de nos contrats, des douaires, des nourritures, des retraits lignagers, des dons entre vifs, des rapports après décès. Mais *la raison personnelle* de chaque contractant ne tarderait pas à les séparer. Dès qu'un homme verrait sa femme malade, il lui dirait : « Mon tempérament m'o-
» blige de recourir à une femme qui se porte bien,
» et à vous abandonner. » Elle lui répondrait, sans doute, pour être conséquente : « Vous faites bien
» d'obéir à la nature. Je chercherais également
» un autre mari, si vous étiez à ma place. » Un fils dirait à son père, vieux et caduc : « Vous m'a-
» vez fait pour votre plaisir, il est temps que je
» vive pour le mien. » Où seraient les citoyens qui voudraient se réunir pour le maintien des lois d'une pareille société ; les soldats qui s'exposeraient à la mort pour la défendre, et les magistrats qui voudraient la gouverner ? Je ne parle pas d'une infinité d'autres désordres où entraîne cette passion fougueuse et aveugle, dirigée même par la froide raison.

Si, d'un autre côté, une nation était uniquement livrée à l'ambition, elle serait encore plus tôt détruite, ou par les ennemis du dehors, ou par ses propres citoyens. Il est d'abord difficile d'imaginer comment elle se pourrait former sous un législateur ; car, comment concevoir que des hommes ambitieux voulussent se soumettre à un autre homme ? Ceux qui les ont réunis, comme Romulus, Mahomet, et tous les fondateurs des nations, ne s'en sont fait écouter qu'en parlant au nom de la Divinité. Mais je suppose qu'on en vînt à bout de manière ou d'autre, une pareille société pourrait-elle jamais être heureuse ? Quelque éloge que les historiens donnent à Rome conquérante, croyez-vous que ses citoyens fussent alors bien fortunés ? Pendant qu'ils répandaient la terreur dans le monde, et qu'ils en faisaient couler les larmes, n'y avait-il pas à Rome des cœurs effrayés, et des yeux qui pleuraient la perte d'un fils, d'un père, d'un époux, d'un amant ? Tant d'esclaves qui formaient la plus grande partie de ses habitants, étaient-ils heureux ? Était-ce le général même de l'armée romaine, couronné de lauriers, et monté sur un char de triomphe, autour duquel, par une loi militaire, ses propres soldats chantaient des chansons, où ils lui reprochaient ses défauts, de peur qu'il ne s'enorgueillît ? Et quand la Providence permit que Paul Émile y triomphât d'un roi de Macédoine et de ses pauvres enfants, qui tendaient leurs petits bras au peuple romain pour émouvoir sa compassion, elle voulut que le vainqueur perdît, dans ce temps-là même, ses propres enfants, afin qu'aucun homme ne pût triompher impunément des larmes des hommes. Cependant ce même peuple, si porté à chercher sa gloire dans les malheurs d'autrui, fut obligé, pour s'en dissimuler l'horreur, de voiler de l'intérêt des dieux les larmes des nations, comme on déguise avec le feu les chairs des animaux qui nous servent de nourriture. Rome, suivant l'ordre des destins, devait être la capitale du monde. Elle armait son ambition d'une *raison céleste*, afin de la rendre victorieuse des puissances les plus redoutables, et d'en refréner la férocité dans ses citoyens, en les exerçant à des vertus sublimes. Que seraient-ils devenus, s'ils s'étaient livrés sans frein à cet instinct furieux ? Ils auraient été semblables aux sauvages de l'Amérique, qui brûlent leurs ennemis vivants, et dévorent leurs chairs toutes sanglantes. C'est ce que Rome éprouva à la fin, lorsque sa religion ne présenta plus à ses habitants éclairés que de vains simulacres. On vit alors les deux passions naturelles au cœur humain, l'ambition et l'amour, appeler dans ses murs le luxe de l'Asie, les arts corrupteurs de la Grèce, les proscriptions, les meurtres, les empoisonnements, les incendies, et la livrer enfin aux peuples barbares. Le Theutatès des Gaulois sortit alors des forêts du Nord, et vint faire trembler à son tour le Jupiter du Capitole.

Nos *raisons d'État* sont aujourd'hui moins sublimes, mais elles n'en sont pas moins fatales au repos des hommes, comme on en peut juger par les guerres de l'Europe, qui troublent sans cesse le monde. Une nation, livrée uniquement à ses passions et aux simples *raisons d'État*, réunirait bientôt sur elle toutes les misères de l'humanité; mais la Providence a mis dans l'homme un sentiment qui en balance le poids, en dirigeant ses désirs bien au-delà des objets de la terre; ce sentiment est celui de l'existence de la Divinité. L'homme n'est point homme parce qu'il est animal raisonnable, mais parce qu'il est animal religieux.

Cicéron et Plutarque remarquent qu'il n'y avait pas un seul peuple connu de leur temps, chez lequel on n'eût trouvé quelque religion. Le sentiment de la Divinité est naturel à l'homme. C'est cette lumière que saint Jean appelle la lumière qui éclaire tout homme venant en ce monde. Je reproche à quelques écrivains modernes, et même à des missionnaires, d'avoir avancé que certains peuples n'avaient aucun sentiment de la Divinité. C'est, à mon gré, la plus grande des calomnies dont on puisse flétrir une nation, parce qu'elle détruit nécessairement chez elle l'existence de toute vertu; et si cette nation en montre quelques apparences, ce ne peut être que par le plus grand des vices, qui est l'hypocrisie; car il ne peut y avoir de vertu sans religion. Mais il n'y a pas un de ces écrivains inconsidérés qui ne fournisse lui-même de quoi détruire son imputation; car les uns avouent que ces mêmes peuples athées rendent, dans certains jours, hommage à la lune, ou qu'ils se retirent dans les bois, pour y remplir des cérémonies dont ils dérobent la connaissance aux étrangers. Le P. Gobien, entre autres, dans son Histoire des îles Mariannes, après avoir affirmé que leurs insulaires ne reconnaissent aucune Divinité, et qu'ils n'ont pas la moindre idée de religion, nous dit immédiatement après, qu'ils invoquent leurs morts, qu'ils appellent *anitis*, dont ils gardent les crânes dans leurs maisons, et auxquels ils attribuent le pouvoir de commander aux éléments, de changer les saisons, et de rendre la santé; qu'ils sont persuadés de l'immortalité de l'ame, et qu'ils reconnaissent un paradis et un enfer. Certainement ces opinions prouvent qu'ils ont des idées de la Divinité.

Tous les peuples ont le sentiment de l'existence de Dieu, non pas tous en s'élevant à lui à la manière des Newtons et des Socrates, par l'harmonie générale de ses ouvrages, mais en s'arrêtant à ceux de ses bienfaits qui les intéressent le plus. L'indien du Pérou adore le Soleil; celui du Bengale, le Gange qui fertilise ses campagnes; le noir Iolof, l'Océan qui rafraîchit ses rivages; le Samoïède du Nord, le renne qui le nourrit. L'Iroquois errant demande aux esprits des lacs et des forêts, des pêches et des chasses abondantes. Plusieurs peuples adorent leurs rois. Il n'en est point qui, pour rendre plus chers aux hommes ces dispensateurs augustes de leur bonheur, n'aient fait intervenir quelque divinité pour consacrer leur origine. Tels sont, en général, les dieux des nations; mais quand les passions viennent obscurcir parmi elles cet instinct divin, et y mêler ou les fureurs de l'ambition, ou les égarements de la volupté, on les voit se prosterner devant des serpents, des crocodiles et des dieux qu'on n'ose nommer. On les voit offrir dans leurs sacrifices, le sang de leurs ennemis et la virginité de leurs filles. Tel est le caractère d'un peuple, telle est sa religion. L'homme est tellement entraîné par cette impulsion céleste, que, lorsqu'il cesse de prendre la Divinité pour son modèle, il ne manque jamais d'en faire une sur sa propre image.

Il y a donc en l'homme deux puissances; l'une animale, et l'autre divine. La première lui donne sans cesse le sentiment de sa misère; la seconde, celui de son excellence : et c'est de leurs combats que se forment les variétés et les contradictions de la vie humaine.

C'est par le sentiment de la misère que nous sommes sensibles à tout ce qui nous offre une idée d'asyle et de protection, d'aisance et de commodité ; voilà pourquoi la plupart des hommes aiment les tranquilles retraites, l'abondance, et tous les biens que la nature libérale présente, sur la terre, à nos besoins. C'est ce sentiment qui donna à l'Amour les chaînes de l'Hymen, afin que l'homme trouvât un jour la compagne de ses peines dans celle de ses plaisirs, et que les enfants fussent assurés des secours de leurs parents. C'est lui qui rend le paisible bourgeois si avide du récit des intrigues des cours, des relations de batailles, et des descriptions de tempêtes, parce que les dangers du dehors augmentent au dedans le bonheur de sa sécurité. Ce sentiment se mêle souvent aux affections morales; il cherche des appuis dans l'amitié, et des encouragements dans l'éloge. C'est lui qui nous rend attentifs aux promesses de l'ambitieux, lorsque nous nous empressons de le suivre, comme des esclaves, séduits par les idées de protection dont il nous trompe. Ainsi le sentiment de notre misère est un des plus grands liens de nos sociétés politiques, quoiqu'il nous attache à la terre.

Le sentiment de la Divinité nous pousse en sens contraire. [3] C'est lui qui conduisit l'amour aux autels, et qui lui inspira les premiers serments; il offrit les premiers enfants au ciel, lorsqu'il n'y avait point encore de lois politiques; il rendit l'amour sublime et l'amitié généreuse; il secourut d'une main les malheureux, et s'opposa de l'autre aux tyrans; il devint le mobile de la générosité et de toutes les vertus. Content de servir les hommes, il dédaigna d'en être applaudi. Quand il se montra dans les arts et dans les sciences, il en devint le charme, qui nous ravit; il y fit naître l'ennui quand il en disparut. C'est lui qui rend immortels les hommes de génie qui nous découvrent, dans la nature, de nouveaux rapports d'intelligence.

Quand ces deux sentiments se croisent, c'est-à-dire, lorsque nous attachons l'instinct divin aux choses périssables, et l'instinct animal aux choses divines, notre vie est agitée de passions contradictoires. Voilà la cause de tant d'espérances et de craintes frivoles qui tourmentent les hommes. Ma fortune est faite, dit l'un, j'ai de quoi vivre *pour toujours;* et il mourra demain. Que je suis misérable, dit un autre! je suis perdu *pour jamais;* et la mort le délivre de tous ses maux. On tient à la vie, disait Michel Montaigne, par des bagatelles; par un verre: oui, parce qu'on porte sur ce verre le sentiment de l'infini. Si la vie et la mort paraissent souvent insupportables aux hommes, c'est qu'ils mettent le sentiment de leur fin dans leur mort, et celui de l'infini dans leur vie. Mortels, si vous voulez vivre heureux et mourir contents, ne dénaturez point vos lois; considérez qu'à la mort toutes les peines de l'animal finissent, les besoins du corps, les maladies, les persécutions, les calomnies, les esclavages de toutes les sortes, les rudes combats des passions avec soi-même et avec les autres. Considérez qu'à la mort toutes les jouissances d'un être moral commencent les récompenses des vertus et des moindres actes de justice et d'humanité, méprisés ou dédaignés du monde ; mais qui nous ont en quelque sorte rapprochés sur la terre de l'Être juste et éternel.

Quand ces deux instincts se réunissent dans le même lieu, ils nous donnent les plus grands plaisirs dont nous soyons capables ; car alors nos deux natures, si j'ose ainsi les appeler, jouissent à-la-fois. 4 Nous allons présenter un léger ensemble de leurs harmonies ; après quoi nous suivrons les traces du sentiment céleste qui nous est naturel, dans nos sensations les plus communes.

Je vous suppose donc, lecteur, fatigué des maux de nos sociétés, cherchant vers les extrémités de l'Afrique, quelque terre heureuse, inconnue aux Européens. Votre vaisseau, voguant sur la Méditerranée, est jeté, à l'entrée de la nuit, par une tempête, sur une côte où il fait naufrage. Par la faveur du ciel, vous vous sauvez à terre ; vous vous réfugiez dans une grotte que vous apercevez, à la lueur des éclairs, au fond d'un petit vallon. Là, retiré dans cet asyle, vous entendez, toute la nuit, le tonnerre gronder et la pluie tomber par torrents. Au point du jour, vous découvrez derrière vous une ceinture de grands rochers, escarpés comme des murailles. De leurs bases sortent çà et là des touffes de figuiers couverts de figues blanches et rouges, et des bouquets de carouges chargés de siliques brunes; leurs sommets sont couronnés de pins, d'oliviers sauvages et de cyprès à demi courbés par la violence des vents. Les échos de ces rochers répètent, dans les airs, les rumeurs confuses de la tempête, et les bruits rauques de la mer irritée, que l'on aperçoit au loin. Mais le petit vallon où vous êtes, est le séjour du calme et du repos. C'est dans ses flancs moussus que l'alouette de mer fait son nid, et sur ses grèves solitaires que la mauve attend la fin des orages.

Déjà les premiers feux de l'aurore se prolongent sur les stæchas fleuris et les nappes violettes de thym qui tapissent ses collines. Ses rayons vous font apercevoir, au sommet d'un des plateaux voisins, une cabane à l'ombre des arbres. Il en sort un berger, sa femme et sa fille, qui s'acheminent vers la grotte, en portant sur leur tête des vases et des corbeilles. C'est le spectacle de votre malheur qui attire ces bonnes gens auprès de vous. Ils vous apportent du feu, des fruits, du pain, du vin et des vêtements. Ils s'empressent de vous rendre tous les devoirs de l'hospitalité.

Les besoins du corps satisfaits, ceux de l'ame se font sentir: vous promenez vos regards sur la mer, et vous cherchez en vous-même à connaître dans quelle partie du monde vous vous trouvez; mais ce berger vous tire d'inquiétude, en vous disant: « Cette île éloignée que vous voyez au
» nord, est Mycone. Voilà Délos un peu sur la
» gauche, et Paros devant nous. Celle où nous
» sommes est Naxos; vous êtes dans cette partie
» de l'île où Ariane fut autrefois abandonnée
» par Thésée. C'est sur cette longue dune de sable
» blanc qui s'avance là-bas dans la mer, qu'elle
» passait les jours à considérer le lieu de l'hori-
» zon où le vaisseau de son amant infidèle avait
» disparu à sa vue; et c'est dans cette grotte
» même où vous êtes, qu'elle se retirait pendant
» les nuits pour pleurer son départ. A droite, en-
» tre ces deux coteaux, au haut desquels vous
» voyez des ruines confuses, était une ville floris-
» sante, appelée Naxos. Les femmes qui l'habi-
» taient, touchées des malheurs de la fille de
» Minos, vinrent chercher à la consoler. Elles
» tentèrent d'abord de la distraire par leurs con-
» versations; mais rien ne pouvait lui plaire que
» le nom et le souvenir de Thésée. Ces femmes
» feignirent alors des lettres de ce héros, rem-
» plies d'amour et adressées à Ariane. Elles
» coururent les lui porter, en lui disant : Con-
» solez-vous, belle Ariane, Thésée reviendra

» bientôt; Thésée pense toujours à vous. Ariane,
» hors d'elle-même, lisait ces lettres, et d'une
» main tremblante, se hâtait d'y répondre. Les
» Naxiennes emportaient ses réponses, et lui pro-
» mettaient de les faire parvenir bientôt à Thé-
» sée. C'est ainsi qu'elles trompaient sa douleur.
» Mais quand elles s'aperçurent que la vue de
» la mer la plongeait de plus en plus dans la mé-
» lancolie, elles l'amenèrent au milieu de ces
» grands bocages que vous apercevez là-bas dans
» les terres. Là, elles inventèrent toutes sortes
» de fêtes pour charmer ses ennuis. Tantôt elles
» formaient autour d'elle des chœurs de danses,
» et représentaient, en se tenant par la main, les
» divers détours du labyrinthe de Crète, d'où,
» par son secours, était sorti l'heureux Thésée:
» tantôt elles feignaient de tuer le terrible Mino-
» taure. Ariane rouvrait son cœur à la joie, en
» voyant des spectacles qui lui rappelaient la
» puissance de son père, la gloire de son amant,
» et le triomphe de ses charmes qui avaient ré-
» paré les destinées d'Athènes : mais quand les
» vents, malgré le son des tambours et des flûtes,
» lui apportaient le bruit lointain des flots, qui
» se brisaient sur le rivage d'où elle avait vu par-
» tir le cruel Thésée, elle se tournait du côté de
» la mer, et se mettait à pleurer. Ainsi les
» Naxiennes connurent que l'amour malheureux
» trouve, jusqu'au milieu des jeux, à redoubler

» ses peines; et qu'on ne perd le souvenir de ses
» maux qu'en perdant celui de ses plaisirs. Elles
» cherchèrent donc à éloigner Ariane des lieux
» et des bruits qui pouvaient lui rappeler son
» amant. Elles l'engagèrent à venir dans leur
» ville, où elles lui donnèrent de grands festins
» dans des salles magnifiques, soutenues par des
» colonnes de granit. Là, il n'était permis à au-
» cun homme d'entrer, et aucun bruit du dehors
» ne se faisait entendre. Elles en avaient couvert
» le pavé, les murs, les portes et les fenêtres,
» de tapisseries où elles avaient représenté des
» prairies, des vignobles, et d'agréables soli-
» tudes. Elles les éclairaient avec des lampes et
» des flambeaux. Elles faisaient asseoir Ariane
» au milieu d'elles sur des coussins; elles met-
» taient une couronne de lierre, avec ses grappes
» noires, sur ses cheveux blonds et autour de son
» front pâle; elles posaient ensuite à ses pieds
» des urnes d'albâtre, pleines de vins excellents;
» elles les versaient dans des coupes d'or, et les
» lui présentaient, en lui disant : Buvez, aimable
» fille de Minos; cette île produit les plus doux
» présents de Bacchus : buvez, le vin dissipe les
» chagrins. Ariane, en souriant, se laissait aller
» à leurs invitations. En peu de temps les roses
» de la santé reparurent sur son visage, et aus-
» sitôt le bruit courut dans Naxos, que Bacchus
» était venu au secours de l'amante de Thésée.

» Les habitants, transportés de joie, élevèrent à
» ce dieu un temple, dont vous voyez encore
» quelques colonnes et le frontispice, sur ce ro-
» cher au milieu des flots. Mais le vin ne fit que
» donner des forces à l'amour d'Ariane. Elle fut
» à la fin consumée par ses regrets, et même par
» ses espérances. Voilà au bout de ce vallon, sur
» un petit tertre couvert d'absinthe marine, son
» tombeau, et sa statue qui regarde encore vers
» la mer. On y reconnaît à peine la figure d'une
» femme ; mais on y distingue toujours l'attitude
» inquiète d'une amante. Ce monument, ainsi
» que tous ceux de ce pays, a été mutilé par le
» temps, et encore plus par les barbares ; mais
» le souvenir de la vertu malheureuse n'est pas,
» sur la terre, au pouvoir des tyrans. Le tombeau
» d'Ariane est chez les Turcs, et sa couronne
» est parmi les étoiles. Pour nous, échappés aux
» regards des puissances du monde, par notre
» obscurité même, nous avons, par la bonté du
» ciel, trouvé la liberté loin des grands ; et le
» bonheur dans des déserts. Étranger, si les biens
» naturels vous touchent encore, vous serez le
» maître de les partager avec nous. » A ce récit,
des larmes douces coulent des yeux de son épouse,
et de sa jeune fille qui soupire au souvenir d'A-
riane ; et je doute qu'un athée même, qui ne
connaît plus dans la nature, que les lois de la
matière et du mouvement, pût être insensible au

sentiment de ces convenances présentes et de ces antiques ressouvenirs.

Homme voluptueux! il n'y a que la Grèce, dites-vous, qui offre des scènes et des points de vue aussi touchants : aussi Ariane est dans tous les jardins, Ariane est dans tous les cabinets de peinture. Du donjon de votre château, jetez un coup-d'œil sur vos campagnes. Leurs lointains présentent de plus beaux horizons que ceux de la Grèce désolée. Votre appartement est plus commode qu'une grotte, et vos sofas sont plus doux que des gazons. Les ondes et les murmures des herbes de vos prairies, sont plus agréables que ceux des flots de la Méditerranée. Votre argent et vos jardins vous donnent plus d'espèces de vins et de fruits, qu'il n'y en a dans tout l'Archipel. Voulez-vous mêler à ces jouissances celle de la Divinité? Voyez sur cette colline, cette petite église de village, entourée de vieux ormeaux. Parmi les filles qui se rassemblent sous son portail rustique, il y a, sans doute, quelque Ariane trompée par son amant. [5] Elle n'est pas de marbre, mais elle est vivante; elle n'est pas Grecque, mais Française; elle n'est pas consolée, mais méprisée de ses compagnes. Allez sous son pauvre toit, soulager sa misère. Faites le bien dans cette vie, qui passe comme un torrent. Faites le bien, non par ostentation et par des mains étrangères; mais pour le ciel et par vous-même. Le fruit de la vertu perd sa fleur, quand il est cueilli par la main d'autrui. Ah! si vous-même la soulagez dans ses peines; si, par votre compassion, vous la relevez à ses propres regards; vous verrez, à vos bienfaits, son front rougir, ses yeux se remplir de larmes, ses lèvres convulsives se mouvoir sans parler, et son cœur, long-temps oppressé par la honte, se rouvrir à la vue d'un consolateur, comme au sentiment de la Divinité. Vous apercevrez alors, dans la figure humaine, des traits inconnus aux ciseaux des Grecs et aux pinceaux des Van-Dycks. Le bonheur d'une infortunée vous coûtera moins que la statue d'Ariane; et au lieu d'illustrer le nom d'un artiste dans votre hôtel, pendant quelques années, il immortalisera le vôtre, et le fera durer long-temps après que vous ne serez plus, lorsqu'elle dira à ses compagnes et à ses enfants: « C'est un Dieu qui m'a tirée du malheur. »

Nous allons suivre maintenant l'instinct de la Divinité dans nos sensations physiques; et nous finirons cette Étude par les sentiments purement intellectuels de l'ame. Nous donnerons ainsi une faible idée de la nature humaine.

DES SENSATIONS PHYSIQUES.

Toutes les sensations physiques sont en elles-mêmes des témoignages de notre misère. Si l'homme est si sensible au sentiment du toucher, c'est qu'il est nu par tout son corps. Il faut, pour se vêtir, qu'il dépouille les quadrupèdes, les plantes et les vers. Si presque tous les végétaux et les animaux ressortissent à sa nourriture, c'est qu'il est obligé d'employer beaucoup d'apprêts et de combinaisons dans ses aliments. La nature l'a traité avec bien de la rigueur; car il est le seul animal aux besoins duquel elle n'ait pas immédiatement pourvu. Nos philosophes n'ont pas assez réfléchi sur une aussi étrange distinction. Quoi! un ver a sa tarière ou sa râpe; il naît au sein d'un fruit, dans l'abondance; il trouve ensuite en lui-même de quoi se filer une toile dont il s'enveloppe; après cela, il se change en mouche brillante, qui va, en se livrant à l'amour, reperpétuer son espèce, sans souci et sans remords : et le fils d'un roi naît tout nu, dans les larmes et les gémissements, ayant besoin, toute sa vie, du secours d'autrui, obligé de combattre sa propre espèce au-dehors et au-dedans, et trouvant souvent en lui-même son plus grand ennemi! Certes, si nous ne sommes tous que des enfants de la poussière, il valait mille fois mieux venir à l'existence sous la forme d'un insecte, que sous celle d'un empereur. Mais l'homme n'a été abandonné à la dernière des misères, qu'afin qu'il eût sans cesse recours à la première des puissances.

DU GOUT.

Il n'y a point de sensation physique qui ne fasse naître en lui quelque sentiment de la Divinité.

A commencer par le sens le plus grossier de tous, qui est celui du boire et du manger, tous les peuples, dans l'état sauvage, ont cru que la Divinité avait besoin de soutenir sa vie par les mêmes moyens que les hommes : de là est venue, dans toutes les religions, l'origine des sacrifices. C'est encore de là qu'est venu, chez beaucoup de nations, l'usage de porter des aliments sur les tombeaux : les femmes des sauvages de l'Amérique étendent ce soin jusqu'aux petits enfants qui sont morts à la mamelle. Lorsqu'elles leur ont rendu les devoirs de la sépulture, elles viennent, tous les jours, pendant plusieurs semaines, verser, de leur sein, quelques gouttes de lait sur leurs petits tombeaux; * c'est ce qu'affirme le jésuite Charlevoix, qui en a été souvent le témoin. Ainsi, le sentiment de la Divinité et celui de l'immortalité de l'ame sont liés avec nos affections les plus animales, et sur-tout avec l'amour maternel.

Mais l'homme ne s'est pas contenté de partager ses aliments avec des êtres intellectuels, et de les inviter en quelque sorte à sa table ; il a cherché à s'élever à eux par l'effet physique de ces

---

* Voyez le P. Charlevoix, Voyage en Amérique.

mêmes aliments. Il est très-remarquable qu'on a trouvé plusieurs peuples sauvages qui avaient à peine l'industrie de se procurer des aliments; mais aucun qui n'eût celle de s'enivrer. L'homme est le seul de tous les animaux qui soit sensible à ce plaisir. Ceux-ci sont contents de rester dans leur sphère; l'homme s'efforce toujours de sortir de la sienne. L'ivresse exalte l'ame. Toutes les fêtes religieuses, chez les sauvages, et même chez les peuples policés, sont suivies de festins, où l'on boit à perdre la raison : on commence, à la vérité, par jeûner; mais on finit par s'enivrer. L'homme renonce à la raison humaine, pour exciter en lui des émotions divines. L'effet de l'ivresse est de jeter l'ame dans le sein de quelque divinité. Vous entendez toujours les buveurs chanter Bacchus, Mars, Vénus ou l'Amour. Il est encore très-remarquable que les hommes ne se livrent au blasphème que dans l'ivresse; car c'est un instinct aussi ordinaire à l'ame, de chercher la Divinité, lorsqu'elle est dans son état naturel, que de l'abjurer, lorsqu'elle est corrompue par le vice.

DE L'ODORAT.

Les plaisirs de l'odorat sont particuliers à l'homme, car je n'y comprends point les émanations olfactives par lesquelles il juge de ses aliments, et qui lui sont communes avec la plupart des animaux. L'homme seul est sensible aux parfums, et il s'en sert pour donner plus d'énergie à ses passions. Mahomet disait qu'ils élevaient son ame vers le ciel. Quoi qu'il en soit, leur usage s'est introduit dans tous les cultes religieux, et dans les assemblées politiques de beaucoup de nations. Les Brésiliens, ainsi que tous les sauvages de l'Amérique septentrionale, ne délibèrent point sur quelque objet important, sans fumer du tabac dans un calumet. C'est de cet usage que le calumet est devenu, chez toutes ces nations, le symbole de la paix, de la guerre, des alliances, suivant les accessoires qu'elles y ajoutent. C'est sans doute du même usage de fumer, qui était commun aux Scythes, comme le rapporte Hérodote, que le caducée de Mercure, qui ressemble beaucoup au calumet des Américains, et qui paraît n'avoir été, comme lui, qu'une pipe, devint le symbole du commerce. Le tabac accroît en quelque sorte les forces du jugement, en occasionant une espèce d'ivresse dans les nerfs du cerveau. Léry dit que les Brésiliens fument du tabac jusqu'à s'enivrer. Nous observerons que ces peuples ont trouvé la plante la plus céphalique qu'il y ait dans le règne végétal, et que son usage est le plus universellement répandu de toutes celles qui existent sur le globe, sans en excepter la vigne et le blé. J'en ai vu cultiver en Finlande, au-delà de Vibourg, par le 60.e degré de latitude nord. Son habitude est si puissante, qu'un homme, qui y est accoutumé, se passera plus difficilement d'elle que de pain, pendant un jour. Cette plante est cependant un véritable poison ; elle affecte à la longue les nerfs de l'odorat, et quelquefois ceux de la vue. Mais l'homme est toujours prêt à altérer sa constitution physique, pourvu qu'il puisse renforcer en lui le sentiment intellectuel.

DE LA VUE.

Tout ce que nous avons dit, en rapportant quelques lois générales de la nature, des harmonies, des consonnances, des contrastes et des oppositions, aboutit principalement au sens de la vue. Je ne parle pas des convenances; car elles appartiennent au sentiment de la raison, et sont entièrement distinctes de la matière. A la vérité, les autres relations sont fondées sur la raison même de la nature, qui nous réjouit par les couleurs et les formes génératives et engendrées, et qui nous attriste par celles qui nous annoncent la décomposition et la destruction. Mais, sans rentrer dans ce vaste et inépuisable sujet, je ne parlerai ici que de quelques effets d'optique, qui font naître involontairement en nous le sentiment de quelques attributs de la Divinité.

Une des causes les plus ordinaires du plaisir que nous éprouvons à la vue d'un grand arbre, vient du sentiment de l'infini qui s'élève en nous, par sa forme pyramidale. Les dégradations de ses divers étages de rameaux, et des teintes de verdure, qui sont toujours plus légères à l'extrémité de l'arbre que dans le reste de son feuillage, lui donnent une élévation apparente, qui n'a point de terme. Nous éprouvons les mêmes sensations dans le plan horizontal des campagnes, où nous apercevons souvent plusieurs plans de collines qui fuient les unes derrière les autres, et dont les dernières se confondent avec le ciel. La nature produit les mêmes effets dans les grandes plaines, au moyen des vapeurs qu'élèvent les rivages des lacs, ou les canaux des rivières et des fleuves qui les traversent; leurs contours sont d'autant plus multipliés, que les plaines ont plus d'étendue, comme je l'ai souvent remarqué. Ces vapeurs se présentent sur différents plans : tantôt elles s'arrêtent comme des rideaux, sur les lisières des forêts; tantôt elles s'élèvent en colonnes, le long des ruisseaux qui serpentent dans les prairies : quelquefois elles sont toutes grises; d'autres fois elles sont éclairées et pénétrées par les rayons du soleil. Sous tous ces aspects, elles nous montrent, si j'ose dire, plusieurs perspectives de l'infini dans l'infini même.

Je ne parle pas du spectacle ravissant que le ciel nous présente quelquefois par la disposition de ses nuages. Je ne sache pas qu'aucun philosophe ait soupçonné que leurs beautés avaient des lois. Ce qu'il y a de certain, c'est qu'il n'y a point d'animal qui vive à la lumière, qui ne soit sensible à leurs effets. J'ai dit ailleurs quelque chose de leurs caractères d'amabilité ou de terreur, qui sont les mêmes que ceux des animaux et des végétaux aimables ou dangereux, conformément à ceux des jours et des saisons qu'ils nous annoncent. Les lois que j'en ai esquissées offriront des méditations délicieuses à qui voudra les étudier, autrement qu'avec les moyens mécaniques de nos baromètres et de nos thermomètres. Ces instruments ne sont bons que pour régler les atmosphères de nos chambres; ils nous déguisent trop souvent l'action de la nature; ils annoncent, la plupart du temps, les mêmes températures aux jours qui font chanter les oiseaux, et à ceux qui les font taire. Les harmonies du ciel ne peuvent être senties que par le cœur humain. Tous les peuples, frappés de leur langage ineffable, lèvent les yeux et les mains vers le ciel, dans les mouvements involontaires de la joie et de la douleur. La raison cependant leur dit que la Divinité est par-tout. Pourquoi est-ce que nul d'entre eux ne tend les bras vers la terre ou à l'horizon pour l'invoquer? D'où vient ce sentiment qui leur dit que Dieu est au ciel? Est-ce parce que le ciel est le séjour de la lumière? Est-ce parce que la lumière elle-même, qui nous fait apercevoir tous les objets, n'étant point, comme nos matières terrestres, sujette à être divisée, corrompue, détruite et renfermée, semble présenter quelque chose de céleste dans sa substance ?

C'est au sentiment de l'infini que nous inspire la vue du ciel, qu'il faut attribuer le goût de tous les peuples pour bâtir des temples sur les sommets des montagnes, et le penchant invincible qu'avaient les Juifs à adorer, comme les autres nations, sur les lieux élevés. Il n'y a point de montagne, dans les îles de l'Archipel, qui n'ait son église, ni de côteau, à la Chine, qui n'ait sa pagode. Si, comme le prétendent quelques philosophes, nous ne jugions jamais de la nature des choses que par des résultats mécaniques de comparaisons d'elles à nous, la hauteur des montagnes devrait humilier notre petitesse. Si nous voyions leur étendue en profondeur, les cheveux nous en dresseraient à la tête. D'où viennent des sensations si différentes, de la grandeur en élévation et de la grandeur en abyme ? Le danger est égal pour des êtres aussi faibles que nous. C'est parce que ces grands objets, en s'élevant vers le ciel, y élèvent nos ames par le sentiment de l'infini, et qu'en nous éloignant de la terre, ils nous portent vers des beautés plus durables.

Les ouvrages de la nature nous présentent souvent plusieurs sortes d'infinis à-la-fois : ainsi, par exemple, un grand arbre, dont le tronc est caverneux et couvert de mousse, nous donne le sentiment de l'infini dans le temps, comme celui de l'infini en hauteur. Il nous offre un monument des siècles où nous n'avons pas vécu. S'il s'y joint l'infini en étendue, comme lorsque nous apercevons, à travers ses sombres rameaux, de vastes lointains, notre respect augmente. Ajoutez-y encore les diverses croupes de sa masse, qui contrastent avec la profondeur des vallées et avec le niveau des prairies; ses demi-jours vénérables, qui s'opposent et se jouent avec l'azur des cieux; et le sentiment de notre misère, qu'il rassure par les idées de protection qu'il nous présente dans l'épaisseur de son tronc inébranlable comme un rocher; et dans sa cime auguste agitée des vents, dont les majestueux murmures semblent entrer dans nos peines. Un arbre, avec toutes ces harmonies, nous inspire je ne sais quelle vénération religieuse. Aussi Pline dit que les arbres ont été les premiers temples des Dieux.

L'impression sublime qu'ils produisent est encore plus profonde, lorsqu'ils nous rappellent quelque sentiment de la vertu, comme le souvenir des grands hommes qui les ont plantés, ou de ceux dont ils ombragent les tombeaux. Tels étaient les chênes d'Iulus, à Troie. C'est par un effet de ce sentiment, que les montagnes de la Grèce et de l'Italie nous paraissent plus respectables que celles du reste de l'Europe, quoiqu'elles ne soient pas plus anciennes dans le monde, parce que leurs monuments, tout ruinés qu'ils sont, nous rappellent les vertus de ceux qui les ont habitées. Mais ce sujet n'est pas de cet article.

En général, les diverses sensations de l'infini augmentent par les contrastes des objets physiques qui les font naître. Nos peintres ne sont pas assez attentifs au choix de ceux qu'ils mettent sur les devants de leurs tableaux. Ils donneraient bien plus d'effet au fond de leurs scènes, s'ils lui en opposaient le frontispice, non-seulement en couleurs et en formes, comme ils font quelquefois, mais en nature. Ainsi, par exemple, si l'on veut donner beaucoup d'intérêt à un paysage riant et agréable, il faut qu'on l'aperçoive à travers un grand arc de triomphe, ruiné par le temps. Au contraire, une ville remplie de monuments étrusques ou égyptiens, paraît encore plus antique, quand on la voit de dessous un berceau de verdure et de fleurs. Il faut imiter la nature, qui ne fait jamais venir les plantes les plus aimables, dans toute leur beauté, telles que les mousses, les violettes et les roses, qu'au pied des rustiques rochers.

Ce n'est pas que les consonnances ne produisent aussi de grands effets, sur-tout quand elles rapprochent des objets qui sont étrangers les uns aux autres. C'est ainsi, par exemple, que la coupole du collège des Quatre-Nations présente un point de vue magnifique, lorsqu'on l'aperçoit du milieu de la cour du Louvre, à travers l'arcade de ce palais qui est vis-à-vis. Car alors on la voit tout entière avec une partie du ciel, sous les claveaux de la voûte, comme si elle était une partie du Louvre. Mais dans cette consonnance même, qui donne tant d'étendue à notre optique, il y a encore un contraste de la forme concave de l'arcade à la forme convexe de la coupole.

Le grand art d'émouvoir est d'opposer des objets sensibles aux intellectuels. L'ame prend alors un grand essor. Elle passe du visible à l'invisible, et jouit, pour ainsi dire, à sa manière, en s'étendant dans les vastes champs du sentiment et de l'intelligence. Chez certains peuples de la Tartarie, quand un grand est mort, son écuyer, après l'enterrement, prend par la bride le cheval qu'il avait coutume de monter; il met dessus l'habit de son maître, et le promène en silence devant l'assemblée, que ce spectacle fait fondre en larmes.

Quand les sous-entendus se multiplient et se lient à quelque affection vertueuse, les émotions de l'ame redoublent. Ainsi, lorsque, dans l'Énéide,* Iule promet des présents à Nisus et à Euryale, qui vont chercher son père à Palantée, il dit à Nisus:

> Bina dabo argento perfecta atque aspera signis,
> Pocula, devictâ genitor quæ cepit Arisbâ;
> Et tripodas geminos; auri duo magna talenta;
> Cratera antiquum quem dat Sidonia Dido.

* Lib. IX, v. 263.

« Je vous donnerai deux amphores d'argent, avec des figures en relief
» d'une ciselure parfaite. Mon père s'en rendit maître à la prise d'Aris-
» ba. J'y joindrai deux trépieds pareils, deux grands talents d'or, et une
» coupe antique, que m'a donnée la reine Didon. »

Il promet à ces deux jeunes gens, que l'amitié rendait si unis, des présents doubles: deux amphores, deux trépieds pour les poser à la manière des anciens, deux talents d'or pour les remplir de vin, mais une seule coupe pour le boire ensemble. Encore quelle coupe! il n'en vante ni la matière, ni le travail, comme dans les autres présents; il y attache des qualités morales bien plus précieuses pour des amis. Elle est antique; elle n'a point été le prix de la violence, mais elle est un présent de l'amour. Sans doute Iule l'avait reçue de Didon, lorsqu'elle crut avoir épousé Énée.

Dans toutes les scènes de passions, où l'on veut produire de grandes émotions, plus l'objet principal est circonscrit, plus le sentiment intellectuel qui en résulte est étendu. Il y en a plusieurs raisons, dont la plus importante est que les contrastes accessoires, comme ceux de la petitesse à la grandeur, de la faiblesse à la force, du fini à l'infini, concourent à augmenter le contraste du sujet. Quand le Poussin a voulu faire un tableau du déluge universel, il n'y a représenté qu'une famille. On y voit un vieillard à cheval, qui se noie; et, dans un bateau, un homme, qui est peut-être son fils, présente à sa femme, grimpée sur un rocher, un petit enfant vêtu d'une cotte rouge, qui, de son côté, cherche à s'aider de ses petits pieds pour parvenir sur la roche. Le fond du paysage est affreux par sa noire mélancolie. Les herbes et les arbres y sont trempés d'eau, la terre même en est pénétrée, comme on le voit par ce long serpent qui s'empresse de quitter son souterrain. Les torrents coulent de tous côtés; le soleil paraît, dans le ciel, comme un œil crevé. Mais les plus grands intérêts y portent sur le plus faible objet : un père et une mère, près de périr, ne s'occupent que du salut de leur enfant. Tous les sentiments sont éteints sur la terre, et l'amour maternel vit encore. Le genre humain est détruit à cause de ses crimes, et l'innocence va être enveloppée dans sa punition. Ces eaux débordées, ces terres noyées, cette noire atmosphère, ce soleil éteint, ces solitudes désolées, cette famille fugitive, tous les effets de cette ruine universelle du monde, se réunissent sur un enfant. Cependant il n'y a personne qui, en voyant le petit groupe de personnages qui l'environne, ne s'écrie : « Voilà le déluge universel. » Telle est la nature de notre ame. Loin d'être matérielle, elle ne saisit que les convenances. Moins vous lui montrez d'objets physiques, plus vous lui faites naître de sentiments intellectuels.

DE L'OUÏE.

Platon appelle l'ouïe et la vue, les sens de l'ame. Je crois qu'il les qualifie particulièrement de ce nom, parce que la vue est affectée de la lumière, qui n'est point une matière à proprement parler, et l'ouïe, des modulations de l'air, qui ne sont point en elles-mêmes des corps. D'ailleurs, ces deux sens ne nous apportent que le sentiment des convenances et des harmonies, sans nous mêler avec la matière, comme l'odorat qui n'est affecté que des émanations des corps, le goût de leur fluidité, et le toucher de leur solidité, de leur mollesse, de leur chaleur et de leurs autres qualités physiques. Quoique l'ouïe et la vue soient les sens directs de l'ame, il n'en faut pas conclure cependant, qu'un homme né sourd et aveugle serait imbécille, comme on l'a prétendu. L'ame voit et entend par tous les sens. C'est ce que prouvent les princes aveugles de Perse, dont les doigts ont tant d'intelligence, au rapport de Chardin, qu'ils tracent et calculent toutes les figures de la géométrie sur des tablettes. Tels sont encore les sourds et muets, auxquels M. l'abbé de l'Épée apprend à converser.

Je n'ai pas besoin de m'étendre sur les rapports intellectuels de l'ouïe. Ce sens est l'organe immédiat de l'intelligence; c'est lui qui reçoit la parole qui n'appartient qu'à l'homme, et qui est, par ses modulations infinies, l'expression de toutes les convenances de la nature et de tous les sentiments du cœur humain. Mais il y a un autre langage qui paraît appartenir encore plus particulièrement à ce premier principe de nous-mêmes, que nous avons appelé *le sentiment*: c'est la musique. Je ne m'étendrai pas sur le pouvoir incompréhensible qu'elle a de calmer et d'exciter les passions d'une manière indépendante de la raison, et de faire naître des affections sublimes, dégagées de toute perception intellectuelle; ses effets sont assez connus. J'observerai seulement qu'elle est si naturelle à l'homme, que les premières prières adressées à la Divinité, et les premières lois, chez tous les peuples, ont été mises en chant. L'homme n'en perd le goût que dans les sociétés policées, dont les langues mêmes perdent à la longue leurs accents. C'est qu'une multitude de relations sociales y détruisent les convenances naturelles. On y raisonne beaucoup, et on n'y sent presque plus.

L'Auteur de la nature a jugé l'harmonie des sons si nécessaire à l'homme, qu'il n'y a point de site sur la terre qui n'ait son oiseau chantant. Le serin des Canaries fréquente ordinairement, dans ces îles, les ravines cailloutheuses des montagnes. Le chardonneret se plaît dans les dunes sablonneuses; l'alouette dans les prairies; le rossignol, dans les bocages, le long des ruisseaux;

le bouvreuil, dont le chant est si doux, dans l'épine blanche ; la grive, la fauvette, le verdier et tous les oiseaux qui chantent, ont leur poste favori. Il est très-remarquable que par-tout ils ont l'instinct de se rapprocher de l'habitation de l'homme. S'il y a une cabane dans une forêt, tous les oiseaux chantants du voisinage viennent s'établir aux environs. On n'en trouve même qu'auprès des lieux habités. J'ai fait plus de six cents lieues dans les forêts de la Russie, et je n'y ai jamais vu de petits oiseaux qu'aux environs des villages. En faisant la visite des places dans la Finlande russe, avec les généraux du corps du génie où je servais, nous faisions quelquefois vingt lieues dans un jour, sans rencontrer sur la route, ni villages, ni oiseaux. Mais quand nous apercevions voltiger des moineaux dans les arbres, nous jugions que nous étions près de quelque lieu habité. Cet indice ne nous a jamais trompés. Je le rapporte d'autant plus volontiers, qu'il peut quelquefois servir à des gens égarés dans les bois. Garcillasso de la Véga raconte que son père, ayant été détaché du Pérou avec une compagnie d'Espagnols, pour faire des découvertes au-delà des Cordilières, pensa mourir de faim au milieu de leurs vallées et de leurs fondrières inhabitées. Il n'en serait jamais sorti, s'il n'eût aperçu en l'air une volée de perroquets, qui lui fit soupçonner qu'il y avait des habitations quelque part aux environs. Il se dirigea sur le rumb de vent qu'avaient suivi les perroquets, et parvint, après des fatigues incroyables, à une peuplade d'Indiens qui cultivaient des champs de maïs. Nous observerons que la nature n'a donné aucun chant agréable aux oiseaux de marine et de rivière, parce qu'il eût été étouffé par les bruits des eaux, et que l'oreille humaine n'eût pu en jouir à la distance où ils vivent de la terre. S'il y a des cygnes qui chantent, comme on l'a prétendu, leur chant ne doit avoir que peu de modulations, et ressembler aux cris des canards et des oies. Celui des cygnes sauvages, qui sont venus dernièrement s'établir à Chantilly, n'a que quatre ou cinq notes. Les oiseaux aquatiques ont des cris perçants, propres à se faire entendre dans les régions des vents et des tempêtes qu'ils habitent, et qui ont des convenances parfaites avec leurs sites bruyants et leurs solitudes mélancoliques. Les mélodies des oiseaux de chant, ont de pareilles relations avec les sites qu'ils occupent, et même avec les distances où ils vivent de nos habitations. L'alouette, qui fait son nid dans nos blés, et qui aime à s'y élever à perte de vue, se fait entendre en l'air, lors même qu'on ne l'aperçoit plus. L'hirondelle, qui frise, en volant, les parois de nos maisons, et qui se repose sur nos cheminées, a un petit gazouillement doux, qui n'est point étourdissant, comme serait celui des oiseaux de bocages; mais le rossignol solitaire se fait ouïr à plus d'une demi-lieue. Il se méfie du voisinage de l'homme; et, cependant, il se place toujours à la vue de son habitation, et à la portée de son ouïe. Il choisit, pour cet effet, les lieux les plus retentissants, afin que leurs échos donnent plus d'action à sa voix. Quand il s'est établi dans son orchestre, il chante alors un drame inconnu, qui a son exorde, son exposition, ses récits, ses événements, entremêlés, tantôt des sons de la joie la plus éclatante, tantôt de ressouvenirs amers et lamentables, qu'il exprime par de longs soupirs. Il se fait entendre au commencement de la saison où la nature se renouvelle, et semble présenter à l'homme un tableau de la carrière inquiète qu'il doit parcourir.

Chaque oiseau a une voix convenable au temps et au poste où il se montre, et relative aux besoins de l'homme. Le cri perçant du coq le réveille, au point du jour, pour les travaux. Le chant gai de l'alouette, dans la prairie, invite les bergères aux danses; la grive gourmande, qui ne paraît qu'en automne, appelle aux vendanges les rustiques vignerons. L'homme seul, de son côté, est attentif aux accents des oiseaux. Jamais le cerf, qui versa des larmes sur ses propres malheurs, ne soupira à ceux de la plaintive Philomèle. Jamais le bœuf laboureur, mené à la boucherie après de pénibles services, ne tourna sa tête vers elle, en lui disant:

« Oiseau solitaire, voyez comme l'homme récom-
» pense ses serviteurs! » La nature a répandu ces
distractions et ces consonnances de fortunes, sur
des êtres volatiles, afin que notre ame, susceptible
de tous les maux, trouvant par-tout à les étendre,
pût par-tout en affaiblir le poids. Elle a rendu
capables de ces communications les corps même
insensibles. Souvent elle nous présente, au milieu
des scènes qui affligent notre vue, d'autres scènes
qui réjouissent notre ouïe, et nous rappellent d'intéressants ressouvenirs. C'est ainsi que, du sein
des forêts, elle nous transporte sur le bord des
eaux, par les frémissements des trembles et des
peupliers. D'autres fois elle nous apporte, sur le
bord des ruisseaux, les bruits de la mer et des
manœuvres des navires, par les murmures des
roseaux agités par les vents. Quand elle ne peut
séduire notre raison par des images étrangères,
elle l'assoupit par le charme du sentiment : elle
fait sortir du sein des forêts, des prairies et des
vallons, des bruits ineffables qui excitent en nous
de douces rêveries, et nous plongent dans de pro-
fonds sommeils.

DU TOUCHER.

Je ne ferai que quelques réflexions sur le toucher; il est le plus obtus de nos sens, et cependant
il est, en quelque sorte, le sceau de notre intelligence. Nous avons beau voir un corps de toutes

les manières, nous ne croyons pas le connaître, si nous ne pouvons pas le toucher. Cet instinct vient peut-être de notre faiblesse, qui cherche dans ces rapprochements des points de protection. Quoi qu'il en soit, ce sens, tout obscur qu'il est, peut nous communiquer l'intelligence, comme on peut le voir par l'exemple cité par Chardin, des aveugles de Perse, qui traçaient avec leurs doigts des figures de géométrie, et jugeaient très-bien de la bonté d'une montre en en maniant les roues. La sage nature a mis les principaux organes de ce sens, qui est répandu sur toute la surface de notre peau, dans nos pieds et dans nos mains, qui sont les membres le plus à portée de juger des qualités des corps. Mais afin qu'ils ne fussent pas exposés à perdre leur sensibilité par des chocs fréquents, elle leur a donné beaucoup de souplesse, en les divisant en plusieurs doigts, et ces doigts en plusieurs articulations; de plus, elle les a garnis, du côté du contact, de demi-molettes élastiques, qui présentent à-la-fois de la résistance dans leurs parties calleuses et saillantes, et une sensibilité exquise dans leurs parties rentrantes.

Cependant je m'étonne que la nature ait répandu le sens du toucher sur toute la surface du corps humain, qui se trouve, par-là, exposé à une multitude de souffrances, sans qu'il en résulte pour lui beaucoup d'avantages. L'homme est le seul des animaux qui soit obligé de se vêtir. Il y a, à la vérité, quelques insectes qui se font des fourreaux, comme les teignes; mais ils naissent dans des lieux où leurs habits sont, pour ainsi dire, tout faits. Ce besoin, qui est devenu une des plus inépuisables sources de notre vanité, est, à mon gré, un des plus grands témoignages de notre misère. L'homme est le seul être qui ait honte de paraître nu. C'est un sentiment dont je ne vois pas de raison dans la nature, ni de similitude dans l'instinct des autres animaux. D'ailleurs, indépendamment de toute affection de pudeur, il est contraint, par la nécessité, de se vêtir dans tous les climats. Quelques philosophes, enveloppés de bons manteaux, et qui ne sortent point de nos villes, se sont figuré un homme naturel sur la terre, comme une statue de bronze au milieu d'une place publique. Mais sans parler de tous les inconvénients qui affligent au-dehors sa malheureuse existence, comme le froid, le chaud, le vent, la pluie; je ne m'arrêterai qu'à une incommodité qui nous paraît légère dans nos appartements, mais qui est insupportable à un homme nu, dans les plus douces températures; ce sont les mouches. Je citerai, à ce sujet, le témoignage d'un homme dont la peau devait être à l'épreuve: c'est celui du flibustier Raveneau de Lussan, qui traversa, en 1688, l'isthme de Panama, en revenant de la mer du Sud. Voici ce qu'il dit, en parlant des Indiens du cap de Gracias-à-Dios : «Quand

» le sommeil les prend, ils font un trou dans le
» sable où ils se couchent, et ensuite ils se recou-
» vrent avec le même sable : ce qu'ils font pour
» se mettre à couvert des insultes des moustiques,
» dont l'air est le plus souvent tout rempli. Ce
» sont de petits moucherons, que l'on sent plutôt
» qu'on ne les voit, et qui ont un aiguillon si pi-
» quant et si venimeux, que lorsqu'ils l'appuient
» sur quelqu'un, il semble que ce soit un dard de
» feu qu'ils y lancent.

» Ces pauvres gens sont si tourmentés de ces
» fâcheux insectes, quand il ne vente point, qu'ils
» en deviennent comme lépreux ; et je puis assu-
» rer avec vérité, le sachant par ma propre ex-
» périence, que ce n'est pas une légère souffrance
» que d'en être attaqué ; car, outre qu'ils font
» perdre le repos de la nuit, c'est que, lorsque
» nous avons été réduits à aller le dos nu, faute
» de chemises, l'importunité de ces animaux nous
» faisait désespérer et entrer dans des rages à ne
» nous plus posséder. * »

C'est, je crois, à cause de l'incommodité des
mouches, très-communes et très-nécessaires dans
les lieux marécageux et humides des pays chauds,
que la nature a mis peu de quadrupèdes à poils
sur leurs rivages, mais des quadrupèdes à écaille,
comme les tatous, les armadilles, les tortues ; les

* Journal d'un voyage à la mer du Sud, en 1688.

lézards, les crocodiles, les caïmans, les crabes de terre, les bernards-l'ermite, et les autres reptiles écailleux, comme les serpents, sur lesquels les mouches n'ont point de prise. C'est, peut-être aussi pour cette raison que les porcs et les sangliers, qui aiment à fréquenter ces sortes d'endroits, ont des poils longs, roides et hérissés, qui écartent les insectes volatiles.

Au reste, la nature n'a pris à cet égard aucune précaution pour l'homme. Certes, en voyant la beauté de ses formes et sa grande nudité, il m'est impossible de ne pas admettre l'ancienne tradition de notre origine. La nature, en le mettant sur la terre, lui a dit : « Va, être dégradé, intel- » ligence sans lumière, animal sans vêtement, va » pourvoir à tes besoins; tu ne pourras éclairer » ta raison aveugle qu'en la dirigeant sans cesse » vers le ciel, ni soutenir ta vie malheureuse que » par le secours de tes semblables. » Ainsi, de la misère de l'homme naquirent les deux commandements de la loi.

DES SENTIMENTS DE L'AME,

ET PREMIÈREMENT DES AFFECTIONS DE L'ESPRIT.

Je ne parlerai des affections de l'esprit que pour les distinguer des sentiments de l'ame : ils diffèrent essentiellement les uns des autres. Par exemple, autre est le plaisir que nous donne une comédie, autre celui que nous donne une tragédie. L'émotion qui nous fait rire, est une affection de l'esprit ou de la raison humaine ; celle qui nous fait verser des larmes, est un sentiment de l'ame. Ce n'est pas que je veuille faire de l'esprit et de l'ame, deux puissances de nature différente ; mais il me semble, comme nous l'avons déjà dit, que l'un est à l'autre, ce que la vue est au corps ; l'esprit est une faculté, et l'ame est le principe ; l'ame est, si j'ose le dire, le corps de notre intelligence. Je regarde donc l'esprit comme une vue intellectuelle, à laquelle on peut rapporter les autres facultés de l'entendement ; l'*imagination*, qui voit les choses à venir ; la *mémoire*, qui voit celles qui sont passées ; et le *jugement*, qui aperçoit leurs convenances. L'impression que nous font ces vues diverses, excite quelquefois en nous un sentiment qu'on appelle l'*évidence;* et alors celle-ci appartient immédiatement à notre ame, ce que nous éprouvons par l'émotion délicieuse qu'elle y fait naître subitement ; mais, parvenue là, elle n'est plus du ressort de notre esprit, parce que, quand nous commençons à sentir, nous cessons de raisonner ; nous ne voyons plus, nous jouissons.

Comme notre éducation et nos mœurs nous dirigent vers notre intérêt personnel, il arrive de là que notre esprit ne s'occupe plus que des convenances sociales, et que notre raison n'est plus, à la fin, que l'intérêt de nos passions ; mais notre âme, livrée à elle-même, cherche sans cesse les convenances naturelles, et notre sentiment est toujours l'intérêt du genre humain.

Ainsi, je le répète, l'esprit est la perception des lois de la société, et le sentiment est la perception des lois de la nature. Ceux qui nous montrent les convenances de la société, tels que les écrivains comiques, satyriques, épigrammatiques, et même la plupart des moralistes, sont des hommes d'esprit : tels ont été l'abbé de Choisy, La Bruyère, Saint-Évremont, etc.... Ceux qui nous découvrent les convenances de la nature, comme les poëtes tragiques, les poëtes sensibles, les inventeurs des arts, les grands philosophes, sont des hommes de génie : tels ont été Shakespeare, Corneille, Racine, Newton; Marc-Aurèle, Montesquieu, La Fontaine, Fénélon, J.-J. Rousseau. Les premiers appartiennent à un siècle, à une saison, à une nation, à une coterie; les autres, à la postérité et au genre humain.

On sentira encore mieux la différence qu'il y a entre l'esprit et l'ame, en dénaturant leurs affections. Toutes les fois, par exemple, que les perceptions de l'esprit sont amenées jusqu'à l'évidence, elles nous font un grand plaisir, indépendamment de toutes les relations particulières d'intérêt; parce qu'elles excitent en nous un sentiment, comme nous l'avons dit. Mais quand nous analysons nos sentiments, et que nous les rapportons à l'examen de notre esprit, les émotions sublimes qu'ils excitaient en nous, s'évanouissent ; car nous ne manquons pas de les rapporter alors à quelque convenance de société, de fortune, de système, ou d'autre intérêt personnel dont se compose notre raison. Ainsi, dans le premier cas, nous changeons notre cuivre en or, et dans le second, notre or en cuivre.

Au reste, rien de plus pernicieux, à la longue, que notre esprit pour étudier la nature ; car, quoiqu'il saisisse çà et là quelques convenances naturelles, il n'en suit pas la chaîne fort loin : d'ailleurs, il y en a un beaucoup plus grand nombre qu'il n'aperçoit pas, parce qu'il ramène toujours tout à lui, et au petit ordre social au scientifique dans lequel il est circonscrit. Ainsi, par exemple, s'il jette un coup-d'œil sur les sphères célestes, il en rapportera la formation au travail d'une verrerie ; et s'il admet un être créateur, il le représentera comme un machiniste désœuvré, occupé à faire des globes, uniquement pour le plaisir de les faire tourner. Il conclura, de son propre désordre, qu'il n'y a point d'ordre dans la nature ; de son immoralité, qu'il n'y a point de moralité. Comme il rapporte tout à sa raison, et qu'il ne voit pas de raison d'exister lorsqu'il ne sera plus sur la terre, il en conclut en effet qu'alors il n'existera pas. S'il était conséquent, il en conclurait également qu'il n'existe pas maintenant ; car il ne trouve certainement ni en lui, ni autour de lui, de raison actuelle de son existence.

Nous sommes convaincus de notre existence, par une puissance bien supérieure à notre esprit, qui est le sentiment. Nous allons porter cet instinct naturel dans les recherches de l'existence de la Divinité, et de l'immortalité de l'ame, sur lesquelles notre raison versatile s'est si souvent exercée pour et contre. Quoique notre insuffisance soit trop grande, pour nous porter bien loin dans cette carrière infinie, nous espérons que nos aperçus et nos erreurs même donneront aux hommes de génie le courage d'y entrer. Ces vérités sublimes et éternelles nous semblent tellement empreintes dans le cœur humain, qu'elles nous paraissent être les principes mêmes de notre sentiment, et se manifester dans nos affections les plus communes, comme dans nos passions les plus déréglées.

DU SENTIMENT DE L'INNOCENCE.

Le sentiment de l'innocence nous élève vers la Divinité, et nous porte à la vertu. Les Grecs et les Romains faisaient chanter les enfants dans leurs fêtes religieuses, et les chargeaient de présenter les offrandes aux autels, afin de rendre, par le spectacle de leur innocence, les dieux favorables à la patrie. La vue de l'enfance rappelle l'homme aux sentiments de la nature. Lorsque Caton d'Utique eut pris la résolution de se tuer, ses amis et ses serviteurs lui retirèrent son épée, et comme il la leur redemanda en se mettant dans une violente colère, ils envoyèrent un enfant la lui porter; mais la corruption de ses contemporains avait étouffé dans son cœur le sentiment que devait y faire naître l'innocence.

Jésus-Christ veut que nous devenions semblables aux enfants : on les appelle innocents, *non nocentes*, parce qu'ils n'ont jamais nui. Cependant, malgré les droits de leur âge et l'autorité de notre religion, à quelle éducation barbare ne sont-ils pas abandonnés !

DE LA PITIÉ.

C'est le sentiment de l'innocence qui est le premier mobile de la pitié; voilà pourquoi nous sommes plus touchés des malheurs d'un enfant que de ceux d'un vieillard. Ce n'est pas, comme l'ont dit quelques philosophes, parce que l'enfant a moins de ressources et d'espérances; car il en a plus que le vieillard, qui est souvent infirme et qui s'avance vers la mort, tandis que l'enfant entre dans la vie : mais l'enfant n'a jamais offensé; il est innocent. Ce sentiment s'étend aux animaux mêmes, qui nous touchent souvent plus de pitié que les hommes, par cela seul qu'ils ne sont pas nuisibles. C'est ce qui a fait dire au bon La Fontaine, en parlant du déluge, dans la fable de Philémon et Baucis :

> . . . . Tout disparut sur l'heure.
> Les vieillards déploraient ces sévères destins :
> Les animaux périr! car encor les humains,
> Tous avaient dû tomber sous les célestes armes.
> Baucis en répandit en secret quelques larmes.

Ainsi le sentiment de l'innocence développe dans le cœur de l'homme un caractère divin, qui est celui de la générosité. Il ne porte point sur le malheur en lui-même, mais sur une qualité morale qu'il démêle dans l'infortuné qui en est l'objet. Il s'accroît par la vue de l'innocence, et quelquefois encore plus par celle du repentir. L'homme seul, des animaux, en est susceptible : et ce n'est point par un retour secret sur lui-même, comme l'ont prétendu quelques ennemis du genre humain ; car, si cela était, en comparant un enfant et un vieillard qui sont malheureux, nous devrions être plus touchés des maux du vieillard, attendu que nous nous éloignons des maux de l'enfance, et que nous nous approchons de ceux de la vieillesse : cependant, le contraire arrive par l'effet du sentiment moral que j'ai allégué.

Lorsqu'un vieillard est vertueux, le sentiment moral de ses malheurs redouble en nous ; ce qui prouve évidemment que la pitié de l'homme n'est pas une affection animale. Ainsi, la vue d'un Bélisaire, est très-attendrissante. Si on y réunit celle d'un enfant qui tend sa petite main afin de recevoir quelques secours pour cet illustre aveugle, l'impression de la pitié est encore plus forte. Mais voici un cas sentimental. Je suppose que vous eussiez rencontré Bélisaire vous demandant l'aumône d'un côté, et de l'autre un enfant orphelin, aveugle et misérable, et que vous n'eussiez eu qu'un écu, sans pouvoir le partager ; auquel des deux l'eussiez-vous donné ?

Si vous trouvez que les grands services rendus par Bélisaire à sa patrie ingrate, rendent la balance du sentiment trop inégale, supposez à l'enfant les maux de Bélisaire, et même quelques-unes de ses vertus, comme d'avoir eu les yeux crevés par ses parents, et de demander encore l'aumône pour eux [6]; il n'y aura plus, à mon avis, à balancer, si vous ne faites que sentir ; car si vous raisonnez, c'est autre chose; les talents, les victoires, et l'illustration du général grec, vous feront bientôt oublier les infortunes d'un enfant obscur. La raison vous ramenera à l'intérêt politique, au moi humain.

Le sentiment de l'innocence est un rayon de la Divinité. Il couvre l'infortuné d'une lumière céleste, qui vient rejaillir contre le cœur humain, et y fait naître la générosité, cette autre flamme divine. C'est lui seul qui nous rend sensibles au malheur de la vertu, en nous la montrant comme incapable de nuire ; car autrement nous pourrions la considérer comme se suffisant à elle-même. Alors elle exciterait plus notre admiration que notre pitié.

DE L'AMOUR DE LA PATRIE.

Ce sentiment est encore la source de l'amour de la patrie, parce qu'il nous y rappelle les affections douces et pures du premier âge. Il s'accroît avec l'étendue, et s'augmente avec les années, comme un sentiment d'une nature céleste et immortelle. Il y a en Suisse un air de musique antique, et fort simple, appelé le *rans des vaches*. Cet air est d'un tel effet, qu'on fut obligé de défendre de le jouer en Hollande et en France, devant les soldats de cette nation, parce qu'il les faisait déserter tous l'un après l'autre. Je m'imagine que ce *rans des vaches* imite le mugissement des bestiaux, les retentissements des échos, et d'autres convenances locales qui faisaient bouillir le sang dans les veines de ces pauvres soldats, en leur rappelant les vallons, les lacs, les montagnes de leur patrie, et en même temps, les compagnons du premier âge, les premières amours, et les souvenirs des bons aïeux.

L'amour de la patrie semble croître à proportion qu'elle est innocente et malheureuse. Voilà pourquoi les peuples sauvages aiment plus leur pays que les peuples policés; et ceux qui habitent des contrées âpres et rudes, comme les habitants des montagnes, que ceux qui vivent dans des contrées fertiles et dans de beaux climats. Jamais la cour de Russie n'a pu engager aucun Samoïède à quitter les bords de la Mer-Glaciale, pour s'établir à Pétersbourg. On amena, le siècle passé, quelques Groënlandais à la cour de Copenhague, on les y combla de bienfaits, et ils y moururent en peu de temps de chagrin. Plusieurs d'entre eux se noyèrent en voulant retourner en chaloupe dans leur pays. Ils virent avec le plus grand sang-froid toutes les magnificences de la cour de Danemarck ; mais il y en avait un qui pleurait toutes les fois qu'il apercevait une femme portant un enfant dans ses bras. On conjectura que cet infortuné était père. Sans doute, la douceur de l'éducation domestique attache ainsi fortement ces peuples aux lieux qui les ont vus naître. Ce fut elle qui inspira aux Grecs et aux Romains tant de courage pour défendre leur patrie. Le sentiment de l'innocence en redouble l'amour, parce qu'il rend toutes les affections du premier âge, pures, saintes et inaltérables. Virgile a bien connu l'effet de ce sentiment, quand il fait dire à Nisus, qui veut détourner Euryale de s'exposer avec lui au danger d'une expédition nocturne, ces mots touchants :

Te superesse velim : tua vitâ dignior ætas.

« J'ai désiré que vous me surviviez; votre âge, plus que le mien, est
» digne de la vie. »

Mais chez les peuples où l'enfance est malheureuse, et corrompue par des éducations ennuyeuses, féroces et étrangères, il n'y a pas plus d'amour de la patrie que d'innocence. C'est une des causes pour lesquelles tant d'Européens courent le monde, et pourquoi il y a si peu de monuments anciens en Europe ; parce que la génération, qui suit ne manque jamais de détruire les monuments de celle qui l'a précédée. Voilà pourquoi nos livres, nos modes, nos usages, nos cérémonies et nos langues vieillissent si vite, et sont tout différents d'un siècle à l'autre ; et que toutes ces choses se maintiennent les mêmes chez les peuples sédentaires de l'Asie, depuis une longue suite de siècles; parce que les enfants élevés en Asie dans leur famille, avec beaucoup de douceur, restent attachés aux établissements de leurs ancêtres, par reconnaissance pour leur mémoire, et aux lieux qui les ont vus naître, par le souvenir de leur bonheur et de leur innocence.

DU SENTIMENT DE L'ADMIRATION.

Le sentiment de l'admiration nous porte directement dans le sein de la Divinité. S'il est excité en nous par quelque objet de plaisir, nous nous y jetons comme à sa source; si par la frayeur, comme à notre refuge. Dans l'un et l'autre cas, le cri de l'admiration est : « Ah » mon Dieu ! » C'est, dit-on, un effet de notre éducation, où l'on nous parle souvent de Dieu ; mais on nous y parle encore plus souvent de notre père, du roi, d'un protecteur, d'un savant célèbre. Pourquoi, lorsque nous avons besoin de nous appuyer dans ces secousses imprévues, ne nous écrions-nous pas : « Ah mon roi ! » ou s'il s'agit de sciences : « Ah Newton ! »

Il est certain que si on nous parle quelquefois de Dieu dans notre éducation, nous en perdons bientôt l'idée dans le train ordinaire des choses du monde; pourquoi donc y avons-nous recours dans les événements extraordinaires? Ce sentiment naturel est commun à toutes les nations, dont il y en a beaucoup qui ne parlent point de théologie à leurs enfants. Je l'ai remarqué dans des Nègres de la côte de Guinée, de Madagascar, de la Cafrerie et de Mosambique ; dans des Tartares et des Malabares ; enfin dans des hommes de toutes les parties du monde. Je n'en ai pas vu un seul qui, dans les mouvements extraordinaires de la surprise ou de l'admiration, ne fît, dans sa langue, les mêmes exclamations que nous, et ne levât les mains et les yeux vers le ciel.

DU MERVEILLEUX.

Le sentiment de l'admiration est la source de l'instinct que les hommes ont eu de tout temps pour le merveilleux.

Nous le cherchons par-tout, et nous le plaçons principalement à l'entrée et à la sortie de la vie : voilà pourquoi les berceaux et les tombeaux de tant d'hommes ont été environnés de fables. Il est la source intarissable de notre curiosité ; il se développe dès l'enfance, et il accompagne long-temps l'innocence. D'où peut venir aux enfants le goût du merveilleux ? Il leur faut des contes de fées, et il faut aux hommes des poëmes épiques et des opéras. C'est le merveilleux qui fait l'un des grands charmes des statues antiques de la Grèce et de Rome, qui représentent des héros ou des dieux ; et qui contribue, plus qu'on ne pense, à nous faire aimer les histoires anciennes de ces pays. C'est une des raisons naturelles à apporter au président Hénault, qui s'étonne qu'on aime mieux les histoires anciennes que les modernes, et sur-tout que la nôtre : c'est qu'indépendamment des sentiments patriotiques, qui servent au moins de prétextes aux intrigues des grands chez les Grecs et les Romains ; et qui étaient tellement inconnus aux nôtres, qu'ils ont souvent bouleversé la patrie pour les intérêts de leur maison, et quelquefois pour l'honneur d'une préséance ou d'un tabouret ; il y a un merveilleux dans la religion des anciens, qui console et élève l'homme, tandis que celui de la religion des Gaulois l'effraie et l'avilit. Les dieux des Grecs et des Romains étaient patriotes comme leurs grands. Minerve leur avait donné l'olivier, Neptune le cheval. Ces dieux protégeaient les villes et les peuples. Mais ceux des Gaulois étaient tyrans comme leurs barons ; ils ne protégeaient que les druides. Il leur fallait des sacrifices humains. Enfin, cette religion était si barbare, que deux empereurs romains l'abolirent successivement, comme le rapportent Suétone et Pline. Je ne dis rien des intérêts modernes de notre histoire ; mais je suis sûr que les relations de notre politique n'y remplaceront jamais, dans le cœur humain, celles de la Divinité.

J'observerai que comme l'admiration est un mouvement involontaire de l'ame vers la Divinité, et qu'elle est, par conséquent, sublime, plusieurs écrivains modernes se sont efforcés de multiplier ce genre de beauté dans leurs ouvrages, en y accumulant des surprises imprévues ; mais la nature les emploie rarement dans les siens, parce que l'homme n'est pas capable d'éprouver fréquemment de pareilles secousses. Elle nous fait paraître peu-à-peu la lumière du soleil, le développement des fleurs, la formation des fruits. Elle amène nos jouissances par une longue suite d'harmonies ; elle nous traite en hommes, c'est-à-dire en machines faibles et bien aisées à renverser ; elle nous voile la Divinité, afin que nous en puissions supporter les approches.

PLAISIR DU MYSTÈRE.

Voilà pourquoi le mystère a tant de charmes. Ce ne sont pas les tableaux les plus éclairés, les avenues en lignes droites, les roses bien épanouies et les femmes brillantes qui nous plaisent le plus. Mais les vallées ombreuses, les routes qui serpentent dans les forêts, les fleurs qui s'entr'ouvrent à peine, et les bergères timides excitent en nous de plus douces et de plus durables émotions. L'amour et le respect des objets, augmentent par leurs mystères. Tantôt c'est celui de l'antiquité, qui nous rend tant de monuments vénérables ; tantôt c'est celui de l'éloignement, qui donne tant de charmes aux objets de l'horizon ; tantôt c'est celui des noms. Voilà pourquoi les sciences qui ont conservé des noms grecs, qui ne signifient souvent que des choses très-communes, nous impriment plus de respect que celles qui n'ont que des noms modernes, quoique celles-ci soient souvent plus ingénieuses et plus utiles. Voilà pourquoi, par exemple, la construction des vaisseaux et la navigation sont moins estimées de nos savants modernes, que plusieurs autres sciences physiques, qui ne sont souvent que frivoles, mais qui portent des noms grecs. Ainsi, l'admiration n'est point une relation de l'esprit, ou une perception de notre raison; mais un sentiment de l'ame qui s'élève en nous, par je ne sais quel instinct de la Divinité, à la vue des choses extraordinaires, et par le mystère même qui les environne. Cela est si certain, qu'elle se détruit par la science même qui nous éclaire. Si je montre à un sauvage un éolipyle qui lance un jet d'esprit de vin enflammé, je le ravis en admiration; il est prêt à adorer ma machine; il me prend pour le dieu du feu, tant qu'il ne la connaît pas ; mais si je lui en explique la raison, il ne m'admire plus, il me regarde comme un charlatan.[8]

PLAISIRS DE L'IGNORANCE.

C'est par un effet de ces sentiments ineffables, et de ces instincts universels de la Divinité, que l'ignorance est devenue la source intarissable de nos plaisirs. Il ne faut pas confondre l'ignorance et l'erreur, comme font tous nos moralistes. L'ignorance est l'ouvrage de la nature, et souvent un bienfait envers l'homme; et l'erreur est souvent le fruit de nos prétendues sciences humaines, et est toujours un mal. Quoi qu'en disent nos écrivains politiques, qui vantent nos lumières actuelles, et qui leur opposent la barbarie des siècles passés, ce ne sont pas des ignorants qui ont mis, alors, à feu et à sang toute l'Europe, pour des disputes de religion. Des ignorants se seraient tenus tranquilles. C'étaient des gens qui étaient dans l'erreur, qui vantaient peut-être alors leurs lumières, comme nous vantons aujourd'hui les nôtres, et à chacun desquels l'éducation européenne avait inspiré cette erreur de l'enfance : « SOIS LE PREMIER. »

Que de maux l'ignorance nous cache, que nous devons un jour rencontrer dans la vie, sans pouvoir les éviter! l'inconstance des amis, les révolutions de la fortune, les calomnies, et l'heure de la mort même qui effraie tant d'hommes. La science de ces maux nous empêcherait de vivre. Que de biens l'ignorance nous rend sublimes! les illusions de l'amitié et de l'amour, les perspectives de l'espérance, et les trésors même que nous découvrent les sciences. Les sciences ne nous charment que dans le commencement de leurs études, quand l'esprit s'y présente plein d'ignorance. C'est le point de contact de la lumière et des ténèbres qui produit le jour le plus favorable à nos yeux : c'est ce point harmonique qui excite notre admiration, lorsque nous venons à nous éclairer ; mais il n'existe qu'un instant. Il se dissipe avec notre ignorance. Les éléments de géométrie ont passionné des jeunes gens, mais jamais des vieillards, si ce n'est quelques fameux géomètres, qui ont été de découvertes en découvertes. Il n'y a que des sciences et des passions pleines de doutes et de hasards, qui fassent des enthousiastes à tout âge, telles que la chimie, l'avarice, le jeu et l'amour.

Pour un plaisir que la science donne, et fait périr en nous le donnant, l'ignorance nous en présente mille, qui nous flattent bien davantage. Vous me démontrez que le soleil est un globe fixe, dont l'attraction donne aux planètes la moitié de leurs mouvements. Ceux qui le croyaient conduit par Apollon, en avaient-ils une idée moins sublime? Ils pensaient au moins que les regards d'un dieu parcouraient la terre avec les rayons de l'astre du jour. C'est la science qui a fait descendre la chaste Diane de son char nocturne : elle a banni les Hamadryades des antiques forêts, et les douces Naïades des fontaines. L'ignorance avait appelé les dieux à ses joies, à ses chagrins, à son hyménée et à son tombeau : la science n'y voit plus que les éléments. Elle a abandonné l'homme à l'homme, et l'a jeté sur la terre, comme dans un désert. Ah! quels que soient les noms qu'elle donne aux divers règnes de la nature, sans doute des esprits célestes régissent leurs combinaisons si ingénieuses, si variées et si constantes; et l'homme qui ne s'est rien donné, n'est pas le seul être dans l'univers qui ait en partage l'intelligence.

Ce n'est point à nos lumières que la Divinité

communique le sentiment le plus profond de ses attributs ; c'est à notre ignorance. La nuit nous donne une plus grande idée de l'infini, que tout l'éclat du jour. Pendant le jour, je ne vois qu'un soleil; la nuit, j'en vois des milliers. Sont-ce même des soleils que ces étoiles de si diverses couleurs? Ces planètes qui tournent autour du nôtre, ont-elles, comme nous, des habitants? D'où vient la planète de Cybèle, * découverte de nos jours par l'allemand Herschel? Elle parcourait notre carrière depuis la création, et elle nous était inconnue. Où vont ces longues comètes qui traversent des espaces immenses? Qu'est-ce que cette voie lactée qui sépare le firmament? Quels sont ces deux nuages noirs, placés au pôle antarctique près de la Croix du Sud? Y aurait-il des astres qui répandraient des ténèbres, comme le croyaient les anciens? Y a-t-il dans le firmament des lieux où la lumière ne parvienne jamais? Le soleil ne me montre qu'un infini terrestre, et la nuit me découvre un infini céleste. O mystère, couvrez ces vues ravissantes de vos ombres sacrées! Ne permettez pas à la science humaine d'y porter son triste compas! Que la vertu ne soit pas réduite à attendre désormais sa récompense de la justice et de la sensibilité d'un globe! Laissez lui

* Les Anglais l'appellent, du nom de leur roi George III, *sydus Georgianum*, l'astre de George.

penser qu'il y a dans l'univers d'autres destins que ceux qui font les malheurs de la terre!

La science nous montre le terme de notre raison, l'ignorance l'éloigne toujours. Je me garde bien, dans mes promenades solitaires, de m'informer à qui appartient le château que j'aperçois au loin. L'histoire du maître gâte souvent celle du paysage. Il n'en est pas de même de celle de la nature; plus on étudie ses ouvrages, plus on trouve de raisons de les admirer. Il n'y a qu'un cas où la science des ouvrages des hommes nous est agréable, c'est lorsque le monument que nous apercevons a été le séjour d'un homme de bien. Quel est ce petit clocher que je vois de Montmorency? c'est celui de Saint-Gratien ; où Catinat a vécu en sage, et où repose sa cendre. Mon ame circonscrite à un petit village, part de là pour embrasser le grand siècle de Louis XIV, et se jeter ensuite dans une sphère bien plus sublime que celle du monde, qui est celle de la vertu. Quand je ne peux me procurer ces perspectives, l'ignorance des lieux me sert plus que leur connaissance. Je n'ai pas besoin de savoir que cette forêt appartient à une abbaye ou à un duché, pour la trouver majestueuse. Ses arbres antiques, ses profondes clairières, ses solitudes silencieuses me suffisent. Dès que je n'y aperçois pas l'homme, j'y sens la Divinité. Pour peu que je veuille donner carrière à mon sentiment, il n'y a point de paysage que je n'ennoblisse. Ces vastes prairies sont des mers; ces coteaux embrumés sont des îles qui s'élèvent sur l'horizon; cette ville là-bas est une cité de la Grèce, honorée par les pas de Socrate et de Xénophon. Graces à mon ignorance, je me laisse aller à l'instinct de mon ame. Je me jette dans l'infini. Je prolonge la distance des lieux par celle des siècles, et pour achever mon illusion, j'y fais séjourner la vertu.

DU SENTIMENT DE LA MÉLANCOLIE.

La nature est si bonne, qu'elle tourne à notre plaisir tous ses phénomènes; et si nous y prenons garde, nous verrons que les plus communs sont ceux qui nous sont les plus agréables.

Je goûte, par exemple, du plaisir, lorsqu'il pleut à verse, que je vois les vieux murs moussus tout dégouttants d'eau, et que j'entends les murmures des vents qui se mêlent aux frémissements de la pluie. Ces bruits mélancoliques me jettent, pendant la nuit, dans un doux et profond sommeil. Je ne suis pas le seul homme sensible à ces affections. Pline parle d'un consul romain qui faisait dresser, lorsqu'il pleuvait, son lit sous le feuillage épais d'un arbre, afin d'entendre frémir les gouttes de pluie, et de s'endormir à leurs murmures.

Je ne sais à quelle loi physique les philosophes peuvent rapporter les sensations de la mélancolie. Pour moi, je trouve que ce sont les affections de l'ame les plus voluptueuses. «La mélancolie est friande,» dit Michel Montaigne. Cela vient, ce me semble, de ce qu'elle satisfait à-la-fois les deux puissances dont nous sommes formés, le corps et l'ame, le sentiment de notre misère et celui de notre excellence.

Ainsi, par exemple, dans le mauvais temps, le sentiment de ma misère humaine se tranquillise, en ce que je vois qu'il pleut, et que je suis à l'abri; qu'il vente, et que je suis dans mon lit bien chaudement. Je jouis alors d'un bonheur négatif. Il s'y joint ensuite quelques-uns de ces attributs de la Divinité, dont les perceptions font tant de plaisir à notre ame, comme de l'infinité en étendue, par le murmure lointain des vents. Ce sentiment peut s'accroître par la réflexion des lois de la nature, en me rappelant que cette pluie qui vient, je suppose de l'ouest, a été élevée du sein de l'Océan, et peut-être des côtes d'Amérique; qu'elle vient balayer nos grandes villes, remplir les réservoirs de nos fontaines, rendre nos fleuves navigables; et tandis que les nuées qui la versent, s'avancent vers l'orient pour porter la fécondité jusqu'aux végétaux de la Tartarie, les graines et les dépouilles qu'elle emporte dans nos fleuves, vont vers l'occident se jeter à la mer, et donner de la nourriture aux poissons de l'Océan atlantique. Ces voyages de mon intelligence donnent à mon ame une extension convenable à sa nature, et me paraissent d'autant plus doux, que mon corps, qui de son côté aime le repos, est plus tranquille et plus à l'abri.

Si je suis triste, et que je ne veuille pas étendre mon ame si loin, je goûte encore du plaisir à me laisser aller à la mélancolie que m'inspire le mauvais temps. Il me semble alors que la nature se conforme à ma situation, comme une tendre amie. Elle est, d'ailleurs, toujours si intéressante, sous quelque aspect qu'elle se montre, que quand il pleut, il me semble voir une belle femme qui pleure. Elle me paraît d'autant plus belle, qu'elle me semble plus affligée. Pour éprouver ces sentiments, j'ose dire voluptueux, il ne faut pas avoir des projets de promenade, de visite, de chasse ou de voyage, qui nous mettent, alors, de fort mauvaise humeur, parce que nous sommes contrariés. Il faut encore moins croiser nos deux puissances, ou les heurter l'une contre l'autre, c'est-à-dire, porter le sentiment de l'infini sur notre misère, en pensant que cette pluie n'aura point de fin; et celui de notre misère sur les phénomènes de la nature, en nous plaignant que toutes les saisons sont dérangées, qu'il n'y a plus d'ordre dans les éléments, et nous abandonner à tous les mauvais raisonnements où se livre un homme mouillé. Il faut, pour jouir du mauvais temps, que notre ame voyage, et que notre corps se repose.

C'est par l'harmonie de ces deux puissances de nous-mêmes, que les plus terribles révolutions de la nature nous intéressent souvent davantage que ses tableaux les plus riants. Le volcan de Naples attire plus les voyageurs, que les jardins délicieux qui bordent ses rivages; les campagnes de la Grèce et de l'Italie, couvertes de ruines, plus que les riches cultures de l'Angleterre; le tableau d'une tempête, plus de curieux que celui d'un calme; et la chute d'une tour, plus de spectateurs que sa construction.

PLAISIR DE LA RUINE.

J'ai cru quelque temps qu'il y avait dans l'homme je ne sais quel goût pour la destruction. Si le peuple peut porter la main sur un monument, il le détruit. J'ai vu à Dresde, aux jardins du comte de Bruhl, de belles statues de femmes, que les soldats prussiens s'étaient amusés à mutiler à coups de fusil, lorsqu'ils s'emparèrent de cette ville. La plupart des gens du peuple sont médisants; ils aiment à détruire la réputation de tout ce qui s'élève. Mais cet instinct malfaisant ne vient point de la nature. Il naît du malheur des individus, à qui l'ambition est inspirée par l'éducation, et interdite par la société, ce qui les jette dans une ambition négative. Ne pouvant rien élever, il faut qu'ils abattent tout. Le goût de la ruine, dans ce cas, n'est point naturel, et est simplement l'exercice de la puissance du misérable. L'homme sauvage ne détruit que les monuments de ses ennemis; il conserve, avec le plus grand soin, ceux de sa nation; et ce qui prouve que, de sa nature, il est bien meilleur que l'homme de nos sociétés, c'est que jamais il ne médit de ses compatriotes.

Quoi qu'il en soit, le goût passif de la ruine est universel à tous les hommes. Nos voluptueux font construire des ruines artificielles dans leurs jardins; les sauvages se plaisent à se reposer mélancoliquement sur le bord de la mer, sur-tout dans les tempêtes; ou dans le voisinage d'une cascade au milieu des rochers. Les grandes destructions offrent des effets pittoresques nouveaux; ce fut la curiosité d'en faire naître, jointe à la cruauté, qui porta Néron à mettre le feu à Rome, pour avoir le spectacle d'un incendie. Le sentiment d'humanité à part, ces longues flammes qui, au milieu de la nuit, lèchent les cieux, pour me servir de l'expression de Virgile, ces tourbillons de fumée rousse et noire, ces nuées d'étincelles de toutes les couleurs; ces réverbérations scarlatines dans les rues, au haut des tours, sur la surface des eaux et sur les monts lointains, plaisent même dans les tableaux et les descriptions. Ce genre d'affection, qui n'est point lié avec nos besoins physiques, a fait dire à quelques philosophes, que notre ame étant un mouvement, aimait toutes les émotions extraordinaires. Voilà pourquoi, disent-ils, tant de gens courent voir les exécutions à la Grève. A la vérité, dans ces sortes de spectacles, il n'y a aucun effet pittoresque. Mais ils ont avancé leur axiome aussi légèrement que tant d'autres, dont leurs ouvrages sont remplis. D'abord, c'est que notre ame aime autant le repos que le mouvement. Elle est une harmonie fort aisée à renverser par de grandes émotions; et quand elle serait de sa nature un mouvement, je ne vois pas qu'elle dût aimer ceux qui la menacent de sa destruction. Lucrèce, à mon avis, a bien mieux rencontré, quand il dit que ces sortes de goûts naissent du sentiment de notre sécurité, qui redouble à la vue du danger dont nous sommes à couvert. Nous aimons, dit-il, à voir des tempêtes, du rivage. C'est, sans doute, par ce retour sur lui-même, que le peuple aime à raconter, dans les soirées d'hiver, auprès du feu, en famille, des histoires effrayantes de revenants, d'hommes égarés la nuit dans les bois, de voleurs de grand chemin. C'est aussi par le même sentiment, que les honnêtes gens aiment à voir des tragédies, et à lire des descriptions de batailles, de naufrages et de ruines d'empires. La sécurité du bourgeois redouble par les dangers du guerrier, du marin et du courtisan. Ce genre de plaisir naît du sentiment de notre misère, qui est, comme nous l'avons dit, un des instincts de notre mélancolie. Mais nous avons encore en nous un sentiment plus sublime qui nous fait aimer les ruines, indépendamment de tout effet pittoresque, et de toute idée de sécurité; c'est celui de la Divinité, qui se mêle toujours à nos affections mélancoliques, et qui en fait le plus grand charme. Nous en allons déterminer quelques caractères, en suivant les impressions que nous font les ruines de différents genres. Ce sujet est très-neuf et très-riche; mais le temps et mes forces ne me permettent pas de l'approfondir. J'en dirai toutefois deux mots en passant, pour disculper et relever de mon mieux la nature humaine.

Le cœur humain est si naturellement porté à la bienveillance, que le spectacle d'une ruine, qui ne nous rappelle que le malheur des hommes, nous inspire l'horreur, quelque effet pittoresque qu'elle nous présente. Je me trouvai à Dresde, en 1765, plusieurs années après son bombardement. Cette ville petite, mais très-commerçante et très-jolie, formée plus qu'à demi de petits palais bien alignés, dont les façades étaient ornées en dehors de peintures, de colonnades, de balcons et de sculptures, était alors presque entièrement ruinée. L'ennemi y avait dirigé la plupart de ses bombes sur l'église luthérienne de Saint-Pierre, bâtie en rotonde, et si solidement voûtée, qu'un grand nombre de ces bombes frappèrent la coupole, sans pouvoir l'endommager, et rebondirent sur les palais voisins, qu'elles embrasèrent et firent écrouler en partie. Les choses y étaient encore au même état qu'à la fin de la guerre, quand j'y arrivai. On avait seulement relevé, le long de quelques rues, les pierres qui les encombraient; ce qui formait, de chaque côté, de longs parapets de pierres noircies. Il y avait des moitiés de palais encore debout, fendus depuis le toit jusqu'aux caves. On y distinguait des bouts d'escaliers, des plafonds peints, de petits cabinets tapissés de papiers de la Chine, des fragments de glaces de miroir, des cheminées de marbre, des dorures enfumées. Il n'était resté à d'autres que les massifs des cheminées, qui s'élevaient, au milieu des décombres, comme de longues pyramides noires et blanches. Plus du tiers de la ville était réduit dans ce déplorable état. On y voyait aller et venir tristement les habitants, qui étaient auparavant si gais, qu'on les appelait les Français de l'Allemagne. Ces ruines, qui présentaient une multitude d'accidents très-singuliers par leurs formes, leurs couleurs et leurs groupes, jetaient dans une noire mélancolie; car on ne voyait là que des traces de la colère d'un roi, qui n'était pas tombée sur les gros remparts d'une ville de guerre, mais sur les demeures agréables d'un peuple industrieux. J'ai vu même plus d'un Prussien en être touché. Je ne sentis point du tout, quoique étranger, ce retour de sécurité qui s'élève en nous à la vue d'un danger dont on est à couvert; mais, au contraire, une voix affligeante se fit entendre dans mon cœur, qui me disait : « Si c'était là ta patrie ! »

Il n'en est pas ainsi des ruines occasionées par le temps. Celles-là nous plaisent, en nous jetant dans l'infini ; elles nous portent à plusieurs siècles en arrière, et nous intéressent à proportion de leur antiquité. Voilà pourquoi les ruines de l'Italie nous affectent plus que les nôtres; celles de la Grèce, plus que celles de l'Italie ; et celles de l'Égypte, plus que celles de la Grèce. La première fois que je vis un monument antique, ce fut auprès d'Orange. C'était l'arc de triomphe que Marius éleva après la défaite des Cimbres. Il est à quelque distance de la ville, au milieu des champs. C'est un massif oblong à trois arcades, à-peu-près comme la porte Saint-Denis. Quand j'en fus près, je n'avais pas assez d'yeux pour le regarder. Je m'écriai d'abord : Quoi ! voilà un ouvrage des Romains ! et mon imagination me porta d'une traite à Rome, et au temps de Marius. Il me serait difficile de décrire tous les sentiments qui s'élevèrent successivement en moi. D'abord, ce monument, quoique élevé par le malheur des hommes, comme tous les arcs de triomphe en Europe, ne me fit aucune peine, parce que je me rappelai que les Cimbres étaient venus pour envahir l'Italie, comme des brigands. Je remarquai que si cet arc de triomphe était un monument des victoires des Romains sur les Cimbres, il en était un aussi du pouvoir du temps sur les Romains. J'y distinguai, dans le bas-relief de la frise, qui représente un combat, une enseigne où on lisait distinctement ces lettres, S. P. Q. R. *Senatus Populus Que Romanus;* et une autre où il y avait M. O..., dont je ne pus interpréter le sens. Pour les guerriers ils étaient si usés, qu'on ne leur voyait plus ni armes, ni physionomie. Il y en avait même qui n'avaient plus de jambes. Le massif de ce monument était, d'ailleurs, bien conservé, à l'exception d'un des pieds-droits d'une arcade, qu'un curé du voisinage avait fait démolir pour réparer son presbytère. Cette ruine moderne me fit naître d'autres réflexions sur l'excellence de la construction des anciens dans les monuments publics; car, quoique le pied-droit, qui supportait un côté d'une des arcades, eût été démoli comme je l'ai dit, cependant la partie de la voûte qui en était soutenue, était restée en l'air sans appui, comme si ses voussoirs avaient été collés les uns aux autres. Il me vint aussi dans l'idée, que le curé démolisseur était peut-être descendu de ces anciens Cimbres, comme nous autres Français descendons des anciens peuples du nord, qui ont envahi l'Italie. Ainsi, la démolition exceptée, que je n'approuvais pas, par respect pour l'antiquité, je pensais aux vicissitudes des choses humaines, qui mettent les vainqueurs à la place des vaincus, et les vaincus à celle des vainqueurs. Je me figurais donc que, comme Marius avait vengé l'honneur des Romains et détruit la gloire des Cimbres, un des descendants des Cimbres détruisait à son tour celle de Marius ; et que les jeunes filles du voisinage venaient peut-être, les jours de fête, danser à l'ombre de cet arc de triomphe, sans se soucier ni de celui qui l'avait bâti, ni de celui qui le démolissait.

Les ruines où la nature combat contre l'art des hommes, inspirent une douce mélancolie. Elle nous y montre la vanité de nos travaux, et la perpétuité des siens. Comme elle édifie toujours lors même qu'elle détruit, elle fait sortir des fentes de nos monuments, des giroflées jaunes, des chænopodium, des graminées, des cerisiers sauvages, des guirlandes de rubus, des lisières de mousses, et toutes les plantes saxatiles qui forment, par leurs fleurs et leurs attitudes, les contrastes les plus agréables avec les rochers. Je me suis arrêté autrefois, avec plaisir, dans le jardin du Luxembourg, à l'extrémité de l'allée des Carmes, pour y considérer un morceau d'architecture qui avait été destiné, dans son origine, à faire une fontaine. D'un côté du fronton qui le couronne, est couché un vieux Fleuve, sur le visage duquel le temps a imprimé des rides plus vénérables que celles qu'y a tracées le ciseau du sculpteur : il en a fait tomber une cuisse, à la place de laquelle il a planté un érable. Il ne reste, de la Naïade qui était vis-à-vis, de l'autre côté du fronton, que la partie inférieure du corps. Sa tête, ses épaules et ses bras ont disparu. Ses mains tiennent encore l'urne d'où sortent, au lieu de plantes fluviatiles, celles qui se plaisent dans les lieux les plus secs, des touffes de giroflées jaunes, des pissenlits et de longues gerbes de graminées saxatiles.

Une belle architecture donne toujours de belles ruines. Les plans de l'art s'allient alors avec la majesté de ceux de la nature. Je ne trouve rien qui ait un aspect plus imposant que les tours antiques et bien élevées que nos ancêtres bâtissaient sur le sommet des montagnes, pour découvrir de loin leurs ennemis, et du couronnement desquelles sortent aujourd'hui de grands arbres dont les vents agitent les cimes. J'en ai vu d'autres, dont les mâchicoulis et les créneaux, jadis meurtriers, étaient tout fleuris de lilas, dont les nuances, d'un violet brillant et tendre, formaient des oppositions charmantes avec les pierres de la tour, caverneuses et rembrunies.

L'intérêt d'une ruine augmente quand il s'y joint quelque sentiment moral, par exemple, quand ces tours dégradées ont été les asyles du brigandage. Tel a été, dans le pays de Caux, un ancien château, appelé le château de Lilebonne. Les hauts murs, qui forment son enceinte, sont écornés aux angles, et sont si couverts de lierre, qu'il y a peu d'endroits où l'on aperçoive leurs assises. Du milieu de leurs cours, où je ne crois pas qu'il soit facile de pénétrer, s'élèvent de hautes tours crénelées, du sommet desquelles sortent de grands arbres, qui paraissent dans les airs comme une épaisse chevelure. On aperçoit çà et là, à travers les tapis de lierre qui en couvrent les flancs, des fenêtres gothiques, des embrasures et des brèches qui en font apercevoir les escaliers, et qui ressemblent à des entrées de cavernes. On ne voit voler, autour de cette habitation désolée, que des buses qui planent en silence; et si l'on y entend quelquefois la voix d'un oiseau, c'est celle de quelque hibou qui y fait son nid. Ce château est situé sur un tertre, au milieu d'une vallée étroite, formée par des montagnes couvertes de forêts. Quand je me rappelai, à la vue de ce manoir, qu'il était autrefois habité par de petits tyrans qui, avant que l'autorité royale fût suffisamment établie dans le royaume, exerçaient de là leur brigandage sur leurs malheureux vassaux, et même sur les passants, il me semblait voir la carcasse et les ossements de quelque grande bête féroce.

PLAISIR DES TOMBEAUX.

Mais il n'y a point de monuments plus intéressants que les tombeaux des hommes, et sur-tout ceux de nos parents. Il est remarquable que tous les peuples naturels, et même la plupart des peu-

ples civilisés, ont fait, des tombeaux de leurs ancêtres, le centre de leurs dévotions et une partie essentielle de leur religion. Il en faut excepter ceux dont les pères se font haïr des enfants, par une éducation triste et cruelle, c'est-à-dire, les peuples occidentaux et méridionaux de l'Europe. Par-tout ailleurs, cette religieuse mélancolie est répandue. Les tombeaux des ancêtres sont, à la Chine, un des principaux embellissemens des faubourgs des villes, et des collines des campagnes. Ils sont les plus forts liens de la patrie chez les peuples sauvages. Quand les Européens ont quelquefois proposé à ceux-ci de changer de territoire, ils leur ont répondu : « Dirons-
» nous aux os de nos pères, levez-vous, et sui-
» vez-nous dans une terre étrangère? » Ils ont toujours regardé cette objection sans solution. Les tombeaux ont fourni, aux poésies d'Young et de Gessner, des images pleines de charmes. Nos voluptueux, qui reviennent quelquefois aux sentimens de la nature, en font construire de factices dans leurs jardins. A la vérité, ce ne sont pas ceux de leurs parents. D'où peut leur venir ce sentiment de mélancolie funèbre au milieu des plaisirs? N'est-ce pas de ce que quelque chose subsiste encore après nous? Si un tombeau ne leur faisait naître que l'idée de ce qu'il doit renfermer, c'est-à-dire, d'un cadavre, sa vue révolterait leur imagination. La plupart d'entre eux

craignent tant de mourir! Il faut donc, qu'à cette idée physique, il se joigne quelque sentiment moral. La mélancolie voluptueuse qui en résulte, naît, comme toutes les sensations attrayantes, de l'harmonie de deux principes opposés, du sentiment de notre existence rapide et de celui de notre immortalité, qui se réunissent à la vue de la dernière habitation des hommes. Un tombeau est un monument placé sur les limites des deux mondes.

Il nous présente d'abord la fin des vaines inquiétudes de la vie, et l'image d'un éternel repos; ensuite il élève en nous le sentiment confus d'une immortalité heureuse, dont les probabilités augmentent à mesure que celui dont il nous rappelle la mémoire a été plus vertueux. C'est là où se fixe notre vénération. Et cela est si vrai, que quoiqu'il n'y ait aucune différence entre la cendre de Socrate et celle de Néron, personne ne voudrait avoir dans ses bosquets celle de l'empereur romain, quand même elle serait renfermée dans une urne d'argent; et qu'il n'y a personne qui ne mît celle du philosophe dans le lieu le plus honorable de son appartement, quand elle ne serait que dans un vase d'argile.

C'est donc par cet instinct intellectuel pour la vertu, que les tombeaux des grands hommes nous inspirent une vénération si touchante. C'est par le même sentiment, que ceux qui renferment des objets qui ont été aimables, nous donnent tant de regrets; car, comme nous le verrons bientôt, les attraits de l'amour ne naissent que des apparences de la vertu. Voilà pourquoi nous sommes émus, à la vue du petit tertre qui couvre les cendres d'un enfant aimable, par le souvenir de son innocence; voilà encore pourquoi nous voyons avec tant d'attendrissement une tombe, sous laquelle repose une jeune femme, l'amour et l'espérance de sa famille, par ses vertus. Il ne faut pas, pour rendre recommandables ces monuments, des marbres, des bronzes, des dorures. Plus ils sont simples, plus ils donnent d'énergie au sentiment de la mélancolie. Ils font plus d'effet, pauvres que riches, antiques que modernes, avec des détails d'infortune qu'avec des titres d'honneur, avec les attributs de la vertu qu'avec ceux de la puissance. C'est sur-tout à la campagne que leur impression se fait vivement sentir. Une simple fosse y fait souvent verser plus de larmes que les catafalques dans les cathédrales. 9 C'est là que la douleur prend de la sublimité; elle s'élève avec les vieux ifs des cimetières; elle s'étend avec les plaines et les collines d'alentour; elle s'allie avec tous les effets de la nature, le lever de l'aurore, le murmure des vents, le coucher du soleil et les ténèbres de la nuit. Les travaux les plus rudes et les destinées les plus humiliantes, n'en peuvent éteindre l'impression dans les cœurs des plus mi-

sérables. « Pendant l'espace de deux ans, dit le
» P. Du Tertre, notre nègre Dominique, après
» la mort de sa femme, ne manquait pas un seul
» jour, sitôt qu'il était revenu de la place, de
» prendre le garçon et la petite fille qu'il en
» avait eus, et de les porter sur la fosse de la dé-
» funte, où il pleurait devant eux une bonne
» demi-heure, ce que ces petits enfants faisaient
» souvent à son imitation. * » Quelle oraison funèbre pour une épouse et pour une mère ! ce
n'était cependant qu'une pauvre esclave.

Il résulte encore de la vue des ruines, un autre sentiment, indépendant de toute réflexion ;
c'est celui de l'héroïsme. De grands généraux ont
employé plus d'une fois leur effet sublime, pour
exalter le courage de leurs soldats. Alexandre engage son armée, chargée des dépouilles de la
Perse, à brûler ses bagages ; et dès qu'elle y a
mis le feu, elle est prête à le suivre au bout du
monde. Guillaume, duc de Normandie, en débar-
quant en Angleterre, incendie ses propres vaisseaux, et ses troupes font la conquête de ce
royaume. Mais il n'y a point de ruines qui élèvent en nous de si grands sentiments, que celles
de la nature. Elles nous montrent cette grande
prison de la terre, où nous sommes renfermés
sujette elle-même à la destruction, et nous déta-

* Histoire des Antilles, tome VIII, chap. I, § IV.

chent subitement de nos préjugés et de nos passions, comme d'une représentation théâtrale, momentanée et frivole. Lorsque Lisbonne fut renversée par un tremblement de terre, ses habitants, en s'échappant de leurs maisons, s'embrassaient les uns les autres, grands et petits, amis et ennemis, inquisiteurs et juifs, connus et inconnus; chacun partageait ses habits et ses vivres avec ceux qui n'avaient rien. J'ai vu arriver quelque chose de semblable dans des tempêtes, sur des vaisseaux près de périr. Le premier effet du malheur, dit un écrivain célèbre, est de roidir l'ame, et le second, de la briser. C'est que le premier mouvement de l'homme, dans le malheur, est de s'élever vers la Divinité; et le second, de redescendre aux besoins physiques. Ce dernier effet est celui de la réflexion; mais le sentiment moral et sublime s'empare presque toujours du cœur à l'aspect d'une grande destruction.

RUINES DE LA NATURE.

Lorsque les bruits de la fin du monde se répandirent en Europe, il y a quelques siècles, une infinité de personnes se dépouillèrent de leurs biens; et il ne faut pas douter qu'on ne vît encore arriver la même chose de nos jours, si de pareilles opinions s'accréditaient. Mais ces ruines totales et subites ne sont point à craindre dans les plans infiniment sages de la nature : rien ne s'y détruit, qui n'y soit réparé.

Les ruines apparentes de la terre, comme les rochers qui en hérissent la surface en tant d'endroits, ont leur utilité. Les rochers ne nous paraissent des ruines, que parce qu'ils ne sont ni équarris, ni polis, comme les pierres de nos monuments; mais leurs anfractuosités sont nécessaires aux végétaux et aux animaux qui doivent y trouver de la nourriture et des abris. Ce n'est que pour les êtres végétatifs et sensitifs que la nature a créé le règne fossile ; et dès que l'homme en élève des masses inutiles à ces objets sur la surface de la terre, elle se hâte d'y imprimer son ciseau, afin de les employer à l'harmonie générale.

Si nous considérions la fin et l'origine de ses ouvrages, ceux des peuples les plus célèbres nous paraîtraient bien frivoles. Il n'était pas besoin que les nations élevassent de si grands assemblages de pierres, pour m'inspirer du respect par leur antiquité. Un petit caillou de nos rivières est plus ancien que les pyramides de l'Égypte. Une multitude de villes ont été détruites depuis qu'il a été créé. Si je veux ajouter quelque sentiment moral aux monuments de la nature, je peux me dire, à la vue d'un rocher : C'est peut-être ici que se reposait le bon Fénélon, en méditant son divin Télémaque; on y gravera peut-être un jour, qu'il a fait une révolution en Europe, en apprenant à ses rois que leur gloire consistait dans le bonheur des hommes, et le bonheur des hommes dans les travaux de l'agriculture : la postérité arrêtera ses regards sur la même pierre où je fixe aujourd'hui les miens. C'est ainsi que j'embrasse le passé et l'avenir à la vue d'un rocher tout brut, et que le consacrant à la vertu, par une simple inscription, je le rends plus vénérable qu'en le décorant des cinq ordres de l'architecture.

DU PLAISIR DE LA SOLITUDE.

C'est encore la mélancolie qui rend la solitude si attrayante. La solitude flatte notre instinct animal, en nous offrant des abris d'autant plus tranquilles, que les agitations de notre vie ont été plus grandes ; et elle étend notre instinct divin, en nous donnant des perspectives où les beautés naturelles et morales se présentent avec tous les attraits du sentiment. C'est par l'effet de ces contrastes, et de cette double harmonie, qu'il n'y a point de solitude plus douce que celle qui est voisine d'une grande ville, ni de fête populaire plus agréable que celle qui est donnée près d'une solitude.

DU SENTIMENT DE L'AMOUR.

Lorsque l'hiver glace nos campagnes, on voit disparaître les aigles et les vautours. La tourterelle timide se blottit dans le creux des arbres.

Ainsi l'adversité fait fuir de nos ames les passions violentes, et y endort les passions douces. Mais, lorsque le printemps vient ranimer la nature, les bois, les lacs et les plaines, sont couverts d'oiseaux amoureux. Alors l'aigle reparaît dans les airs, et y ramène la guerre et ses fureurs, qui traînent à leur suite l'affreux vautour avide de carnage. La bonne fortune ranime ainsi nos passions, et rallume dans nos cœurs les guerres intestines que son absence y avait suspendues. Sans doute il est possible aux hommes les plus violents de détourner leurs passions en les attachant à des choses innocentes. L'ambitieux César eût encore vécu heureux dans un village. L'agriculture même peut satisfaire l'avarice; l'ivrognerie se combat par la tempérance; le jeu par la solitude, et tous les vices par la philosophie : car les vices ne sont que des passions factices. Ce qui est difficile, c'est de vaincre une passion naturelle où chacune de vos victoires diminue votre résistance, où l'ennemi accroît ses forces par ses défaites. Le plus voluptueux peut aisément se priver de bals, de spectacles, de société, de festins; mais bien souvent ces privations ne feront qu'accroître, en la concentrant, la force d'une passion qui redouble son attrait par le goût même de la sagesse. L'amour s'accommode de toutes les positions; de la bonne et de la mauvaise fortune, de la gaieté, de la tristesse, de la santé, de la maladie. Tout réveille dans nos cœurs le désir et le besoin d'aimer. Le mariage seul peut faire une vertu de cette passion. La religion, avec toutes ses forces, ne saurait en détruire l'inquiétude ; elle la combat sans cesse sans la vaincre jamais.

Si l'amour n'était qu'une sensation physique, je ne voudrais que laisser raisonner et agir deux amants, conséquemment aux lois physiques du mouvement du sang, de la filtration du chyle et des autres humeurs du corps, pour en dégoûter le plus vil libertin ; son acte principal même est accompagné du sentiment de la honte, dans les hommes de tous les pays. Il n'y a point de peuple qui se prostitue publiquement : et quoique des voyageurs éclairés aient avancé que les habitants de l'île de Taïti avaient cet infâme usage, des observateurs plus attentifs ont vérifié depuis, qu'il n'était particulier dans cette nation qu'aux filles du plus bas étage, et que les autres classes y conservaient les apparences de modestie communes à tous les hommes.

Je ne saurais trouver dans la nature de cause directe de la pudeur. Si l'on dit que l'homme a honte de l'acte vénérien, parce qu'il le rend semblable aux animaux, cette raison ne suffit pas ; car le sommeil, le boire et le manger, l'en rapprochent encore plus souvent, et toutefois il n'en a aucune honte. A la vérité, il y a une cause de la pudeur dans l'acte physique : mais d'où vient celle qui en occasione le sentiment moral? Non-seulement on dérobe cet acte à la vue, mais même le souvenir. La femme le regarde comme un témoignage de sa faiblesse : elle apporte une longue résistance aux attaques de l'homme. D'où vient que la nature a mis dans son cœur cet obstacle, qui y triomphe souvent du plus doux des penchants et de la plus fougueuse des passions?

Indépendamment des causes particulières de la pudeur, qui me sont inconnues, je crois en trouver une dans les deux puissances dont l'homme est formé. Le sens de l'amour étant, pour ainsi dire, le centre auquel viennent aboutir toutes les sensations physiques, comme celles des parfums, de la musique, des couleurs et des formes agréables, du toucher, des douces températures et des saveurs; il en résulte une opposition très-forte avec cette autre puissance intellectuelle, d'où dérivent les sentiments de la Divinité et de l'immortalité. Leur contraste est d'autant plus tranché, que l'acte du premier est en lui-même brut et aveugle, et que le sentiment moral qui accompagne d'ordinaire l'amour est plus développé et plus sublime. Aussi les amants, pour subjuguer leur maîtresse, ne manquent jamais de faire précéder celui-ci, et d'employer tous leurs efforts pour l'amalgamer avec l'autre sensation. Ainsi, la pudeur vient, à mon avis, du combat de ces deux puissances : et voilà pourquoi les enfants n'en ont point naturellement, parce que le sens de l'amour n'est pas encore développé en eux ; que les jeunes gens en ont beaucoup, parce que ces deux puissances ont en eux toute leur énergie ; et que la plupart de nos vieillards n'en ont point du tout, parce qu'ils ont perdu le sens de l'amour, par la défaillance de la nature en eux, ou son sentiment moral, par la corruption de la société ; ou, ce qui arrive souvent, tous les deux ensemble, par le concours de ces deux causes.

Comme la nature a fait ressortir à cette passion, qui devait reperpétuer la vie humaine, toutes les sensations animales, elle y a réuni aussi tous les sentiments de l'ame ; en sorte que l'amour présente à deux amants, non-seulement les sentiments qui se lient avec nos besoins et à l'instinct de notre misère, comme ceux de protection, de secours, de confiance, de support, de repos ; mais encore tous les instincts sublimes qui élèvent l'homme au-dessus de l'humanité. C'est dans ce sens que Platon définissait l'amour, une entremise des dieux envers les jeunes gens [10].

Qui voudrait connaître la nature humaine, n'aurait qu'à étudier celle de l'amour ; il verrait naître tous les sentiments dont j'ai parlé, et une foule d'autres que je n'ai ni le temps, ni le talent de développer. Nous remarquerons d'abord que cette affection naturelle développe dans chaque être son caractère principal, en lui donnant toute son extension. Ainsi, par exemple, c'est dans la saison où chaque plante se reperpétue par ses fleurs et ses fruits, qu'elle acquiert toute sa perfection, et les caractères qui la déterminent invariablement. C'est dans la saison des amours, que les oiseaux qui chantent, redoublent leur mélodie; et que ceux qui excellent, par leurs couleurs, ont leurs beaux plumages, dont ils prennent plaisir à faire éclater les nuances, en se rengorgeant, en faisant la roue avec leur queue, ou en étendant leurs ailes à terre. C'est alors que le fort taureau présente sa tête et menace de la corne, que le coursier léger s'exerce à la course dans les plaines, que les bêtes féroces remplissent les forêts de rugissements, et que la femelle du tigre, exhalant l'odeur du carnage, fait retentir les solitudes de l'Afrique de ses miaulements affreux, et paraît remplie d'attraits à ses cruels amants.

C'est aussi dans l'âge d'aimer, que se développent toutes les affections naturelles au cœur humain. C'est alors que l'innocence, la candeur, la sincérité, la pudeur, la générosité, l'héroïsme, la foi sainte, la piété, s'expriment en graces ineffables dans l'attitude et les traits de deux jeunes amants. L'amour prend dans leurs ames pures tous les caractères de la religion et de la vertu. Ils fuient les assemblées tumultueuses des villes, les routes corrompues de l'ambition, et cherchent dans les lieux les plus reculés quelque autel champêtre où ils puissent jurer de s'aimer éternellement. Les fontaines, les bois, le lever de l'aurore, les constellations de la nuit, reçoivent tour-à-tour leurs serments. Souvent égarés dans une ivresse religieuse, ils se prennent l'un et l'autre pour une divinité. Toute maîtresse fut adorée, tout amant fut idolâtre. L'herbe qu'ils foulent aux pieds, l'air qu'ils respirent, les ombrages où ils se reposent, leur paraissent consacrés par leur atmosphère. Ils ne voient dans l'univers d'autre bonheur que de vivre et de mourir ensemble, ou plutôt ils ne voient plus la mort. L'amour les transporte dans des siècles infinis, et la mort ne leur paraît que le moyen d'une éternelle réunion. Mais si quelque obstacle vient à les séparer, ni les espérances de la fortune, ni les amitiés des douces compagnes, ne peuvent les consoler. Ils ont touché au ciel, ils languissent sur la terre ; ils vont, dans leur désespoir, se retirer dans des cloîtres, et redemander à Dieu, toute leur vie, le bonheur qu'ils n'ont entrevu qu'un instant. Long-temps même après leur séparation, quand la froide vieillesse a glacé leurs sens ; quand ils ont été distraits par mille et mille soucis étrangers, qui leur ont fait oublier tant de fois qu'ils étaient des hommes, leur cœur palpite encore à la vue du tombeau qui renferme l'objet qu'ils ont aimé. Ils l'avaient quitté dans le monde, ils espèrent le revoir dans les cieux. Infortunée Héloïse ! quels sentiments sublimes éleva dans votre ame la cendre d'Abailard!.

Ces émotions célestes ne peuvent être les effets d'un acte animal. L'amour n'est point une petite convulsion, comme l'appelle le divin Marc-Aurèle. C'est aux charmes de la vertu, et au sentiment de ses attributs divins, qu'il doit tant d'énergie. Le vice même est obligé, pour plaire, d'en emprunter les traits et le langage. Si les femmes de théâtre captivent tant d'amants, c'est qu'elles les séduisent par les illusions de l'innocence, de la bienveillance et de la grandeur d'ame, dans les rôles de bergères, d'héroïnes et de déesses qu'elles ont coutume de représenter. Leurs graces si vantées ne sont que les apparences des vertus. Si quelquefois au contraire la vertu déplaît, c'est qu'elle se montre sous les apparences de la dureté, de l'humeur, de l'ennui, ou de quelque autre vice qui nous rebute.

Ainsi la beauté naît de la vertu, et la laideur du vice; et ces caractères s'impriment souvent dès la plus tendre enfance par l'éducation. On peut m'objecter qu'il y a des hommes beaux et vicieux, et qu'il y en a de laids et vertueux. Socrate et Alcibiade en ont été de fameux exemples dans l'antiquité. Mais ces exemples mêmes prouvent pour moi. Socrate fut malheureux et vicieux dans l'âge où la physionomie prend ses principaux caractères, depuis l'enfance jusqu'à l'âge de dix-sept ans. Il était né pauvre ; son père voulut le contraindre d'apprendre le métier de sculpteur, malgré sa répugnance. Il fallut qu'un oracle s'opposât à la tyrannie paternelle. Socrate avoua, d'après le jugement d'un physionomiste, qu'il était sujet aux femmes et au vin, qui sont les vices où le malheur jette ordinairement les hommes : il se réforma à la fin lui-même, et rien n'était plus beau que ce philosophe quand il parlait de la Divinité. Pour l'heureux Alcibiade, né au sein de la fortune, les leçons de Socrate, et l'amour de ses parents et de ses concitoyens, développèrent à-la-fois en lui la beauté de son corps et de son ame ; mais, ayant été à la fin entraîné dans le désordre par de mauvaises sociétés, il ne lui resta que la physionomie de la vertu. Quelque séduisant que soit son premier aspect, on y démêle bientôt la laideur du vice sur le visage des beaux hommes devenus méchants. On y découvre, malgré leur sourire, je ne sais quoi de faux et de perfide. Cette dissonance se fait sentir jusque dans leur voix. Tout est masqué en eux, comme leur visage. Nous observerons encore que toutes les formes des êtres expriment des sentiments intellectuels, non-seulement aux yeux de l'homme qui étudie la nature, mais à ceux des animaux, qui sont d'abord éclairés par leur instinct sur ces connaissances, dont la plupart sont si obscurés pour nous. Ainsi, par exemple, chaque espèce d'animal a des traits qui expriment son caractère. Aux yeux étincelants et inquiets du tigre, on distingue sa férocité et sa perfidie. La gourmandise du porc s'annonce par la bassesse de son attitude, et l'inclinaison de sa tête vers la terre. Tous les animaux connaissent très-bien ces caractères; car les lois de la nature sont universelles. Par exemple, quoiqu'il y ait aux yeux d'un homme peu attentif une différence assez légère entre un renard et une espèce de chien qui lui ressemble, une poule ne s'y méprendra pas. Elle verra celui-ci sans frayeur auprès d'elle, et elle prendra l'épouvante à la vue de l'autre. Nous remarquerons encore que chaque animal exprime dans ses traits quelque passion dominante, telles que la cruauté, la volupté, la ruse, la stupidité. Mais l'homme seul, quand il n'a point été altéré par les vices de la société, porte sur son visage l'empreinte d'une origine céleste. Il n'y a point de trait de beauté qu'on ne puisse rapporter à quelque vertu : celui-ci à l'innocence, cet autre à la candeur, ceux-là à la générosité, à la pudeur, à l'héroïsme. C'est à leur influence que l'homme doit le respect et la confiance que lui portent les animaux, dans tous les pays où ils n'ont point été dénaturés par de fréquentes persécutions. Quelques charmes qu'il y ait dans l'harmonie des couleurs et des formes de la figure humaine, on ne voit pas que son effet physique dût influer sur les animaux, s'il n'y joignait l'empreinte de quelque puissance morale. L'embonpoint des formes ou la fraîcheur des couleurs, devrait plutôt exciter l'appétit des bêtes féroces, que leur respect et leur amour. Enfin, comme nous distinguons leur caractère passionné, elles distinguent pareillement le nôtre, et savent très-bien juger si nous sommes cruels ou pacifiques. Le gibier qui fuit les sanguinaires chasseurs, se rassemble autour des paisibles bergers.

On a avancé que la beauté était arbitraire chez tous les peuples, mais nous avons réfuté ailleurs cette opinion par des preuves de fait. Les mutilations des Nègres, leurs découpures de peau, leurs nez écrasés, leurs fronts comprimés ; les têtes plates, longues, rondes et pointues des Sauvages du nord de l'Amérique ; les lèvres percées des Brésiliens ; les grandes oreilles des peuples de Laos en Asie, et de quelques nations de la Guiane, sont des effets de la superstition ou d'une mauvaise éducation. Les animaux féroces eux-mêmes sont frappés de ces difformités. Tous les voyageurs rapportent unanimement, que quand les lions ou les tigres affamés, ce qui est fort rare, attaquent de nuit quelque caravane, ils se jettent d'abord sur les animaux, et ensuite sur les Indiens ou les noirs. La figure européenne, avec sa simplicité, leur en impose beaucoup plus, que défigurée par les caractères africains ou asiatiques.

Quand elle n'a point été altérée par les vices de la société, son expression est sublime. Un Napolitain, appelé Jean-Baptiste Porta, s'est avisé d'y trouver des rapports avec les figures des bêtes. Il a fait, à cette occasion, un livre dont les gravures représentent des têtes d'hommes, ressemblantes à des têtes de chien, de cheval, de mouton, de porc et de bœuf. Son système favorise nos opinions modernes, et s'allie assez bien avec les altérations que les passions apportent à la figure humaine. Mais je voudrais bien savoir d'après quel animal, Pigalle a fait ce charmant Mercure que j'ai vu à Berlin ; et d'après les passions de quelles bêtes, les sculpteurs grecs firent le Jupiter du Capitole; la Vénus pudique, et l'Apollon du Vatican. Dans quels animaux ont-ils étudié ces expressions divines ?

Je suis persuadé, comme je l'ai dit, qu'il n'y a pas un beau trait dans une figure, qu'on ne puisse rapporter à quelque sentiment moral, relatif à la vertu et à la Divinité. On pourrait rapporter de même les traits de la laideur, à quelque affection vicieuse, comme à la jalousie, à l'avarice, à la gourmandise et à la colère. Pour démontrer à nos philosophes, combien ils s'égarent lorsqu'ils veulent faire des passions les seuls mobiles de la vie humaine, je voudrais qu'on leur présentât les expressions de toutes les passions réunies dans une seule tête ; par exemple, l'air lubrique et obscène d'une courtisane, avec l'air fourbe et féroce d'un ambitieux ; et qu'on y joignît encore quelques traits de la haine et de l'envie, qui sont des ambitions négatives. Une tête qui les réunirait toutes, serait plus hideuse que celle de Méduse ; elle ressemblerait à celle de Néron.

Chaque passion a un caractère animal, comme l'a très-bien trouvé Jean-Baptiste Porta. Mais chaque vertu a aussi le sien ; et une physionomie n'est jamais plus intéressante, que quand on y distingue une affection céleste combattant contre une passion. Je ne sais même s'il est possible d'exprimer une vertu, autrement que par un triomphe de cette espèce. C'est ainsi que la pudeur paraît si aimable sur le visage d'une jeune personne, parce que c'est le combat de la plus forte des passions animales, avec un sentiment sublime. L'expression de la sensibilité, rend aussi un visage très-touchant, parce que l'ame s'y montre dans un état de souffrance, et que cette vue excite en nous une vertu, qui est le sentiment de la pitié. Si la sensibilité de cette figure est active, c'est-à-dire, si elle naît elle-même de la vue du malheur d'autrui, elle nous frappe encore davantage, parce qu'elle y devient l'expression divine de la générosité.

Je crois que les tableaux et les statues les plus célèbres de l'antiquité, n'ont dû leur grande réputation qu'à l'expression de ce double caractère, c'est-à-dire, à l'harmonie qui naît des deux sentimens opposés de la passion et de la vertu. Ce qu'il y a de certain, c'est que les chefs-d'œuvre de la sculpture et de la peinture des anciens, les plus vantés, comportaient tous ce genre de contraste. On en voit assez d'exemples dans leurs statues, comme dans la Vénus pudique, et dans le Gladiateur mourant, qui conserve encore dans sa chute, le respect de sa gloire, au moment où la mort le saisit. Tel était encore l'Amour lançant la foudre, d'après Alcibiade enfant, que Pline attribue à Praxitèle ou à Scopas. Un enfant aimable lançant de ses petites mains la foudre de Jupiter, devait faire naître à-la-fois le sentiment de l'innocence et celui de la terreur. Au caractère du dieu, se joignait celui d'un homme également attrayant et redoutable. Je crois que les tableaux des anciens exprimaient encore mieux ces harmonies de sentimens opposés. Pline, qui nous a conservé la mémoire des plus fameux, cite, entre autres, un tableau d'Athénion de Maronée, représentant Ulysse cauteleux et fin qui reconnaît Achille déguisé en fille, en lui présentant des hardes de femme, parmi lesquelles il y avait une épée. Le mouvement brusque avec lequel Achille se saisit de cette épée, devait faire un contraste charmant avec ses habits et son maintien composé, de nymphe; et il en devait résulter un autre, dans Ulysse, qui ne devait pas être moins intéressant, avec son air cauteleux, et l'expression de sa joie, contenue par sa prudence, de peur qu'en découvrant Achille il ne vînt à se découvrir lui-même. Un autre plus touchant d'Aristide de Thèbes, représentait Biblis mourante de l'amour qu'elle portait à son frère. On y devait distinguer le sentiment de la vertu, qui repoussait loin d'elle un amour criminel; et celui de l'amitié fraternelle, qui rappelait l'amour sous les apparences même de la vertu. Ces cruelles consonnances, le désespoir d'être trahie par son propre cœur, le désir de mourir pour cacher sa honte, le désir de vivre pour revoir l'objet aimé, la santé flétrie par de si douloureux combats, devaient exprimer, au milieu des langueurs de la mort et de la vie, les contrastes les plus intéressants sur le visage de cette fille infortunée. Dans un autre tableau du même Aristide, on admirait une mère blessée à la mamelle, au siége d'une ville, et qui donnait à téter à son enfant. Elle semblait craindre, dit Pline, qu'il ne suçât son sang avec son lait. Alexandre en faisait tant de cas, qu'il le fit transporter à Pella, lieu de sa naissance. Ce devait être une noble victoire, que celle où l'amour maternel triomphait d'une douleur corporelle. Nous avons vu que le Poussin avait fait de cette vertu, l'expression principale de son tableau du déluge. Rubens l'a mise d'une manière admirable dans le visage de sa Médicis, où l'on distingue à-la-fois la douleur et la joie de l'enfantement. Il relève encore, d'un côté, la violence de la passion physique, par l'attitude nonchalante où est jetée la reine dans un fauteuil, et par son pied nu sorti de sa pantoufle; et de l'autre, la sublimité du sentiment moral qu'elle éprouve, par les hautes destinées de son enfant qui lui est présenté par un dieu, et qui est couché dans un berceau de grappes de raisin et d'épis de blé, symboles de la félicité de son règne. C'est ainsi que les grands maîtres ne se contentaient pas d'opposer mécaniquement des groupes et des vides, des ombres et des lumières, des enfants et des vieillards, des pieds et des mains; mais ils recherchaient, avec le plus grand soin, ces contrastes de nos puissances intérieures, qui s'expriment sur le visage de l'homme en traits ineffables, et qui devaient faire le charme éternel de leurs tableaux. Les ouvrages de Le Sueur sont pleins de ces contrastes de sentiment, et il y fait si bien accorder ceux de la nature élémentaire, qu'il en résulte la plus douce et la plus profonde mélancolie. Mais il a été plus aisé à son pinceau de les rendre, qu'il ne l'est à ma plume de les exprimer. Je n'en citerai plus qu'un exemple, tiré du Poussin, admirable par ses compositions, mais dont le temps a bien

maltraité les couleurs. C'est dans son tableau de l'enlèvement des Sabines. Pendant que les soldats romains emportent, à brasse-corps, les filles effrayées des Sabins, il y a un officier romain qui en veut enlever une jeune et jolie, qui s'est réfugiée dans les bras de sa mère. Il n'ose user de violence envers elle, et il parle à la mère avec tout l'empressement de l'amour et du respect. Il semble lui dire : « Elle sera heureuse avec moi. Que
» je la doive à l'amour et non pas à la crainte !
» Je veux moins vous ôter une fille que vous don-
» ner un fils. » C'est ainsi qu'en se conformant, dans les habillements de ses personnages, à la simplicité de leur siècle, qui les rendait à-peu-près semblables dans toutes les conditions, il n'a pas distingué l'officier du soldat, par les habits, mais par les mœurs. Il a saisi, à son ordinaire, le caractère moral de son sujet, qui est d'un bien autre effet que celui du costume. J'aurais bien voulu voir de la main de cet homme de génie, les mêmes Sabines, devenues épouses et mères, entre les deux armées des Sabins et des Romains,
« accourant, comme dit Plutarque, les unes d'un
» côté, les autres d'un autre, avec pleurs, cris
» et clameurs, se jetant à travers les armes et
» les morts gisants sur la terre, de manière qu'il
» semblait qu'elles fussent forcenées ou possédées
» de quelque esprit, les unes portant leurs pe-
» tits enfants de mamelle entre leurs bras, les

» autres déchevelées, et toutes appelant, ores
» les Sabins, et ores les Romains, par les plus
» doux noms qui soient entre les hommes. * »

Les plus grands effets de l'amour naissent, comme nous l'avons dit, des sentiments contraires, qui viennent à se confondre, comme ceux de la haine naissent souvent des sentiments semblables qui viennent à se choquer. Voilà pourquoi il n'y a point de sentiment plus agréable, que de rencontrer un ami dans un homme que nous estimions notre ennemi; ni de peine plus sensible, que de reconnaître pour ennemi celui que nous croyions être notre ami. Ce sont ces effets harmoniques, qui rendent souvent un service passager plus recommandable que de longs bons offices, et l'offense d'un moment plus odieuse que l'inimitié de toute une vie; parce que, dans le premier cas, des sentiments très-opposés viennent à se réunir, et dans le second, des sentiments très-unis viennent à se heurter. De là vient encore qu'un seul défaut, au milieu des bonnes qualités d'un homme de bien, nous paraît souvent plus déplaisant que tous les vices d'un libertin où il apparaît une vertu; parce que, par l'effet des contrastes, ces deux qualités sortent davantage, et dominent sur les autres dans les deux caractères. C'est aussi par la faiblesse de notre esprit,

* Plutarque, Vie de Romulus.

qui s'attachant toujours à un point unique dans toutes ses considérations, s'arrête à la qualité la plus saillante, pour déterminer son jugement. On ne saurait dire dans combien d'erreurs nous tombons, faute d'étudier ces principes élémentaires de la nature. On pourrait, sans doute, les étendre bien plus loin; mais il me suffit d'en dire assez pour démontrer leur existence, et pour donner à d'autres le désir d'en faire l'application.

Ces harmonies acquièrent plus d'énergie, par les contrastes voisins qui les détachent, par les consonnances qui les répètent, et par les autres lois élémentaires dont nous avons parlé; mais quand il s'y joint quelqu'un des sentiments moraux dont nous donnons ici une faible esquisse, alors il en résulte un effet ravissant. Ainsi, par exemple, une harmonie devient, en quelque sorte, céleste, quand elle renferme un mystère qui suppose toujours quelque chose de merveilleux et de divin. J'en éprouvai un jour un effet très-agréable, en parcourant un recueil d'estampes anciennes, qui représentaient l'histoire d'Adonis. Vénus avait enlevé Adonis enfant, à Diane, et l'élevait avec l'Amour. Diane voulut le ravoir, parce qu'il était fils d'une de ses nymphes. Un jour donc que Vénus, descendue de son char attelé de colombes, se promenait, avec ces deux enfants, dans une vallée de Cythère, Diane, à la tête de ses nymphes armées, se mit en embuscade dans une forêt où Vénus devait passer. Vénus, apercevant son ennemie qui venait à elle, et ne pouvant ni s'enfuir, ni s'opposer à ce qu'elle lui enlevât Adonis, s'avisa, sur-le-champ, de lui faire venir des ailes, et le présentant, avec l'Amour, à Diane, elle lui dit de prendre celui des deux enfants qu'elle croyait lui appartenir. Tous deux étant également beaux, tous deux de même âge, tous deux ailés, la chaste déesse des bois n'osa choisir ni l'un ni l'autre, et ne prit point Adonis, de peur de prendre l'Amour.

Il y a plusieurs beautés sentimentales dans cette fable. Je la racontai un jour à J.-J. Rousseau, à qui elle fit le plus grand plaisir. « Rien ne » me plaît tant, dit-il, qu'une image agréable » qui renferme un sentiment moral. » Nous étions alors dans la plaine de Neuilly, près d'un parc où l'on voyait un groupe de l'Amour et de l'Amitié, sous les formes d'un jeune homme et d'une jeune fille de quinze à seize ans, qui s'embrassaient sur la bouche. A cette vue il me dit : « On » a fait une image obscène, d'après une idée » charmante. Rien n'eût été plus agréable que de » représenter l'un et l'autre dans leur état na- » turel ; l'Amitié, comme une grande fille qui » caresse l'Amour enfant. » Comme nous étions sur ce sujet intéressant, je lui citai la fin de cette fable touchante de Philomèle et Progné :

8.

Le désert est-il fait pour des talents si beaux ?
Venez faire aux cités éclater leurs merveilles.
Aussi-bien, en voyant les bois,
Sans cesse il vous souvient que Térée autrefois,
Parmi des demeures pareilles,
Exerça sa fureur sur vos divins appas. —
Et c'est le souvenir d'un si cruel outrage
Qui fait, reprit sa sœur, que je ne vous suis pas :
En voyant les hommes, hélas !
Il m'en souvient bien davantage.

« Quelle série d'idées, s'écria-t-il ! que cela » est touchant ! » Sa voix s'étouffa, et les larmes lui vinrent aux yeux. Je sentis qu'il était encore ému par des convenances secrètes entre les talents et les destinées de cet oiseau, et sa propre situation.

On peut donc voir dans les deux sujets allégoriques de Diane et d'Adonis, de l'Amour et de l'Amitié, qu'il y a réellement en nous deux puissances distinctes, dont les harmonies exaltent l'ame, quand l'image physique nous jette dans un sentiment moral, comme dans le premier exemple ; et la rabaissent au contraire, quand un sentiment moral nous ramène à une sensation physique, comme dans l'exemple de l'Amour et de l'Amitié.

Les sous-entendus ajoutent encore aux expressions morales, parce qu'ils sont conformes à la nature expansive de l'ame. Ils lui font parcourir un vaste champ d'idées. Ce sont ces sous-entendus qui donnent tant d'effet à la fable du Rossignol.

Joignez-y encore une multitude d'oppositions que je n'ai pas le loisir d'analyser.

Plus l'image physique est éloignée de nous, plus le sentiment moral a d'étendue ; et plus la première est circonscrite, plus le sentiment a d'énergie. Voilà, sans doute, ce qui rend nos affections si profondes, lorsque nous regrettons la mort de nos amis. Notre douleur alors se porte d'un monde à l'autre, et d'un objet plein de charmes à un tombeau. Voilà pourquoi ce passage de Jérémie * renferme une mélancolie sublime :

Vox in Ramâ audita est, ploratus et ululatus multus : Rachel plorans filios suos et noluit consolari, quia non sunt.

Toutes les consolations qu'on peut donner sur la terre, viennent se briser contre ce mot de la douleur maternelle, *non sunt*.

Le jet unique de Saint-Cloud me plaît plus que toutes ses cascades. Cependant, quoique l'image physique n'aille pas se perdre dans l'infini, elle peut y porter la douleur quand elle réfléchit le même sentiment. Je trouve dans Plutarque un grand effet de cette consonnance progressive. « Brutus, dit-il, désespérant que ses affaires se » pussent bien porter, délibéra de sortir de » l'Italie, et s'en alla à pied par le pays de Lu- » canie, en la ville d'Élée, qui est assise sur le

* Chap. XXXI, ỳ 15.

» bord de la mer, là où Porcie, étant sur le point
» de se départir d'avec lui pour s'en aller à Rome,
» tâchait, le plus qu'elle pouvait, à dissimuler la
» douleur qu'elle en portait en son cœur. Mais
» un tableau la découvrit à la fin, quoiqu'elle se
» fût, au demeurant, jusque-là toujours cons-
» tamment et vertueusement portée. Le sujet de
» la peinture était pris des narrations grecques ;
» comment Andromaque accompagnait son mari
» Hector, ainsi qu'il sortait de la ville de Troie,
» pour aller à la guerre, et comment Hector lui
» rebaillait son petit enfant ; mais elle avait les
» yeux et le regard toujours fichés sur lui. La
» conformité de cette peinture avec sa passion,
» la fit fondre en larmes, et retournant plusieurs
» fois le jour à revoir cette peinture, elle se pre-
» nait toujours à pleurer ; ce que voyant Acilius,
» l'un des amis de Brutus, récita les vers qu'An-
» dromaque dit à ce propos, en Homère :

» Hector, tu tiens lieu de père et de mère
» En mon endroit ; de mari et de frère.

» Adonc Brutus, en se souriant : Vôire, mais,
» dit-il, je ne puis de ma part dire à Porcie ce
» que Hector répondit à Andromaque au même
» lieu du poëte :

» Il ne te faut d'autre chose mêler
» Que d'enseigner tes femmes à filer.

» Car il est bien vrai que la naturelle faiblesse de
» son corps ne lui permet pas de pouvoir faire
» les mêmes actes de prouesse que nous pourrions
» faire, mais de courage elle se porta aussi ver-
» tueusement en la défense du pays comme l'un
» de nous. »

Cette peinture était, sans doute, sous le péristyle de quelque temple bâti sur le bord de la mer. Brutus était au moment de s'embarquer sans faste et sans suite. Sa femme, fille de Caton, l'avait accompagné, peut-être à pied. Près de le quitter, elle jette, pour se consoler, ses regards sur cette peinture consacrée aux dieux. Elle y voit les adieux d'Hector et d'Andromaque, qui devaient être éternels. Elle se trouble ; et, pour se rassurer, elle ramène ses yeux sur son époux. La comparaison s'achève, son courage l'abandonne, ses larmes débordent, l'amour conjugal l'emporte sur l'amour de la patrie. Deux vertus en opposition. Joignez-y les caractères d'une nature sauvage, qui s'allient si bien avec la douleur humaine; une profonde solitude, les colonnes et la coupole de ce temple antique, rongées de l'air marin, et marbrées de mousses qui les rendent semblables à du bronze vert; un soleil couchant qui en dore le faîte ; une mer qui brise au loin, le long des côtes de la Lucanie ; les tours d'Élée qu'on aperçoit dans la gorge d'un vallon entre deux montagnes escarpées ; et cette douleur de

Porcie qui nous élance au siècle d'Andromaque !
Quel tableau à faire à l'occasion d'un tableau !
Artistes, si vous pouvez le rendre, Porcie, à son
tour, fera verser des larmes.

Tout ce qu'on dit des femmes romaines, je le
retrouve dans nos temps modernes. Rien ne me
paraît plus beau que ce trait de la femme de l'infortuné Barneveldt. Il était mort, comme on sait,
pour la liberté de sa patrie. Ses deux enfants
conspirèrent pour le venger du stathouder. La
conspiration fut découverte; l'un s'enfuit, l'autre
fut pris et condamné à mort. Sa mère demanda sa
grace au prince Maurice, qui lui dit : « Com-
» ment pouvez-vous faire pour votre fils ce que
» vous avez refusé de faire pour votre mari ? —
» Je n'ai pas, lui dit-elle, demandé grace pour
» mon mari, parce qu'il était innocent ; mais
» je la demande pour mon fils, parce qu'il est
» coupable. » Réponse pleine à-la-fois de grandeur, de dignité et de tendresse maternelle.

Je pourrais multiplier à l'infini les preuves des
deux puissances qui nous gouvernent. J'en ai dit
assez sur une passion dont l'instinct est si aveugle,
pour faire voir que nous y sommes régis et attirés
par d'autres lois que celles de la digestion. Nos
affections prouvent que notre ame est immortelle,
puisqu'elles s'étendent dans toutes les circonstances où elles sentent les attributs de la Divinité,
tels que celui de l'infini, et qu'elles ne s'arrêtent

avec délices sur la terre, que sur les attraits de la vertu et de l'innocence.

DE QUELQUES AUTRES SENTIMENTS DE LA DIVINITÉ,
ET ENTRE AUTRES DE CELUI DE LA VERTU.

Il y a encore un grand nombre de lois sentimentales, dont je n'ai pu m'occuper ici : telles sont celles d'où dérivent les pressentiments, les augures, les songes, les retours d'événements heureux et malheureux aux mêmes époques, etc. Leurs effets sont attestés chez les peuples policés et sauvages, par les écrivains profanes et sacrés, et par tout homme attentif aux lois de la nature. Ces communications de l'ame, avec un ordre de choses invisibles, sont rejetées de nos savants modernes, parce qu'elles ne sont pas du ressort de leurs systèmes et de leurs almanachs; mais que de choses existent qui ne sont pas dans les convenances de notre raison, et qui n'en ont pas été même aperçues !

Il y a des lois particulières qui prouvent l'action immédiate de la Providence sur le genre humain, et qui sont opposées aux lois générales de la physique. Par exemple, les principes de la raison, des passions et du sentiment, ainsi que les organes de la parole et de l'ouïe, sont les mêmes chez tous les hommes; cependant les langues des nations diffèrent par toute la terre.

Pourquoi l'art de la parole est-il si différent parmi des êtres qui ont les mêmes besoins, et pourquoi varie-t-il sans cesse des pères aux enfants, en sorte que nous autres Français n'entendons plus la langue des Gaulois, et qu'un jour nos descendants n'entendront plus la nôtre ? Le bœuf du Bengale mugit comme celui de l'Ukraine, et le rossignol fait entendre encore dans nos climats, les mêmes harmonies que celles qui ravirent le poëte de Mantoue, sur les rivages du Pô.

On ne saurait dire, avec de célèbres écrivains, que les langues sont caractérisées par les climats ; car, si elles en éprouvaient les influences, elles ne changeraient pas dans chaque pays, où chaque climat est invariable. La langue des Romains a été d'abord barbare, ensuite majestueuse, et est devenue à la fin molle et efféminée. Elles ne sont pas rudes au nord et douces au midi, comme l'a prétendu J.-J. Rousseau, qui a donné sur ce point trop d'extension aux lois physiques. La langue des Russes, dans le nord de l'Europe, est fort douce, étant un dialecte du grec ; et le jargon des provinces méridionales de la France est rude et grossier. Les Lapons, qui habitent les bords de la Mer-Glaciale, ont un langage qui flatte l'oreille ; et les Hottentots, qui habitent le climat très-tempéré du cap de Bonne-Espérance, gloussent comme des coqs-d'Inde. La langue des Indiens du Pérou est pleine de fortes aspirations et de consonnes qui se choquent. On peut, sans sortir de son cabinet, reconnaître les divers caractères des langues de chaque peuple, aux noms que présentent les cartes géographiques de leur territoire; et se convaincre que leur rudesse ou leur douceur n'a aucune relation avec celle de leurs latitudes.

D'autres observateurs ont prétendu que c'étaient les grands écrivains d'une nation qui en déterminaient et en fixaient la langue ; mais les grands écrivains du siècle d'Auguste n'empêchèrent pas que la langue latine ne se corrompît avant le règne de Marc-Aurèle. Ceux du siècle de Louis XIV commencent déjà à vieillir parmi nous. Si la postérité fixe le caractère d'une langue aux siècles où ont paru de grands écrivains, ce n'est point, comme on le prétend, parce qu'elle est alors plus pure ; car on y trouve autant de ces inversions de phrases, de ces décompositions de mots, et de ces syntaxes embarrassées qui rendent l'étude métaphysique de toute grammaire ennuyeuse et barbare; mais c'est parce que les écrits de ces grands hommes étincellent des maximes de la vertu, et nous présentent mille perspectives de la Divinité. Je ne doute pas que les sentiments sublimes qui les inspirent, ne les éclairent encore dans l'ordre et la disposition de leurs ouvrages, puisqu'ils sont les sources de toute harmonie. Voilà, à mon avis, d'où résulte le charme inaltérable qui en fait aimer la lecture, dans tous les temps, aux hommes de toutes les nations ; voilà pourquoi Plutarque a effacé la plupart des écrivains de la Grèce, quoiqu'il ne fût ni du siècle de Périclès, ni de celui d'Alexandre ; voilà pourquoi sa traduction gauloise, faite par le bon Amyot, ira plus loin dans la postérité que la plupart des ouvrages originaux, écrits même sous le siècle de Louis XIV. C'est la bonté morale d'une génération qui caractérise une langue, et la fait passer sans altération à celle qui la suit : les langues, les coutumes et les formes des habits passent, en Asie, inviolablement de génération en génération, parce que les pères s'y font aimer de leurs enfants. Mais ces raisons n'expliquent pas la diversité de langue qui existe d'une nation à l'autre. Il me paraîtra toujours surnaturel que des hommes qui jouissent des mêmes éléments, et qui sont assujettis aux mêmes besoins, ne se servent pas des mêmes mots pour les exprimer. Le soleil éclaire toute la terre, et il porte différents noms chez différents peuples.

Voici encore l'effet d'une loi peu observée ; c'est qu'il ne s'élève aucun homme célèbre, dans quelque genre que ce soit, qu'il ne paraisse en même temps, ou dans sa nation, ou dans la nation voisine, un antagoniste, avec des talents et une réputation tout-à-fait opposés : tels ont été Démocrite et Héraclite, Alexandre et Diogène, Descartes et Newton, Corneille et Racine, Bossuet et Fénélon, Voltaire et J.-J. Rousseau. J'avais rassemblé sur ces deux derniers hommes célèbres, contemporains, et morts dans la même année, une multitude de traits, qui prouvaient qu'ils ont contrasté toute leur vie en talents, en mœurs et en fortunes ; mais j'ai abandonné leur parallèle, pour m'occuper de ce travail que j'ai cru plus utile.

Cette balance dans les hommes illustres, ne paraîtra pas extraordinaire, si on considère qu'elle est une suite de la loi générale des contraires, qui gouverne le monde, et d'où résultent toutes les harmonies de la nature : elle doit donc se manifester particulièrement dans le genre humain qui en est le centre, et elle se montre en effet dans l'équilibre admirable avec lequel les deux sexes naissent en nombre égal. Elle ne se fixe pas sur les individus en particulier, car on voit des familles qui sont toutes de filles, et d'autres toutes de garçons ; mais elle embrasse l'agrégation d'une ville entière, et d'un peuple, dont les enfants mâles et femelles naissent toujours en nombre à-peu-près égal. Quelque inégalité de sexe qu'il y ait dans les variétés des naissances dans les familles, l'égalité se retrouve dans l'ensemble du peuple.

Mais voici une autre balance aussi merveilleuse, et à laquelle je ne crois pas qu'on ait fait attention. Comme il y a beaucoup d'hommes qui périssent par les guerres, les voyages maritimes et les travaux pénibles et dangereux, il s'ensuivrait, à la longue, que le nombre des femmes devrait aller tous les jours en augmentant. En supposant qu'il ne périt, chaque année, que la dixième partie des hommes plus que de femmes, la balance des sexes devrait devenir de plus en plus inégale. La ruine sociale devrait augmenter par la régularité même de l'ordre naturel. Cependant la chose n'arrive pas ; les deux sexes sont toujours à-peu-près aussi nombreux : leurs occupations sont différentes ; mais leurs destins sont les mêmes. Les femmes, qui poussent souvent les hommes à des entreprises hasardeuses pour entretenir leur luxe, ou qui fomentent parmi eux des haines, et même des guerres, pour satisfaire leur vanité ; sont emportées, dans la sécurité de leurs plaisirs, par des maladies auxquelles les hommes ne sont pas sujets ; mais qui résultent souvent des peines morales, physiques et politiques que ceux-ci ont éprouvées à leur occasion. Ainsi, l'équilibre de la naissance entre les sexes, est rétabli par l'équilibre de la mort.

La nature a multiplié ces contrastes harmoniques dans tous ses ouvrages, par rapport à l'homme ; car les fruits qui servent à nos besoins ont souvent, en eux-mêmes, des qualités opposées, qui se compensent mutuellement.

Ces effets, comme nous l'avons vu ailleurs, ne sont point des résultats mécaniques des climats, aux qualités desquels ils sont souvent opposés. Tous les ouvrages de la nature ont les besoins de l'homme pour fin, comme tous les sentiments de l'homme ont la Divinité pour principe. Ce sont les intentions finales de la nature qui ont donné à l'homme l'intelligence de tous ses ouvrages, comme c'est l'instinct de la Divinité qui a rendu l'homme supérieur aux lois de la nature. C'est cet instinct qui, diversement modifié par les opinions, porte les peuples de la Russie à se baigner dans les glaces de la Néva, au plus fort de l'hiver, ainsi que les peuples du Bengale dans les eaux du Gange; qui a rendu, sous les mêmes latitudes, les femmes esclaves aux Philippines, et despotiques à l'île Formose; les hommes efféminés aux Moluques, et intrépides à Macassar; et qui forme, dans les habitants d'une même ville, des tyrans, des citoyens et des esclaves.

Le sentiment de la Divinité est le premier mobile du cœur humain. Examinez un homme dans ces moments imprévus, où les plans secrets d'attaque et de défense, dont s'environne sans cesse l'homme social, sont supprimés, non pas à la vue d'une grande ruine qui les renverse totalement, mais seulement à la vue d'un animal ou d'une plante extraordinaire : « Ah mon » Dieu ! s'écrie-t-il, que voilà qui est admira- » ble ! » et il appelle les premiers passants pour partager son étonnement. Son premier mouvement est d'élever sa joie à Dieu, et le second, de l'étendre aux hommes; mais bientôt la raison sociale le rappelle à l'intérêt personnel. Lorsqu'il voit un certain nombre de spectateurs rassemblés autour de l'objet de sa curiosité : « C'est » moi, dit-il, qui l'ai vu le premier. » Puis, s'il est savant, il ne manque pas d'y appliquer son système. Bientôt il calcule ce que cette découverte lui rapportera, il y ajoute quelques circonstances pour la faire paraître plus merveilleuse, et il emploie tout le crédit de sa coterie pour la vanter et pour persécuter ceux qui ne sont pas de son opinion. Ainsi, tout sentiment naturel nous élève à Dieu, jusqu'à ce que le poids de nos passions et des institutions humaines nous ramène à nous seuls. Voilà pourquoi J.-J. Rousseau avait raison de dire « que » l'homme était bon, mais que les hommes » étaient méchants. »

Ce fut l'instinct de la Divinité qui rassembla d'abord les hommes, et qui devint la base de la religion et des lois qui devaient cimenter leur réunion. Ce fut sur lui que s'appuya la vertu, quand elle se proposa d'imiter la Divinité, non-seulement par l'exercice des arts et des sciences que les anciens Grecs appelaient, pour cet effet, « de petites vertus », mais dans le résultat de l'intelligence et de la puissance divine, qui est la bienfaisance. Elle consista dans les efforts faits sur nous-mêmes, pour le bien des hommes, dans l'intention de plaire à Dieu seul. Elle donna à l'homme le sentiment de son excellence, en lui inspirant le mépris des biens terrestres et passagers, et le désir des choses célestes et immortelles. Ce fut cet attrait sublime qui fit du courage une vertu, et qui fit marcher l'homme vers la mort parmi tant de soins de conserver la vie. Brave d'Assas, qu'espériez-vous sur la terre, en versant votre sang la nuit, sans témoin, aux champs de Klosterkam, pour le salut de l'armée française? Et vous, généreux Eustache de Saint-Pierre, quelle récompense attendiez-vous de votre patrie, lorsque vous parûtes devant ses tyrans, la corde au cou, prêt à périr d'une mort infâme pour sauver vos concitoyens? Qu'importaient à vos cendres insensibles, les statues et les éloges que la postérité devait leur offrir un jour? Pouviez-vous même espérer ce prix de vos sacrifices ou inconnus, ou couverts d'opprobre? Pouviez-vous être flatté, dans l'avenir, des vains hommages d'un monde séparé de vous par des barrières éternelles? Et vous, plus glorieux encore à la vue de Dieu, citoyens obscurs, qui succombez sans gloire, à qui vos vertus attirent la honte, la calomnie, les persécutions, la pauvreté, le mépris, de la part même de ceux qui dispensent les honneurs parmi les hommes, marcheriez-vous dans des routes si âpres et si rudes, si une lueur divine ne luisait à vos yeux?"

C'est ce respect de la vertu qui est la source de celui que nous portons à l'antique noblesse, et qui a mis, à la longue, des différences injustes et odieuses parmi les hommes, tandis que, dans l'origine, il ne devait apporter, parmi eux, que des distinctions respectables. Les Asiatiques, plus équitables, n'ont attaché la noblesse qu'aux lieux illustrés par la vertu. Un vieux arbre, un puits, un rocher, des objets stables, leur ont paru seuls capables de leur en perpétuer le souvenir. Il n'y a pas, en Asie, un arpent de terre qui ne soit illustre. Les Grecs et les Romains qui en sont sortis, comme tous les peuples du monde, et qui ne s'en éloignèrent pas beaucoup, imitèrent, en partie, les coutumes de nos premiers pères. Mais les autres nations qui se répandirent dans le reste de l'Europe, où elles furent long-temps errantes, et qui s'écartèrent de ces anciens monuments de la vertu, aimèrent mieux les chercher dans la postérité de leurs grands hommes, et en voir des images vivantes parmi leurs enfants. Voilà, ce me semble, pourquoi les Asiatiques n'ont point de noblesse, et pourquoi les Européens n'ont point de monuments.

Cet instinct de la Divinité fait le charme de nos lectures les plus agréables. Les écrivains auxquels on revient toujours, ne sont pas les plus spirituels, c'est-à-dire, ceux qui abondent dans cette raison sociale qui ne dure qu'un moment ; mais ceux qui nous rendent l'action de la Providence toujours présente. Voilà pourquoi Homère, Virgile, Xénophon, Plutarque, Fénélon, et la plupart des écrivains anciens sont immortels, et plaisent à toutes les nations. C'est par cette même raison que les livres de voyages, quoique la plupart écrits sans art, et quoique décriés par une multitude d'états de notre société, qui y trouvent indirectement leur censure, sont cependant les plus intéressants de notre littérature moderne, non-seulement parce qu'ils nous font connaître de nouveaux bienfaits de la nature, en nous parlant des fruits et des animaux des pays étrangers, mais à cause des dangers de terre et de mer auxquels leurs auteurs échappent souvent contre toute espérance humaine. Enfin, c'est parce que la plupart de nos livres savants s'écartent de ce sentiment naturel, que leur lecture est si sèche et si rebutante, et que la postérité préférera Hérodote à David Hume, et la mythologie des Grecs à tous nos traités de physique, parce qu'on aime encore mieux entendre raconter des fables de la Divinité dans l'histoire des hommes, que de voir la raison des hommes dans l'histoire de la Divinité.

9.

Ce sentiment sublime inspire le goût du merveilleux à l'homme, qui, par sa faiblesse naturelle, devrait toujours ramper sur la terre dont il est formé. Il balance en lui le sentiment de sa misère, qui l'attache aux plaisirs de l'habitude, et il exalte son ame en lui donnant sans cesse le désir de la nouveauté. Il est l'harmonie de la vie humaine, et la source de tout ce que nous y trouvons de délicieux et de ravissant. C'est de lui que se couvrent les illusions de l'amour, qui croit toujours voir un objet divin dans l'objet aimé. C'est lui qui présente à l'ambition des perspectives sans fin. Un paysan ne semble désirer rien au monde que de devenir le marguillier de son village. Ne vous y trompez pas! Ouvrez-lui une carrière sans obstacle : il est palefrenier, il devient brigand, chef de voleurs, général d'armées, roi ; il finira par se faire adorer. Ce sera Tamerlan, ou Mahomet. Un vieux et riche bourgeois, cloué par la goutte dans son fauteuil, n'a plus, dit-il, d'autre ambition que de mourir en paix. Mais il se voit revivre éternellement dans sa postérité. Il s'applaudit, en secret, de la voir monter, à l'aide de son argent, par tous les échelons des dignités et de l'honneur. Lui-même ne pense pas que bientôt il n'aura plus rien de commun avec elle, et que pendant qu'il se félicite d'être le principe de sa gloire future, elle met déjà la sienne à cacher la honte de son origine. L'athée même, avec sa sagesse négative, est entraîné par cette impulsion. En vain il se démontre le néant et la révolution de toutes choses : son cœur combat sa raison. Il se flatte intérieurement que son livre ou son tombeau lui attirera un jour les hommages de la postérité, ou, peut-être, que le livre et le tombeau de son ennemi cesseront de les recevoir. Il ne méconnaît la Divinité, que parce qu'il se met à sa place.

Avec le sentiment de la Divinité, tout est grand, noble, beau, invincible dans la vie la plus étroite; sans lui, tout est faible, déplaisant et amer au sein même des grandeurs. Ce fut lui qui donna l'empire à Sparte et à Rome, en montrant à leurs habitants vertueux et pauvres, les dieux pour protecteurs et pour concitoyens. Ce fut sa destruction qui les livra riches et vicieux à l'esclavage, lorsqu'ils ne virent plus d'autres dieux dans l'univers, que l'or et les voluptés. L'homme a beau s'environner des biens de la fortune; dès que ce sentiment disparaît de son cœur, l'ennui s'en empare. Si son absence se prolonge, il tombe dans la tristesse, ensuite dans une noire mélancolie, et enfin dans le désespoir. Si cet état d'anxiété est constant, il se donne la mort. L'homme est le seul être sensible qui se détruise lui-même dans un état de liberté. La vie humaine, avec ses pompes et ses délices, cesse de lui paraître une vie quand elle cesse de lui paraître immortelle et divine.[12]

Quel que soit le désordre de nos sociétés, cet instinct céleste se plaît toujours avec les enfants des hommes. Il inspire les hommes de génie, en se montrant à eux sous les attributs éternels. Il présente au géomètre les progressions ineffables de l'infini, au musicien des harmonies ravissantes, à l'historien les ombres immortelles des hommes vertueux. Il élève un Parnasse au poëte, et un Olympe aux héros. Il luit sur les jours infortunés du peuple. Il fait soupirer, au milieu du luxe de Paris, le pauvre habitant de la Savoie, après les saints couverts de neige de ses montagnes. Il erre sur les vastes mers, et rappelle des doux climats de l'Inde, le matelot européen aux rivages orageux de l'occident. Il donne une patrie à des malheureux, et des regrets à ceux qui n'ont rien perdu. Il couvre nos berceaux des charmes de l'innocence, et les tombeaux de nos pères des espérances de l'immortalité. Il se repose, au milieu des villes tumultueuses, sur les palais des grands rois et sur les temples augustes de la religion. Souvent il se fixe dans des déserts, et attire sur des rochers les respects de l'univers. C'est ainsi qu'il vous a couvertes de majesté, ruines de la Grèce et de Rome; et vous aussi, mystérieuses pyramides de l'Égypte! C'est lui que nous cherchons sans cesse au milieu de nos occupations inquiètes; mais dès qu'il se montre à nous dans quelque acte inopiné de vertu, ou dans quelqu'un de ces événements qu'on nomme des coups du ciel, ou dans quelques-unes de ces émotions sublimes indéfinissables, qu'on appelle par excellence des traits de sentiment, son premier effet est de produire en nous un mouvement de joie très-vif, et le second, de nous faire verser des larmes. Notre ame, frappée de cette lueur divine, se réjouit, à-la-fois, d'entrevoir la céleste patrie, et s'afflige d'en être exilée.

. . . . Oculis errantibus alto
Quæsivit cœlo lucem, ingemuitque repertâ.
ÆNEID., lib. IV.

ÉTUDE TREIZIÈME.

APPLICATION DES LOIS DE LA NATURE AUX MAUX DE LA SOCIÉTÉ.

J'ai exposé, dans cet ouvrage, les erreurs de nos opinions, les maux qui en sont résultés pour les mœurs et pour le bonheur social ; j'ai réfuté ces opinions et jusqu'aux méthodes de nos sciences ; j'ai recherché quelques lois de la nature ; j'en ai fait une application, j'ose dire heureuse, à l'ordre végétal ; mais tout ce grand travail serait vain, à mon avis, si je ne l'employais à trouver quelques remèdes aux maux de la société.

Un Prussien, qui a beaucoup écrit de nos jours, s'est abstenu de rien dire sur l'administration de son pays, « parce qu'étant passager, dit-il, sur le » vaisseau de l'État, ce n'est pas à lui à se mêler » de sa manœuvre. » Cette pensée, comme tant d'autres qu'il a prises dans nos livres, est une phrase de bel-esprit. Elle ressemble à celle de cet homme, qui, voyant le feu prendre dans une maison, s'en fut sans l'éteindre, « parce que, di- » sait-il, la maison n'était pas à lui. » Pour moi, je me crois d'autant plus obligé de parler du vaisseau de l'État, que j'y suis passager, et que je dois m'intéresser à la prospérité de sa navigation. Je dois employer le loisir où me met mon passage même, à avertir les pilotes des désordres que j'y aperçois. Il me semble que ce sont là les exemples que nous ont donnés les Montesquieu, les Fénélon, et tant d'hommes à jamais illustres, qui ont consacré, dans chaque pays, leurs veilles au bonheur de leurs compatriotes. Tout ce qu'on peut m'objecter avec fondement, c'est ma propre insuffisance. Mais j'ai vu beaucoup d'injustices; j'en ai été moi-même la victime. Les images du désordre m'ont fait naître des idées d'ordre. D'ailleurs mes erreurs peuvent servir à faire paraître la sagesse de ceux qui les releveront. Quand je ne présenterais qu'une idée utile à mon prince, dont les bienfaits m'ont soutenu jusqu'ici, quoique mes services soient restés sans récompense, j'aurai obtenu la plus précieuse de toutes, si je peux me flatter d'avoir essuyé les larmes de quelque infortuné : ce souvenir effacera les miennes au dernier moment.

Les hommes qui profitent des maux de la patrie, me reprocheront d'en être l'ennemi, avec leur phrase ordinaire, que les choses ont toujours été ainsi, et que tout va bien, parce que tout va bien pour eux. Mais ce ne sont pas ceux qui découvrent les maux de leur patrie qui en sont les ennemis, ce sont ceux qui la flattent. Certainement les écrivains comme Horace et Juvénal, qui présageaient à Rome sa destruction, au milieu même de sa grandeur, étaient plus attachés à son bonheur que ceux qui en flattaient les tyrans et qui profitaient de ses désordres. Combien l'empire romain a-t-il survécu à la prédiction des premiers? Les bons princes même qui en prirent dans la suite le gouvernement, ne purent le rétablir, parce qu'ils furent trompés par les écrivains contemporains, qui n'osèrent jamais attaquer les causes morales et politiques de la corruption. Ils se contentèrent de porter leur réforme sur eux-mêmes, et n'eurent pas même le courage de l'étendre à leur famille. Ainsi ont régné les Titus et les Marc-Aurèle. Ils ne furent que de grands philosophes sur le trône. Pour moi, je croirais avoir déjà bien mérité de ma patrie, quand je ne lui aurais dit que cette terrible vérité : qu'elle renferme, dans son sein, plus de sept millions de pauvres, et que leur nombre va en croissant chaque année, depuis le siècle de Louis XIV.

A Dieu ne plaise que je souhaite la destruction des différents ordres de l'état! Je ne désire que de les ramener à l'esprit de leur institution naturelle. Plût à Dieu que le clergé méritât par ses vertus, la première place accordée à la sainteté de ses fonctions ; que la noblesse protégeât les citoyens et ne se rendît redoutable qu'aux ennemis du peuple; que la finance, faisant couler ses trésors dans les canaux de l'agriculture et du commerce, laissât au mérite les chemins ouverts à tous les emplois; que chaque femme, exemptée, par la faiblesse de sa constitution, de la plupart des fardeaux de la société, s'occupât à remplir ses douces destinées d'épouse et de mère en faisant le bonheur d'une seule famille ; que, revêtue de graces et de beauté, elle se considérât comme une fleur de cette chaîne de plaisirs dont la nature a attaché l'homme à la vie ; et tandis qu'elle ferait la couronne et la joie de son époux en particulier, que la chaîne entière de son sexe resserrât les nœuds du bonheur national!

Je ne cherche point à mériter les applaudissements du peuple; il ne me lira pas ; d'ailleurs, il est vendu aux riches et aux puissants : à la vérité il en médit sans cesse, et il applaudit même ceux qui agissent envers eux avec quelque fermeté ; mais il les abandonne dès qu'il les voit les objets de la haine des riches ; il tremble aux menaces de ceux-ci, ou il rampe à leurs pieds à la moindre marque de bienveillance. J'entends par peuple, non-seulement la dernière classe de la société, mais un grand nombre d'autres, qui se croient bien au-dessus.

Le peuple n'est point mon idole. Si les puissances qui le gouvernent sont corrompues, il en est lui-même la cause. On se récrie contre les règnes de Néron et de Caligula ; mais ces princes méchants furent les fruits de leur siècle, comme de mauvais fruits sont produits par de mauvais arbres : ils n'auraient point été des tyrans, s'ils n'avaient trouvé, parmi les Romains, des délateurs, des espions, des satellites, des empoisonneurs, des filles prostituées, des bourreaux, et des flatteurs qui leur disaient que tout allait bien. Je ne crois point la vertu le partage du peuple ; mais je la crois répartie dans toutes les conditions, rare chez les petits, chez les médiocres et chez les grands, et si nécessaire au maintien de tous les ordres de la société, que, si elle y était entièrement détruite, la patrie s'écroulerait comme un temple dont on aurait sapé les colonnes.

Mais, si ce ne sont ni les louanges ni les vertus du peuple qui m'intéressent particulièrement, ce sont ses travaux. C'est du peuple que sortent la plupart de mes plaisirs et de mes maux ; c'est lui qui me nourrit, qui m'habille, qui me loge, et qui s'occupe souvent de mon superflu, tandis qu'il manque quelquefois du nécessaire ; c'est de lui aussi que sortent les épidémies, les vols, les séditions ; et n'y eût-il pour moi que le simple spectacle de son bonheur ou de son malheur, il ne saurait m'être indifférent. Sa joie me donne involontairement de la joie, et sa misère m'attriste. Je ne suis pas quitte envers lui, en payant ses services avec de l'argent. C'est une maxime d'homme riche et dur : « Je suis quitte envers cet ouvrier, » dit-il, je l'ai payé. » L'argent que je donne au peuple pour ses services, ne crée rien de nouveau pour son usage ; cet argent circulerait également, et peut-être plus utilement pour lui, quand je n'existerais pas. Le peuple donc porte, sans aucun retour de ma part, le poids de mon existence : c'est bien pis quand il est encore chargé de celui de mes désordres. Je lui suis comptable de mes vices et de mes vertus plus qu'aux magistrats. Si je lui enlève une portion de sa subsistance, je forcerai celui à qui elle manquera de devenir un mendiant ou un voleur; si j'y corromps une fille, je lui enlève une mère de famille ; si je manque de religion à ses yeux, j'affaiblis les espérances qui le soutiennent dans ses travaux. D'ailleurs, la religion me fait un commandement formel de l'aimer. Quand elle m'ordonne d'aimer les hommes, c'est le peuple qu'elle me désigne, et non pas les grands ; c'est à lui qu'elle attache toutes les puissances de la société, qui n'existent que par lui et pour lui. Bien éloignée de notre politique moderne, qui présente les peuples aux rois comme leurs domaines, elle présente les rois aux peuples comme leurs défenseurs et leurs pères. Les peuples ne sont point faits pour les rois, mais les rois pour les peuples. Je dois donc, moi qui ne suis rien et qui ne peux rien, tendre au moins de tous mes vœux vers sa félicité.

D'ailleurs, je dois rendre cette justice au nôtre, que je n'en connais point, en Europe, de plus généreux, quoique ce soit le plus misérable que j'y connaisse, à la liberté près. Je pourrais citer une multitude de traits de sa bienfaisance, si le temps me le permettait. Nos beaux-esprits tirent souvent des caricatures de nos poissardes et de nos paysans, parce qu'ils n'ont d'autre but que d'amuser les riches ; mais ils leur donneraient de grandes leçons de vertus, s'ils savaient étudier celles du peuple : pour moi, j'y ai trouvé plus d'une fois des lingots d'or sur du fumier.

J'ai remarqué, par exemple, que beaucoup de petits marchands livrent leurs marchandises à un plus bas prix à un homme pauvre qu'à un riche ; et quand je leur en ai demandé la raison, ils m'ont répondu : « Il faut, monsieur, que tout le monde » vive. » J'ai observé aussi que beaucoup de gens du petit peuple ne marchandent jamais lorsqu'ils achètent à des pauvres comme eux : « Il faut, disent-ils, qu'ils gagnent leur vie. » Un jour, je vis un petit enfant acheter des herbes à une fruitière : elle lui en remplit son tablier pour deux sous ; et comme je m'étonnais de la quantité qu'elle lui en donnait, elle me dit : « Monsieur, je » n'en donnerais pas tant à une grande personne ; » mais je me ferais un grand scrupule de tromper un enfant. » J'avais, dans la rue de la Madeleine, un porteur d'eau auvergnat, appelé Christal, qui a nourri pendant cinq mois, *gratis*, un tapissier qui lui était inconnu, et qui était venu à Paris pour un procès, « parce que, me dit-il,

» ce tapissier, le long de la route, dans la voiture
» publique, avait donné, de temps en temps, le
» bras à sa femme malade. » Ce même homme
avait un fils de dix-huit ans, né paralytique et imbécille, qu'il nourrissait avec le plus tendre attachement, sans jamais avoir voulu le mettre aux Incurables, quoique des personnes, qui en avaient le crédit, le lui eussent offert : « Dieu, me disait-
» il, me l'a donné ; c'est à moi à en prendre soin. »
Je ne doute pas qu'il ne le nourrisse encore, quoiqu'il soit obligé de le faire manger lui-même, et que sa femme soit souvent malade. Je me suis arrêté une fois, avec admiration, à contempler un pauvre honteux assis sur une borne, dans la rue Bergère, près des boulevards. Il passait près de lui des Messieurs bien vêtus, qui ne lui donnaient jamais rien ; mais il y avait peu de servantes, ou de femmes chargées de hottes, qui ne s'arrêtassent pour lui faire la charité. Il était en perruque bien poudrée, le chapeau sous le bras, en redingote, en linge blanc, et si proprement arrangé, qu'on eût dit, quand ces pauvres gens lui faisaient l'aumône, que c'était lui qui la leur donnait. On ne peut certainement pas rapporter ce sentiment de générosité dans le peuple, à aucun retour secret d'intérêt sur lui-même, ainsi que le prétendent les ennemis du genre humain, qui ont voulu nous expliquer les causes de la pitié. Aucune de ces pauvres bienfaitrices ne se mettait à la place de

cet infortuné, qui, disait-on, avait été horloger, et avait perdu la vue ; mais elles étaient émues par cet instinct sublime, qui nous intéresse plus aux malheurs des grands qu'à ceux des autres hommes, parce que nous mesurons la grandeur de leurs maux sur celle de leur élévation et de leur chute. Un horloger aveugle, était un Bélisaire pour des servantes.

Je ne finirais pas sur ces traits : ils seraient dignes de l'admiration des riches, s'ils étaient tirés de l'histoire des Sauvages ou de celle des empereurs romains ; s'ils étaient à deux mille ans ou à deux mille lieues de nous. Ils amuseraient leur imagination et tranquilliseraient leur avarice. Certainement notre peuple mérite d'être aimé. Je pourrais prouver que sa bonté morale est le plus ferme soutien du gouvernement, et que, malgré ses besoins, c'est lui qui subvient à la mauvaise paie de nos soldats, et qui sustente de son nécessaire le nombre prodigieux de pauvres dont le royaume est plein.

SALUS POPULI SUPREMA LEX ESTO, disaient les anciens : le bonheur du peuple est la loi suprême, parce que son malheur est le malheur général. Cet axiome doit être d'autant plus sacré aux législateurs et aux réformateurs, qu'aucune loi ne peut être durable, et qu'aucun plan de réforme ne peut avoir lieu, que préalablement le bonheur du peuple ne soit établi. Ce sont ses malheurs qui font naître les abus, qui les entretiennent et qui les renouvellent. C'est pour n'avoir pas bâti sur cette base fondamentale, que tant d'illustres réformateurs ont vu s'écrouler l'édifice de leur politique. Si Agis et Cléomènes échouèrent dans la réforme de Sparte, c'est parce que les Ilotes malheureux virent avec indifférence un système de bonheur où ils n'étaient pas compris. Si la Chine a été conquise par les Tartares, c'est que les Chinois mécontents gémissaient sous la tyrannie de leurs mandarins, sans que leur prince en sût rien. Si la Pologne a été partagée de nos jours par ses voisins, c'est que ses paysans esclaves et ses gentilshommes domestiques ne l'ont pas défendue. Si tant de réformes au sujet du clergé, du militaire, de la finance, de la justice, du commerce et du concubinage, ont été tentées chez nous inutilement, c'est que le malheur du peuple reproduit sans cesse les mêmes abus.

Je n'ai point vu, dans tous mes voyages, de pays plus florissant que la Hollande. On compte au moins cent quatre-vingt mille habitants dans sa capitale. Un commerce immense offre dans cette ville mille objets de tentation; cependant on n'y entend point parler de vols. On ne s'y sert pas même de soldats pour y monter la garde. Lorsque j'y étais en 1762, il y avait onze ans qu'on n'y avait exécuté personne à mort. Les lois y sont cependant sévères; mais le peuple, qui trouve aisément à gagner sa vie, n'est point tenté de les enfreindre. Il est même digne de remarque, que quoiqu'il ait gagné des millions à imprimer toutes nos extravagances en morale, en politique et en religion, ses opinions ni ses mœurs n'en ont point été altérées, parce qu'il est content de son sort. Les crimes ne naissent que de l'indigence et de l'extrême opulence. Lorsque j'étais à Moscou, un vieillard genevois, qui était dans cette ville dès le temps de Pierre 1er, me dit que depuis qu'on avait ouvert au peuple différents moyens de subsister, par l'établissement des fabriques et du commerce, les séditions, les assassinats, les vols et les incendies y étaient bien plus rares qu'autrefois. S'il n'y avait pas eu à Rome des foules de misérables, il ne s'y serait pas élevé des Catilina. La police, à la vérité, prévient à Paris les désordres d'éclat. On peut dire même qu'il se commet moins de crimes dans cette capitale que dans les autres villes du royaume, à proportion de leur population; mais la tranquillité du peuple à Paris, vient de ce qu'il y trouve plus de moyens de subsistance que dans les autres villes du royaume, parce que les riches de toutes les provinces viennent y demeurer. Après tout, les frais de police en gardes, en espions, en maisons de force et en prisons, sont à la charge de ce même peuple, et se tournent en frais de châtiments, lorsqu'ils pourraient se tourner en bienfaits. D'ailleurs, ces moyens ne sont que des répercussions, qui jettent le peuple dans des désordres obscurs qui ne sont pas les moins dangereux.

Le premier moyen de diminuer l'indigence du peuple, est d'affaiblir l'opulence extrême des riches. Ce n'est point elle qui fait vivre le peuple, comme le prétendent les politiques modernes. Ils ont beau calculer les richesses d'un état, la masse en est certainement limitée ; et si elle se trouve tout entière dans les mains d'une petite portion de citoyens, elle n'est plus au service de la multitude. Comme ils voient toujours en détail les hommes dont ils se soucient fort peu, et en gros capitaux l'argent qu'ils aiment beaucoup, ils trouvent qu'il est plus avantageux pour le royaume, que cent mille écus de rente soient réunis sur la même tête que répartis entre cent familles, « parce que, disent-ils, les grands » capitalistes font de grandes entreprises ; » mais ils sont en cela dans une pernicieuse erreur. Le financier qui les possède ne fait vivre que quelques laquais de plus, et étend le reste de son superflu à des objets de luxe et de corruption : encore faut-il qu'il en jouisse à sa manière ; car s'il est avare, cet argent est tout-à-fait perdu pour la société. Mais cent familles de bons citoyens vont vivre à l'aise avec un pareil revenu. Elles élèveront un grand nombre d'enfants, et elles feront vivre une multitude d'autres familles du peuple, par des arts utiles et amis des bonnes mœurs.

.. Il faudrait donc, pour affaiblir l'opulence, sans toutefois faire d'injustice aux riches, détruire la vénalité des emplois, qui les donne tous à la portion de la société qui peut s'en passer le plus aisément pour vivre, puisqu'elle les donne à ceux qui ont de l'argent. Il faudrait détruire la duplicité, la triplicité et la quadruplicité, qui les accumulent sur une seule tête, ainsi que les survivances qui les perpétuent dans les mêmes familles. Par cette abolition, on détruirait sans doute cette aristocratie de l'or qui s'étend de plus en plus au sein de la monarchie, et qui, mettant une barrière impénétrable entre le prince et ses sujets, devient à la longue le plus dangereux de tous les gouvernements. Par-là, on releverait la dignité des emplois, qui seront plus dignes d'estime, lorsqu'ils seront la récompense du mérite, et non le prix de l'argent : on affaiblirait le respect de l'or qui a corrompu nos mœurs, et on relèverait celui qui est dû à la vertu : on rouvrirait à tous les ordres de l'état la carrière publique, qui est depuis un siècle le patrimoine de quatre à cinq mille familles, qui se passent tous les emplois de main en main, sans en faire part aux autres citoyens, qu'à proportion qu'ils cessent de l'être, c'est-à-dire, qu'ils leur vendent leur liberté, leur honneur et leur conscience.

On a persuadé à nos rois, qu'il était plus sûr pour eux de se fier à la bourse de leurs sujets qu'à leur probité. Voilà l'origine de la vénalité dans l'état civil; mais ce sophisme tombe lorsque l'on considère qu'elle ne subsiste ni dans l'état ecclésiastique, ni dans l'état militaire; et que ces grands corps sont, quant à leurs individus, ce qu'il y a encore de mieux ordonné dans l'état, du moins par rapport à leur police et à leurs intérêts particuliers.

La cour emploie fréquemment les variétés des modes, pour faire vivre le peuple du superflu des riches. Ce palliatif est bon, quoiqu'il ait de dangereux inconvénients; mais au moins il faut qu'il tourne au profit des pauvres, et qu'on interdise en France tout commerce de luxe étranger, car il serait bien inhumain que les riches qui tirent tout l'argent de la nation, en fissent passer, tous les ans, une partie considérable aux Indes et à la Chine; pour se procurer des mousselines, des soies et des porcelaines qu'ils peuvent trouver dans le royaume. Le commerce des Indes et de la Chine ne convient qu'à des peuples qui n'ont, comme les Hollandais et les Anglais, ni mûriers, ni vers à soie. C'est à ceux-là aussi qu'il convient d'acheter du thé et d'en boire, parce qu'ils n'ont pas de vin dans leur pays. Mais toutes les fois que nous achetons au Bengale une pièce de coton, nous empêchons un habitant dans nos îles de cultiver les plantes qui en auraient produit la matière, et une famille en France de la filer et de l'ourdir. C'est encore une obligation morale de rendre aux femmes les métiers qui leur appartiennent, comme ceux d'accoucheuses, de coiffeuses; de couturières, de marchandes de linge et de modes, et tous ceux qui ne demandent que de l'adresse et une vie sédentaire, afin d'en retirer un grand nombre de l'oisiveté et de la prostitution „ où la plupart d'entre elles cherchent les moyens de soutenir une vie misérable.

On rouvrira encore un grand canal de subsistance au peuple, en supprimant les priviléges des compagnies de commerce et des manufactures. Ces compagnies, dit-on, font vivre tout un pays. Leurs établissements, en effet, en imposent au premier coup-d'œil, sur-tout dans une campagne. Ils présentent de grandes avenues d'arbres, de vastes bâtiments, des cours multipliées, des palais ; mais ils font aller les entrepreneurs en carrosse, et le reste du village en sabots. Je n'ai pas vu de paysans plus misérables que dans les villages où il y a des manufactures privilégiées. Les priviléges contribuent plus qu'on ne pense à arrêter l'industrie d'un pays. Je citerai à cette occasion ce que dit un anonyme anglais, très-estimable par son jugement sain et par son impartialité. « J'ai passé, dit-il, par Mon-
» treuil, Abbeville, Péquigni..... La seconde de

» ces villes a aussi son château : ses habitants
» indigents exaltent beaucoup leur manufacture
» de drap; mais elle est moins considérable que
» celles de bien des villages du pays d'Yorck. * »
Je pourrais aussi opposer aux manufactures de
draps des villages du pays d'Yorck, celles de
mouchoirs, de toiles de coton, d'étoffes de laine,
des villages du pays de Caux, qui y sont très-
florissantes, et dont les paysans sont fort riches,
parce qu'il n'y a point parmi eux de priviléges.
Les entrepreneurs privilégiés se trouvant sans con-
currence dans un pays, en taxent les ouvriers à volonté. D'ailleurs, ils ont mille ruses pour les réduire
à la plus petite paie possible. Ils leur donnent,
par exemple, de l'argent d'avance ; et quand ils
en ont fait des débiteurs insolvables, ce qui est
l'affaire de quelques écus, alors ils les ont à leur
discrétion. Je connais une branche considérable
de pêche maritime, presque totalement perdue
dans un de nos ports, par ce genre sourd de
monopole. Les bourgeois de cette ville achetè-
rent d'abord le poisson des pêcheurs, pour le
saler et le vendre. Ensuite, ils firent construire
des bateaux de pêche; après cela, ils avancèrent
de l'argent aux femmes des pêcheurs pendant
l'absence de leurs maris. Ceux-ci étant de retour,

* Voyage en France, en Italie et aux îles de l'Archipel,
en 1750, 4 petits vol. in-12.

furent obligés, pour s'acquitter envers les bourgeois, de se mettre à leurs gages. Quand les bourgeois ont été les maîtres des bateaux, des pêcheurs et de leurs poissons, ils ont réglé à leur gré les conditions de la pêche. La plupart des pêcheurs se sont dégoûtés alors de la modicité de leurs profits; et la pêche, qui rendait autrefois cette ville très-florissante, y est aujourd'hui réduite presque à rien.

D'un autre côté, si je désire qu'on ne s'empare point des moyens de subsistance que la nature donne à chaque état de la société, et à chaque sexe, je voudrais encore moins que des monopoleurs s'emparassent de ceux qu'elle donne à chaque homme en particulier. Par exemple, l'auteur d'un livre, d'une machine ou de quelque invention utile ou agréable, dans laquelle un homme a mis son temps, ses peines, son génie enfin, devrait être pour le moins aussi bien fondé à tirer, à perpétuité, un droit sur ceux qui vendent son livre ou se servent de son invention, qu'un seigneur l'est à percevoir des droits de lods et ventes sur ceux qui bâtissent sur son terrain, et sur ceux même qui y revendent leurs maisons. Ce droit me paraîtrait encore plus fondé sur le droit naturel que celui des lods et ventes. Si le public s'empare tout d'un coup d'une invention utile, c'est à l'état à en dédommager l'auteur, afin que la gloire de celui-ci ne tourne point à sa ruine. Si cette loi équitable existait, on ne verrait pas vingt libraires vivre fort à l'aise aux dépens d'un auteur, qui n'a quelquefois pas de pain. On n'aurait pas vu, de nos jours, la postérité de Corneille et de La Fontaine réduite à l'aumône, tandis que des libraires à Paris ont acquis des châteaux en vendant leurs ouvrages.

Les grandes propriétés en terre sont encore plus nuisibles que celles en argent et en emplois, parce qu'elles ôtent à-la-fois aux autres citoyens, le patriotisme social et le naturel. D'ailleurs, elles deviennent à la longue le partage de ceux qui ont les emplois et l'argent; elles mettent à leur discrétion tous les sujets de l'état, et elles ne donnent à ceux-ci d'autre ressource pour subsister, que de se corrompre en flattant les passions de ceux qui ont entre les mains la richesse et la puissance, ou de s'expatrier. Ces trois causes combinées, et sur-tout la dernière, ont entraîné la ruine de l'empire romain, comme le remarquait fort bien Pline dès le règne de Trajan. Elles ont déjà fait sortir de la France plus de sujets que la révocation de l'édit de Nantes. Lorsque j'étais en Prusse, en 1765, on y comptait, dans les cent cinquante mille hommes de troupes réglées qu'entretenait alors le roi, cinquante mille déserteurs français. Je ne crois point qu'on m'en ait exagéré le nombre, car j'ai remarqué que toutes les grandes gardes où j'ai passé, étaient composées d'un tiers de Français, et on trouve de ces grandes gardes aux portes de toutes les villes, et dans tous les villages qui sont sur les grandes routes, sur-tout vers la frontière. Pendant que j'étais au service de Russie, on comptait à Moscou près de trois mille maîtres de langue de ma nation, parmi lesquels j'ai connu beaucoup de personnes de famille honorable, des avocats, de jeunes ecclésiastiques, des gentilshommes, et même des officiers. L'Allémagne est pleine de nos malheureux compatriotes. On ne voit dans les cours du midi et du nord que des danseurs et des comédiens français. C'est ce que nous avons de commun aujourd'hui avec les Italiens, et qui nous l'a été avec les Grecs du bas Empire. Nous cherchons, pour subsister, une autre patrie que celle qui nous a vus naître. On ne voit point errer ainsi les autres nations de l'Europe, si ce ne sont des Suisses qui commercent, mais qui reviennent chez eux après avoir fait fortune. Nos compatriotes ne reviennent point, parce que les états précaires qu'ils exercent, ne leur permettent pas d'amasser de quoi vivre un jour dans la patrie. Nos gens de lettres qui n'ont pas voyagé, ou qui réfléchissent peu, crient de temps en temps contre la révocation de l'édit de Nantes. Mais s'ils croient rappeler en France les enfants des réfugiés français, ils se trompent beaucoup. Certainement ceux qui sont riches, et qui sont bien établis dans les pays étrangers, ne quitteront pas leurs établissements pour retourner en France ; il n'y reviendrait donc que les protestants pauvres. Mais qu'y feraient-ils, lorsque tant de catholiques nationaux sont obligés de s'expatrier faute de subsistance ? Je me suis étonné plus d'une fois de ce que nos prétendus politiques redemandent tant de citoyens à la religion, et de ce qu'ils en abandonnent, par leur silence, un si grand nombre à l'avidité de nos grands propriétaires. Il faut dire la vérité : ils ont écrit plus par haine pour les prêtres que par amour pour les hommes. L'esprit de tolérance qu'ils veulent établir, est un vain prétexte dont ils se couvrent ; car les protestants qu'ils veulent rappeler sont tout aussi intolérants qu'ils accusent les catholiques de l'être, comme l'ont fait voir, il y a quelques années, dans le pays même de la liberté, en Angleterre, ceux qui ont mis le feu à la chapelle de l'ambassadeur d'Espagne. L'intolérance est un vice de l'éducation européenne, et qui se manifeste en littérature, en systèmes et en pantins. Il y a encore une autre raison de ces clameurs : c'est la même raison qui les fait parler pour l'ennoblissement du commerce, et garder le silence sur celui de l'agriculture, le plus noble de tous les états par sa nature même. C'est, puisqu'il faut le dire, parce que les riches commerçants et les grands propriétaires donnent de bons soupers, où se trouvent de jolies femmes qui font et défont les réputations en tout genre, et que les laboureurs et les gens qui s'expatrient n'en donnent point.

La table est aujourd'hui le grand ressort de l'aristocratie des riches. C'est par son moyen qu'une opinion, d'où dépend quelquefois la ruine d'un état, prend de la pondération. C'est encore là que l'honneur d'un homme de guerre, d'un évêque, d'un magistrat, d'un homme de lettres, dépend souvent d'une femme qui a perdu le sien.

La politique moderne a avancé encore une très-grande erreur, en disant que les richesses se mettent toujours de niveau dans un état. Quand une fois les indigents s'y sont multipliés à un certain point, c'est à qui d'entre ces malheureux se donnera à meilleur marché. Tandis que d'une part l'homme riche, tourmenté par ses compatriotes affamés qui lui demandent de l'occupation, hausse le prix de son argent; ceux-ci, pour être préférés, baissent le prix de leur travail, tant qu'à la fin ils ne trouvent plus à subsister. Alors on voit tomber dans les meilleurs pays, l'agriculture, les manufactures et le commerce. Consultez à ce sujet les relations des diverses contrées de l'Italie, et entre autres, ce que M. Brydone dit dans un voyage très-bien raisonné, [13] malgré les réclamations d'un chanoine de Palerme, du luxe et des prodigieuses richesses de la noblesse et du clergé de la Sicile, et de la misère extrême de ses paysans; vous verrez si l'argent s'y met de niveau. J'ai été à Malte, qui n'est en aucune façon comparable en fertilité de sol à la Sicile; car ce n'est qu'un rocher tout blanc; mais ce rocher est fort riche de richesses étrangères, par le revenu perpétuel des commanderies de l'ordre de Saint-Jean, dont les fonds sont situés dans tous les états catholiques de l'Europe, et par les responsions ou dépouilles des chevaliers qui meurent dans les pays étrangers, et qu'on y apporte tous les ans. Il pourrait l'être bien davantage par la commodité de son port, le plus avantageusement situé de tous ceux de la Méditerranée; cependant le paysan y est très-misérable. Il n'est vêtu, pour tout habit, que d'un caleçon qui lui vient aux genoux, et d'une chemise sans manches. Quelquefois il se tient sur la place publique, la poitrine, les jambes et les bras nus, à demi brûlé du soleil, pour se louer moyennant vingt-quatre sous par jour, avec une voiture à quatre places attelée d'un cheval, depuis le point du jour jusqu'à minuit, et pour parcourir tel endroit de l'île qu'il plaît aux voyageurs, sans qu'ils soient tenus de donner un verre d'eau, ni à lui, ni à sa bête. Il conduit sa carriole, courant toujours pieds nus dans les roches, devant son cheval qu'il tient par la bride, et devant l'oisif chevalier, qui ne lui parle bien souvent qu'en le traitant de faquin, tandis que son conducteur ne lui répond que le bonnet à la main, en l'appelant votre seigneurie illustrissime. Le trésor de la république est plein d'or et d'argent, et on n'y paie le peuple que d'une monnaie de cuivre, appelée pièce de quatre tarins, qui vaut, de valeur idéale, seize de nos sous, et de valeur intrinsèque, environ deux de nos liards. Elle a pour timbre cette devise : *Non œs sed fides;* « Ce n'est pas le cuivre, » c'est la confiance. » Quelle distance les propriétés exclusives et l'or mettent entre les hommes ! Un grave portefaix, en Hollande, vous demande en *gout gueldt,* c'est-à-dire, en bon argent, pour porter votre malle du bout d'une rue à l'autre, autant que ce que reçoit l'humble Bastaze de Malte, pour vous voiturer tout un jour avec trois de vos amis. Le Hollandais est bien vêtu, et sa poche est pleine de pièces d'or et d'argent. Sa monnaie est timbrée d'une devise bien différente de celle de Malte ; on y lit : *Concordiâ res parvæ crescunt;* « Les petites choses croissent par leur » concorde. » Il y a en effet autant de différence de puissance et de félicité d'un état à l'autre, qu'entre les devises et les matières de leur monnaie.

C'est dans la nature qu'il faut chercher la subsistance d'un peuple, et dans sa liberté le canal par où elle doit couler. L'esprit de monopole en a détruit parmi nous beaucoup de branches, qui comblent nos voisins de richesses ; telles sont, entre autres, les pêches de la baleine, de la morue et du hareng. Je conviens cependant à cette occasion, qu'il y a des entreprises qui demandent le concours d'un grand nombre de mains, tant pour leur conservation et leur protection, que pour accélérer leurs opérations ; telles sont les pêches maritimes : mais c'est à l'état à se charger de leur administration. Aucunes compagnies n'ont eu chez nous l'esprit patriotique ; elles ne s'établissent, pour ainsi dire, que pour former de petits états particuliers. Il n'en est pas de même chez les Hollandais. Par exemple, comme ils vont pêcher le hareng au-delà de l'Ecosse, car ce poisson est d'autant meilleur qu'on le pêche plus avant dans le nord, ils ont des vaisseaux de guerre pour en protéger la pêche. Ils en ont d'autres à large ventre, appelés buzes, qui le prennent nuit et jour avec des filets, et des vaisseaux de course très-fins voiliers qui le chargent et l'emportent tout frais en Hollande. Il y a, de plus, des prix proposés pour le premier vaisseau qui en apporte à Amsterdam avant les autres. Le poisson du premier baril y est payé à l'Hôtel-de-Ville, à raison d'un ducat d'or ou onze livres cinq sous la pièce, et celui du reste de la cargaison, à raison d'un florin ou de quarante-cinq sous. Ces encouragements engagent les pêcheurs à s'avancer le plus qu'ils peuvent au nord, pour aller au-devant de ces poissons, qui y sont et d'une grandeur et d'une délicatesse bien supérieures à ceux que nous prenons dans le voisinage de nos côtes. Les Hollandais ont élevé une statue à celui qui, le premier, a trouvé l'invention de les fumer, et d'en faire ce qu'on appelle des harengssaurs.* Ils ont cru, avec raison, que le citoyen qui procure à sa patrie un nouveau moyen de subsistance et une nouvelle branche de commerce, mérite d'être mis sur la même ligne que ceux qui l'éclairent ou qui la défendent. On voit, par ces attentions, avec quelle vigilance ils veillent sur tout ce qui peut contribuer à l'abondance publique. Il est inconcevable quel parti ils ont tiré d'une infinité de productions que nous laissons perdre, et de leur pays sablonneux, marécageux, et naturellement pauvre et ingrat. Je n'en ai point vu où il y ait une si grande abondance de toutes choses. Ils n'ont point de vignes, et il y a plus de vins dans leurs caves que dans celles de Bordeaux; ils n'ont point de forêts, et il y a plus de bois de construction dans leurs chantiers, qu'il n'y en a aux sources de la Meuse et du Rhin, d'où ils tirent leurs chênes; ils ont fort peu de terres labourées, et il y a plus de blés de la Pologne dans leurs greniers, que ce royaume n'en réserve pour la nourriture de ses habitants. Il en est de même des choses de luxe; car, quoiqu'ils soient fort simplement vêtus et logés, il y a peut-être plus de marbre à vendre dans leurs magasins, qu'il n'y en a de taillé dans les carrières de l'Italie et de l'Archipel; plus de diamants et de perles dans leurs cassettes, que dans celles des bijoutiers du Portugal; et plus de

---

* Voyez la note de la page 280 du tome Ier.

bois de rose, d'acajou, de sandal et de cannes d'Inde, qu'il n'y en a dans tout le reste de l'Europe, quoique leur pays ne produise que des saules et des tilleuls. Le bonheur des habitants présente un spectacle encore plus intéressant. Je n'y ai pas vu un seul mendiant, ni une maison à laquelle il manquât une brique ou un carreau de vitre. Mais c'est le coup-d'œil de la bourse d'Amsterdam qui est digne d'admiration. C'est un grand bâtiment d'une architecture assez simple, dont la cour quadrangulaire est entourée d'une colonnade. Chacune de ses colonnes, qui sont en grand nombre, porte au-dessus de son chapiteau le nom de quelqu'une des principales villes du monde, comme Constantinople, Livourne, Canton, Pétersbourg, Batavia, etc., et est, pour ainsi dire, le centre de son commerce en Europe. Il y en a peu où il ne se traite chaque jour pour des millions d'affaires. La plupart des gens qui s'y rassemblent, sont habillés de brun et sans manchettes. Ce contraste me parut d'autant plus frappant, que cinq jours auparavant, je m'étais trouvé, à la même heure, au Palais-Royal, rempli de gens vêtus d'habits de couleurs brillantes, galonnés d'or et d'argent, qui ne parlaient que d'opéra, de littérature, de filles entretenues ou de telles autres bagatelles, et qui n'avaient pas, pour la plupart, un écu à eux dans leur poche. Il y avait avec nous un jeune négociant de Nantes, dont les

affaires étaient dérangées, et qui était venu se réfugier en Hollande où il ne connaissait personne. Il s'était ouvert sur sa position à mon compagnon de voyage, appelé M. Le Breton. Ce M. Le Breton était un officier suisse au service de Hollande, moitié militaire, moitié négociant, le meilleur homme du monde, qui le rassura d'abord, et le recommanda, dès son arrivée, à son frère aîné, négociant, qui demeurait dans la même pension où nous fûmes loger. M. Le Breton l'aîné mena cet infortuné voyageur à la Bourse, et le recommanda sans compliment et sans humiliation à un agent du commerce, qui demanda seulement au jeune négociant français une feuille de son écriture; ensuite il crayonna son nom sur un porte-feuille, et il lui dit de revenir le lendemain au même lieu et à la même heure. Je ne manquai pas de m'y trouver avec lui et M. Le Breton. L'agent parut, et présenta à mon compatriote une liste de sept ou huit places de commis à choisir chez des négociants, dont les unes valaient huit cents livres de notre argent avec la nourriture; d'autres, quatorze cents livres sans la pension. Il fut ainsi placé sur-le-champ sans aucune sollicitation. Je demandai à M. Le Breton l'aîné, d'où venait l'active vigilance de cet agent, à l'égard d'un étranger et d'un inconnu. Il me répondit : « C'est son métier; il a pour revenu le
» premier mois des appointements de ceux qu'il

» place. Ne vous en étonnez pas, ajouta-t-il; on
» fait ici commerce de tout, depuis un soulier
» dépareillé jusqu'à des escadres. »

Il ne faut cependant pas se laisser éblouir par les illusions d'un grand commerce, et c'est en quoi notre politique nous a souvent égarés. Les fabriques et les manufactures font, dit-on, entrer des millions dans un état; mais les laines fines, les teintures, l'or et l'argent, et les autres apprêts qu'on tire des étrangers, sont des tributs qu'il faut leur rendre. Le peuple n'en eût pas moins fabriqué pour son compte les laines du pays; et si ses draps eussent été de moindre qualité, ils eussent au moins tourné à son usage. Le commerce illimité d'un pays, ne convient qu'à un peuple qui a un territoire ingrat et borné, comme aux Hollandais; ils exportent, non leur superflu, mais celui des autres nations; et ils ne courent pas risque de manquer du nécessaire, comme il arrive fréquemment à plusieurs puissances territoriales. A quoi sert à un peuple d'habiller toute l'Europe de ses laines, s'il va tout nu; de recueillir les meilleurs vins; s'il ne boit que de l'eau; et d'exporter les plus belles farines, s'il ne mange que du pain de son? On pourrait trouver des exemples très-communs de ces abus, en Pologne, en Espagne, et dans des pays qui passent pour être mieux gouvernés.

C'est dans l'agriculture principalement, que la

France doit chercher les principaux moyens de subsistance pour son peuple. D'ailleurs, l'agriculture conserve les mœurs et la religion. Elle rend les mariages faciles, nécessaires et heureux. Elle fait naître beaucoup d'enfants qu'elle emploie, dès qu'ils savent à peine marcher, à recueillir les biens de la terre ou à garder les troupeaux ; mais elle ne produit tous ces avantages que dans les petites propriétés. Nous l'avons dit, et nous ne saurions trop le répéter, les petites propriétés doublent et quadruplent dans un pays les récoltes et les cultivateurs. Au contraire, les grandes propriétés changent un pays en vastes solitudes. Elles font naître chez les riches laboureurs l'amour du faste des villes, et le dégoût des occupations champêtres. Ceux-ci mettent leurs filles dans des couvents, pour les façonner en demoiselles, et font étudier leurs enfants, pour en faire des avocats ou des abbés. Ils ôtent aux enfants des bourgeois leurs ressources ; car si les gens de campagne tendent toujours à s'établir dans les villes, ceux des villes ne reviennent jamais aux campagnes, parce qu'elles sont flétries par les tailles et les corvées.

Les grandes propriétés exposent l'état à un autre inconvénient dangereux, auquel je ne crois pas qu'on ait fait encore attention. Les terres qu'elles cultivent, reposent au moins une fois tous les trois ans, et souvent tous les deux ans.

Il doit donc arriver, comme dans toutes les choses qui se font au hasard, que tantôt il y a un grand nombre de ces terres qui reposent à-la-fois, et que tantôt il n'y en a qu'un petit nombre. Certainement, dans les années où la plus grande partie de ces terres est en jachères, on doit recueillir beaucoup moins de blé dans le royaume qu'à l'ordinaire. Cet inconvénient, dont je ne sache pas que les gouvernements se soient jamais occupés, est la cause des disettes ou des chertés imprévues qui arrivent de temps en temps, non-seulement en France, mais dans les diverses contrées de l'Europe. La nature a partagé avec l'homme l'administration de l'agriculture. Elle s'est réservé les vents, les pluies, le soleil, le développement des plantes, et elle est bien exacte à ordonner les éléments suivant les saisons; mais elle a laissé à l'homme les convenances des végétaux avec les terrains, les proportions que leur culture doit avoir avec la société qui s'en nourrit, et tous les autres soins que demandent leur conservation, leur distribution et leur police. Je crois cette remarque assez importante, pour établir, parmi nous, la nécessité d'un ministre particulier de l'agriculture. S'il ne pouvait empêcher les combinaisons du hasard dans les terres qui peuvent se rencontrer en jachères toutes à-la-fois, il empêcherait du moins que dans les années où elles sont dans leur plus grand rapport, on ne transportât les grains du pays, puisque c'est une preuve quasi sûre que l'année suivante elles rapporteront d'autant moins, qu'elles seront alors en repos pour la plupart.

Les petites propriétés ne sont point sujettes à ces vicissitudes; elles rapportent tous les ans, et presque en toute saison. Comparez, comme je l'ai déjà dit, la quantité de fruits, de racines, de légumes, d'herbes et de graines qu'on recueille toute l'année et en tout temps, sur le terrain des environs de Paris, appelé le Pré Saint-Gervais, dont le fonds, d'ailleurs médiocre, est situé à mi-côte, et exposé au nord, avec les productions d'une égale portion de terrain, prise dans les plaines du voisinage, et cultivée par la grande culture; vous en verrez la prodigieuse différence. Il y en a encore une aussi grande dans le nombre et le caractère moral de leurs cultivateurs. J'ai ouï dire à un ecclésiastique respectable, que les premiers allaient régulièrement à confesse tous les mois, et que bien souvent il n'y avait pas, dans leurs confessions, matière à absolution. Je ne parle pas de l'agrément infini qui résulte de leurs travaux, de leurs champs d'œillets, de violettes, de blé, de petits pois, de pied-d'alouette, des bordures de lilas et de vigne qui divisent leurs petites possessions; des quartiers de prairies qui y font voir çà et là des clairières, des bocages de saules et de peupliers qui laissent apercevoir sous leurs ombrages, à plusieurs lieues de distance, ou des montagnes qui se perdent à l'horizon, ou des châteaux inconnus, ou les clochers des villages de la plaine, dont on entend par fois les carillons champêtres. On y trouve çà et là des fontaines d'une eau limpide, dont la source est couverte d'une voûte close, de toutes parts, de grandes dalles de pierre, qui la font ressembler à un monument antique. J'y ai quelquefois lu ces mots crayonnés avec du charbon :

Colin et Colette, ce 8 mars.
Antoinette et Bastien, ce 6 mai.

Ces inscriptions m'ont fait plus de plaisir que celles de l'académie. Quand les familles qui cultivent ce lieu enchanté, sont dispersées avec leurs enfants dans ses fonceaux ou sur ses croupes, et que l'on entend au loin la voix d'une jeune fille qui chante sans qu'on l'aperçoive, ou qu'on voit un jeune homme monté sur un pommier, avec son panier et son échelle, qui regarde çà et là et prête l'oreille, comme un autre Vertumne; il n'y a point de parc avec ses statues, ses marbres et ses bronzes, qui lui soit comparable.

O riches! qui voulez vous entourer de parcs délicieux, enfermez dans leurs murs des villages heureux. Combien de terres, abandonnées dans le royaume, pourraient offrir le même spectacle! J'ai vu la Bretagne et d'autres provinces couvertes, à perte de vue, de landes, où il ne croît que du jan, espèce de genêt épineux, noir et jaunâtre. Nos compagnies d'agriculture, qui y ont employé en vain leurs grandes charrues, les ont jugées frappées d'une perpétuelle stérilité; mais ces landes montrent, par d'anciennes divisions de champs, et par des ruines de masures et d'anciens fossés, qu'elles ont été autrefois cultivées. Elles sont encore entourées de métairies qui prospèrent sur le même sol. Combien d'autres seraient encore plus fécondes, telles que celles de Bordeaux, qui sont couvertes de grands pins ! Une terre qui produit un grand arbre, peut certainement nourrir un épi de blé. Nous avons donné, en parlant de l'ordre végétal, les moyens de reconnaître les analogies naturelles des plantes, avec chaque latitude et chaque territoire. Il n'y a point de terrain, fût-il de sable tout pur, ou de vase, où, par un bienfait particulier de la Providence, quelqu'une de nos plantes domestiques ne puisse réussir. Mais avant tout, il faudrait ressemer les bois qui abritaient jadis ces lieux, exposés maintenant à l'action des vents qui mangent les germes de tout ce qu'on y sème. Ces moyens, et plusieurs autres, ne peuvent être du ressort des compagnies avides, ni de leurs grands alignemens, ni des corvées de la province, mais de l'assiduité locale et patiente de familles libres, qui soient propriétaires pour elles-mêmes, qui ne soient point soumises à des tyrans, et qui ne dépendent que du prince. C'est par ces moyens patriotiques que les Hollandais ont réussi à faire venir à Schéveling, village auprès de La Haye, des chênes dans du sable marin tout pur, comme je l'ai vu moi-même. Nous le répétons, ce n'est point dans les grands domaines, c'est dans les paniers des vendangeurs, et dans les tabliers des moissonneuses, que Dieu verse du ciel les fruits de la terre.

Ces grands espaces de terre perdue dans le royaume, ont attiré l'attention de la cupidité; mais il y en a une bien plus grande quantité qui lui est échappée, parce qu'on n'a pu en faire ni des marquisats, ni des vicomtés, et que d'ailleurs les grandes charrues y sont tout-à-fait inutiles. Ce sont, entre autres, les lisières des chemins, qui sont en nombre infini. Nos grandes routes, à la vérité, sont fécondes pour la plupart, puisqu'elles sont bordées d'ormes. L'orme est sans doute utile, il sert au charronnage ; mais nous avons un arbre qui lui est bien préférable, parce que l'insecte n'attaque jamais son bois ; qu'il est excellent pour la charpente, et qu'il donne en abondance des fruits nourrissants : c'est le châtaignier. On pouvait juger de la durée et de la beauté de son bois, par l'ancienne charpente de la foire Saint-Germain, avant qu'elle fût brûlée : les solives en étaient d'une grosseur et d'une longueur prodigieuse, et parfaitement saines; quoiqu'elles eussent plus de quatre cents ans d'antiquité. On peut encore voir la durée de ce bois dans la charpente de l'ancien château de Marcoussi, qui a été bâti sous Charles VI, à cinq lieues de Paris. Nous avons tout-à-fait négligé cet arbre, qu'on ne laisse plus croître qu'en taillis dans nos forêts. Cependant son port est très-majestueux, son feuillage est beau, et il porte une si grande abondance de fruits, en étages multipliés les uns sur les autres, qu'il n'y a point de terrain de la même étendue semé en froment, qui puisse rapporter une subsistance aussi abondante. A la vérité, comme nous l'avons vu, en parlant des caractères des végétaux, cet arbre ne se plaît que sur les lieux secs et élevés; mais nous en avons un autre pour les vallées et les lieux humides, qui n'est guère moins utile par son bois et ses fruits, et dont le port est aussi majestueux : c'est le noyer. Ces beaux arbres pareraient magnifiquement nos grandes routes. On y en pourrait aussi mettre d'autres qui sont propres à chaque territoire. Ils annonceraient aux voyageurs les provinces du royaume; la vigne, la Bourgogne; le pommier, la Normandie; le mûrier, le Dauphiné; l'olivier, la Provence. Leurs tiges, chargées de fruits, détermineraient, bien mieux que les poteaux surmontés de carcans, et que les affreux gibets des justices criminelles, les limites de chaque province, et les douces et diverses seigneuries de la nature.

On peut m'objecter que les passants en recueilleraient les productions ; mais ils ne touchent guère aux raisins des vignobles, qui bordent quelquefois les chemins. D'ailleurs, quand ils les recueilleraient, quel grand inconvénient y aurait-il ? Quand le roi de Prusse fit planter plusieurs grandes routes de la Poméranie, d'arbres fruitiers, on lui représenta que les fruits en seraient volés : « Les hommes au moins en profi« teront, » répondit-il. Nos chemins de traverse présentent peut-être encore plus de terrain perdu que nos grandes routes. Si vous songez que c'est par eux que communiquent les petites villes, les bourgs, les villages, les hameaux, les abbayes, les châteaux, et même de simples maisons de campagne ; que plusieurs d'entre eux aboutissent au même lieu ; et que chacun d'eux a au moins de largeur celle d'un chariot ; vous trouverez que l'espace qu'ils emploient, doit être très-considérable. Il faudrait d'abord commencer par les aligner, car la plupart vont en serpentant ; ce qui leur donne quelquefois un tiers plus de longueur qu'ils n'en devraient avoir. J'avoue, cependant, que je trouve leurs sinuosités agréables, sur-tout sur la croupe des collines, sur la pente des montagnes, dans les lieux agrestes et au milieu des forêts. Mais on les rendrait susceptibles d'un autre genre de beauté, en les bordant d'arbres fruitiers qui s'élèvent peu, et qui, fuyant en perspective, augmenteraient à la vue l'étendue du pays. Ces arbres donneraient encore de l'ombre aux voyageurs. A la vérité, les laboureurs disent que ces ombres, si agréables aux passants, nuisent à leurs grains. Ils ont sans doute raison, pour plusieurs espèces de grains ; mais il y en a qui réussissent mieux dans les lieux un peu ombragés, que par-tout ailleurs, comme on peut le voir au Pré Saint-Gervais. De plus, les laboureurs seraient dédommagés avec usure par le bois des arbres fruitiers, et par la récolte des fruits. On pourrait même encore concilier les intérêts des laboureurs et des voyageurs, en plantant seulement les chemins qui vont du nord au sud, et le côté méridional de ceux qui vont de l'est à l'ouest, de sorte que l'ombre de leurs arbres ne tomberait presque point sur les terres labourées.

Il faudrait encore, pour augmenter les subsistances nationales, remettre en terres à blé beaucoup de terres qui sont en pâturages. Il n'y a presque point de prairies dans la Chine qui est si peuplée. Les Chinois sèment du blé et du riz par-tout, et ils nourrissent leurs bestiaux de la paille qui en provient. Ils disent : « qu'il vaut » mieux que les bêtes vivent avec l'homme, que » l'homme avec les bêtes. » Leurs troupeaux n'en sont pas moins gras. Les chevaux allemands,

si vigoureux, ne sont nourris que de paille hachée, où l'on mêle un peu d'orge ou d'avoine. Nos paysans adoptent, de jour en jour, des usages tout-à-fait contraires à cette économie. Ils mettent, comme je l'ai observé en plusieurs provinces, beaucoup de terres qui jadis produisaient du blé, en médiocres pâturages, pour éviter les frais de culture, et sur-tout ceux de la dîme, parce que leurs curés ne la perçoivent point sur les prairies. J'ai vu en Basse-Normandie, beaucoup de terres qui ont été ainsi dénaturées, au grand détriment du bien public. Voici ce qu'on me raconta à la vue d'un ancien champ de blé qui avait subi une pareille métamorphose. Le curé, fâché de perdre une partie de son revenu, sans pouvoir s'en plaindre, dit au maître de ce champ, en forme de conseil : « Maître Pierre, il
» me semble que si vous ôtiez les cailloux de ce
» terrain-là, que vous le fumiez bien, que
» vous le labouriez bien, et que vous y se-
» miez du blé, vous pourriez encore y faire de
» bonnes moissons. » Le laboureur fin et rusé, qui pressentit l'intention de son décimateur, lui répondit : « Vous avez raison, M. le curé ; si
» vous voulez faire à ce champ toutes les fa-
» çons que vous dites là, je ne vous en demande
» que la dîme. »

On ne donnera à notre agriculture toute l'activité dont elle est capable, qu'en lui rendant sa dignité naturelle. Il faut donc engager une multitude de bourgeois aisés et oisifs, qui végètent dans nos petites villes, à aller vivre à la campagne. Pour les y déterminer, il faut exempter les cultivateurs, des droits humiliants de taille, de corvée, et même de ceux de la milice, auxquels ils sont assujettis. L'état sans doute doit être servi dans ses besoins ; mais pourquoi a-t-on attaché à ses services des caractères d'humiliation ? Ne peut-on pas les faire remplir avec de l'argent ? Il en faudrait beaucoup, disent nos politiques. Oui, sans doute; mais nos bourgeois ne paient-ils pas aussi beaucoup d'impositions dans nos villes, pour suppléer à ces mêmes services? D'ailleurs, plus la campagne aurait d'habitants, moins ses contribuables seraient chargés. Un homme bien élevé aime encore mieux qu'il en coûte à sa bourse, qu'à son amour-propre.

Par quelle fatale contradiction avons-nous rendu la plus grande partie des terres de la France roturières, tandis que nous avons anobli celles du Nouveau-Monde ? Le même cultivateur, qui paierait la taille en France, et irait, la pioche à la main, travailler sur les grandes routes, peut faire entrer ses enfants dans la Maison du Roi, s'il est habitant d'une des îles de l'Amérique. Ce genre d'anoblissement n'a pas été moins funeste à ces terres étrangères, où il a introduit l'esclavage, qu'aux terres de la patrie, aux laboureurs desquelles il a enlevé une multitude de ressources. La nature appelait dans l'Amérique déserte, la surabondance des peuples de l'Europe : elle y avait tout disposé, avec des attentions maternelles, pour dédommager les Européens de l'éloignement de leur patrie. Il n'est pas besoin là de se brûler au soleil pour moissonner les grains, ou de se morfondre à la gelée pour faire paître les troupeaux, ou de fendre la terre avec de lourdes charrues pour lui faire produire des aliments, ou de fouiller ses entrailles pour en tirer le fer, la pierre, l'argile, et les matières premières de nos meubles et de nos maisons. La nature, facile, y a placé sur des arbres, à l'ombre, et à la portée de la main, tout ce qui est nécessaire et agréable à la vie humaine. Elle y a mis le laitage et le beurre dans les noix du cocotier, les crêmes parfumées dans les pommes de latte, du linge de table et des mets dans les grandes feuilles satinées et dans les figues du bananier, des pains tout prêts à cuire dans les patates et les racines du manioc, du duvet plus fin que la laine des brebis dans les gousses du cotonnier, de la vaisselle de toutes les formes dans les courges du calebassier. Elle y avait ménagé des habitations impénétrables à la pluie et aux rayons du soleil, sous les rameaux épais du figuier d'Inde, qui, s'élevant

vers les cieux, et descendant ensuite vers la terre
où ils prennent racine, forment, par leurs nombreuses arcades, des palais de verdure. Elle avait
dispersé, pour les délices et le commerce, le
long des fleuves, au sein des rochers et dans le
lit des torrents, le maïs, la canne à sucre, le cacao, le tabac, avec une multitude d'autres végétaux utiles; et, par la ressemblance des latitudes de ce Nouveau-Monde avec celle de diverses contrées de l'ancien, elle promettait à ses
futurs habitants d'adopter, en leur faveur, le
café, l'indigo et les productions végétales les
plus précieuses de l'Afrique et de l'Asie. Pourquoi l'ambition de l'Europe a-t-elle fait couler
le sang et les larmes des hommes, dans ces heureux climats? Ah! si la liberté et la vertu en
avaient rassemblé les premiers cultivateurs, que
de charmes l'industrie française eût ajoutés à la
fécondité du sol et à l'heureuse température des
tropiques!

Il n'y a là ni frimas ni chaleurs excessives à
craindre; et quoique le soleil y passe deux fois
l'année au zénith, chaque jour, lorsqu'il s'élève
sur l'horizon, il amène avec lui, de dessus la
mer, un vent frais qui rafraîchit, jusqu'au soir,
les forêts, les montagnes et les vallons. Que de
retraites heureuses eussent trouvées, dans ces îles
fortunées, nos pauvres soldats et nos paysans sans
possession! que de frais de garnison y eussent

été épargnés! que de petites seigneuries y fussent devenues les récompenses ou de braves officiers, ou de bons citoyens! que d'habiles marins s'y seraient formés, par la pêche des tortues dont les écueils voisins sont couverts, ou par celle des morues du banc de Terre-Neuve, encore plus abondante! Il n'en eût guère coûté à l'état que les frais d'établissement des premières familles. Avec quelle facilité on eût pu les étendre au loin successivement, en les formant, à la manière même des Caraïbes, de proche en proche, et aux frais de la communauté! Certainement, si on eût suivi cette marche naturelle, notre puissance s'étendrait aujourd'hui jusqu'au centre du continent de l'Amérique, et y serait inexpugnable.

On a persuadé à la cour, que, de la prospérité de nos colonies, naîtrait leur indépendance; et on cite en preuves les colonies anglo-américaines. Mais ce n'est pas pour les avoir rendues trop heureuses que l'Angleterre les a perdues; c'est, au contraire, pour les avoir opprimées. De plus, l'Angleterre a fait une grande faute, en y introduisant trop d'étrangers. Il y a d'ailleurs beaucoup de différence du génie de l'Anglais au nôtre. L'Anglais porte par-tout sa patrie avec lui; s'il fait fortune dans un pays, il en embellit le séjour, il y introduit les manufactures de sa nation, il y vit et il y meurt, ou s'il revient dans sa patrie, il retourne habiter le lieu de sa naissance. Les Français ne sentent pas ainsi ; tous ceux que j'ai vus aux îles, s'y regardent toujours comme des étrangers. Pendant vingt ans de séjour dans une habitation, ils ne planteront pas un arbre devant la porte de leur maison, pour s'y procurer de l'ombre ; à les entendre, ils s'en vont tous l'année prochaine. S'ils font en effet fortune, ils partent, et même souvent sans la faire, et ils s'en retournent, non pas dans leur province ou dans leur village, mais à Paris. Ce n'est pas ici le lieu de développer la cause de cette haine nationale pour le lieu de la naissance, et de cette prédilection pour la capitale ; elle est une suite de plusieurs causes morales, et entre autres, de l'éducation. Quoi qu'il en soit, ce tour d'esprit suffirait seul pour empêcher nos colonies d'être jamais indépendantes. Les frais énormes que nous coûte leur conservation, et la facilité avec laquelle on les prend, auraient dû nous faire revenir de ce préjugé. Elles sont toutes dans un tel état de faiblesse, que si leur commerce cessait quelques années avec la métropole, elles manqueraient bientôt des choses de première nécessité ; il est même très-digne de remarque qu'on n'y manufacture pas une seule denrée du pays. On y cultive de très-beau coton, mais on n'en fait point de toile comme en Europe ; on ne sait pas même le filer comme les sauvages, ni tirer, comme eux, parti des fils de pitte, de ceux du bananier ou des feuilles du palmiste. Il y croît des cocotiers qui font la richesse des Indes orientales, et on n'y fait presque aucun usage de leur fruit ni de leur caire. On y recueille de l'indigo, mais on ne l'y emploie à aucune teinture. Il n'y a donc que le sucre auquel on donne les dernières façons, parce qu'il ne peut entrer dans le commerce sans être fabriqué; encore est-on obligé de le raffiner en Europe, pour lui donner sa perfection.

Il y a eu, à la vérité, quelques séditions dans nos colonies; mais elles ont été bien plus fréquentes dans leur état de faiblesse que dans celui de leur opulence. C'est le mauvais choix des sujets qu'on y a fait passer, qui les a remplies, en tout temps, de discorde. Comment peut-on espérer que des citoyens, qui ont troublé une société ancienne, puissent concourir à en faire prospérer une nouvelle? Les Romains et les Grecs employaient la fleur de leur jeunesse, et leurs meilleurs citoyens, pour fonder leurs colonies; elles sont devenues des royaumes et des empires. Ce sont les célibataires militaires, marins, de robe et de tout état; ce sont les états-majors, si nombreux et si inutiles, qui remplissent les nôtres des passions de l'Europe, du goût des modes, d'un vain luxe, d'opinions corrompues, et de mauvaises mœurs. On n'eût craint rien de semblable de la part de nos simples cultivateurs. Le travail du corps charme les soucis de l'ame ; il en fixe l'inquiétude naturelle ; il fait fleurir parmi les peuples, la santé, le patriotisme, la religion et le bonheur. Mais je veux qu'à la longue ces colonies se fussent séparées de la France. La Grèce versa-t-elle des larmes, quand ses colonies florissantes portèrent sa gloire et ses lois sur les côtes de l'Asie, et sur les bords du Pont-Euxin et de la Méditerranée ? Fut-elle dans les alarmes, quand elles devinrent les tiges d'où sortirent de puissants royaumes et d'illustres républiques ? Pour s'en être séparées, devinrent-elles ses ennemies, et n'en fut-elle pas, au contraire, souvent protégée ? Quel grand inconvénient y eût-il eu, que des rejetons de l'arbre de la France eussent porté des lis en Amérique, et ombragé le Nouveau-Monde de leurs majestueux rameaux ?

Avouons la vérité : peu d'hommes, dans les conseils des rois, s'occupent du bonheur des hommes. Quand on perd de vue ce grand objet, on perd bientôt de vue le bonheur national et la gloire du prince. Nos politiques, en tenant nos colonies dans un état perpétuel de dépendance, d'agitation et de pénurie, ont méconnu le caractère de l'homme, qui ne s'attache au lieu qu'il habite que par le bonheur. En y introduisant l'esclavage des noirs, ils leur ont donné des liens avec l'Afrique, et ont rompu ceux qui devaient les attacher à leurs pauvres concitoyens : ils ont de plus méconnu le caractère européen, qui craint sans cesse, sous un climat chaud, de voir son sang se dénaturer comme celui de ses esclaves, et qui soupire toujours après de nouvelles alliances avec ses compatriotes, pour faire circuler, dans les veines de ses petits enfants, les couleurs vives et fraîches du sang européen, et les sentiments de la patrie encore plus intéressants. En leur donnant perpétuellement de nouveaux chefs militaires et civils, des magistrats qui leur sont étrangers, qui les tiennent sous un joug dur, des hommes enfin avides de fortune, ils ont méconnu le caractère français qui n'avait pas besoin de ces barrières pour le retenir dans l'amour de la patrie, puisqu'il en regrette partout les productions, les honneurs, et jusqu'aux désordres. Ils n'ont donc réussi à en faire ni des colons pour l'Amérique, ni des patriotes pour la France; et ils ont méconnu à-la-fois les intérêts de leur nation et de leurs rois qu'ils voulaient servir.

Je me suis étendu un peu sur ces abus, parce qu'ils ne sont pas sans remède à plusieurs égards; et qu'il y a encore des terres dans le Nouveau-Monde, où on peut changer la nature de nos établissements : mais ce n'est pas ici le temps ni le lieu d'en développer les moyens. Après avoir proposé quelques remèdes sur le mal physique de la nation, passons à son mal moral qui en est la source. La principale cause est l'esprit de division qui règne entre les différents ordres de l'état. Il y a deux moyens d'y remédier; le premier est de détruire les motifs de division; le second est d'augmenter les motifs de réunion.

La plupart de nos écrivains vantent l'esprit de société de notre nation; et les étrangers, en effet, la regardent comme celle qui est la plus sociable de l'Europe. Les étrangers ont raison, parce qu'en effet nous les accueillons et les recherchons avec empressement; mais nos écrivains ont tort. Oserai-je le dire ? c'est parce que nous n'aimons point nos compatriotes, que nous caressons tant les étrangers. Pour moi, je n'ai vu cet esprit d'union ni dans les familles, ni dans les corps, ni dans les gens de la même province; je n'en excepte que les habitants d'une seule province, que je ne veux pas nommer; dès qu'ils en sont sortis, ils se recherchent avec le plus grand empressement. Mais, puisqu'il faut le dire, c'est plutôt par antipathie pour les autres habitants du royaume, que par amour pour leurs compatriotes; car, de tout temps, leur province a été célèbre par ses divisions intestines. En général, le véritable esprit patriotique, qui est le premier sentiment de l'humanité, est fort rare en Europe, et principalement chez nous.

Sans pousser plus loin ce raisonnement, cherchons-en des preuves qui soient à la portée de tout le monde. Lorsque vous lisez quelque relation des coutumes et des mœurs des peuples de l'Asie, vous êtes touché du sentiment d'humanité qui rapproche parmi eux les hommes les uns des autres, malgré le flegme silencieux qui règne dans leurs assemblées. Si, par exemple, un Asiatique en voyage prend son repas, ses valets et son chamelier viennent se ranger autour de lui, et se mettent à sa table. Si un étranger vient à passer, il s'y met aussi, et après avoir fait une inclinaison de tête au chef de famille, et loué Dieu, il continue sa route, sans que personne lui demande qui il est, d'où il vient, et où il va. Cette coutume hospitalière est commune aux Arméniens, aux Géorgiens, aux Turcs, aux Persans, aux Siamois, aux noirs de Madagascar, et aux diverses nations de l'Afrique et de l'Amérique. Dans ces pays, l'homme est encore cher à l'homme. Si vous entrez au contraire à Paris, dans une salle d'auberge où il y ait une douzaine de tables, et qu'il y vienne successivement une douzaine de personnes, vous voyez chacune d'elles prendre sa place en particulier, à une table séparée, sans dire un mot. S'il n'arrivait pas successivement de nouveaux convives, chacun des douze premiers mangerait seul, comme un chartreux. D'abord il règne entre eux un profond silence, jusqu'à ce que quelque étourdi, mis de bonne humeur par son dîner, et pressé du besoin de se communiquer, s'avise d'ouvrir la conversation. Alors toute la société lève les yeux sur l'orateur, et l'examine, d'un coup-d'œil, de la tête aux pieds. S'il a l'air de ce qu'on appelle un homme comme il faut, c'est-à-dire, riche, on lui laisse le dé. Il trouve même des flatteurs qui confirment sa nouvelle, et qui applaudissent à son opinion littéraire, ou à son propos libertin. Mais s'il n'a rien qui le distingue, eût-il mis en avant une sentence de Socrate, à peine est-il au commencement de sa thèse, qu'on l'interrompt pour le contredire. Ses critiques sont contredits à leur tour, par d'autres beaux-esprits qui entrent dans la lice ; alors la conversation devient générale et tumultueuse. Les sarcasmes, les mots durs, les sous-entendus perfides, les injures grossières, mettent fin pour l'ordinaire à la séance ; et chacun des convives se retire, fort content de soi, et fort mécontent des autres. Vous retrouverez les mêmes scènes dans nos cafés et dans nos promenades. On s'y rend pour tâcher de se faire admirer, et pour critiquer les autres. Ce n'est point l'esprit de société qui nous rassemble, c'est l'esprit de division. Chez ce qu'on appelle la bonne compagnie, c'est encore pis. Si on veut y être bien reçu, il faut payer son dîner aux dépens de la maison où l'on a soupé la veille. Heureux encore si vous vous tirez d'affaire avec quelques anecdotes scandaleuses, et si, pour plaire au mari, vous n'êtes pas obligé de le tromper en faisant l'amour à sa femme!

La première source de ces divisions vient de notre éducation : elle nous enseigne dès l'enfance à nous préférer à autrui, en nous excitant à être les premiers parmi nos compagnons d'étude. Comme cette vaine émulation ne présente à la plupart des citoyens aucune carrière à parcourir, dans le monde, chacun d'eux s'y préfère par sa province, par sa naissance, par son état, par sa figure, par son habit, par le saint de sa paroisse. De-là viennent nos haines sociales; et tant de sobriquets injurieux, du Normand au Gascon, du Parisien au Champenois, du noble au vilain, de l'homme de robe à l'ecclésiastique, du janséniste au moliniste, etc..... On se préfère sur-tout en opposant ses bonnes qualités aux défauts d'autrui. Voilà pourquoi la médisance est si facile, si agréable, et qu'elle est, en général, le mobile de toutes nos conversations.

Un homme de grande qualité me disait un jour, qu'il n'y avait point d'homme, quelque misérable qu'il fût, qu'on ne trouvât supérieur à soi-même, par quelque avantage où il nous surpasse, soit en jeunesse, en santé, en talents, en figure, en quelque bonne qualité, quelles que fussent d'ailleurs nos perfections. Cela est vrai, à la lettre;

mais cette manière d'envisager les membres d'une société est celle de la vertu, et ce n'est pas la nôtre. Comme la maxime contraire est également vraie, notre orgueil s'arrête à celle-là; et il s'y trouve déterminé par les mœurs du monde, et par notre éducation même, qui nous inspire, dès l'enfance, le besoin de cette préférence personnelle.

Nos spectacles concourent encore à augmenter parmi nous l'esprit de division. Nos comédies les plus vantées représentent, pour l'ordinaire, des tuteurs trompés par leurs pupilles, des pères par leurs enfants, des maris par leurs femmes, des maîtres par leurs valets. Les parades du peuple lui offrent à-peu-près les mêmes tableaux; et, comme s'il n'était pas assez porté au désordre, elles y ajoutent des scènes d'ivresse, d'obscénités, de vols, et de commissaires battus : elles lui apprennent à mépriser à-la-fois les mœurs et les magistrats. Les spectacles réunissent les corps des citoyens, et aliènent leurs esprits.

La comédie, dit-on, guérit les vices par le ridicule; *castigat ridendo mores.* Cet adage est aussi faux que tant d'autres qui font la base de notre morale. La comédie nous apprend à nous moquer d'autrui, et rien de plus. Personne n'y dit : « Le portrait de cet avare me ressemble; » mais on y reconnaît fort bien celui de son voisin. Horace a fait, il y a long-temps, cette remarque. Mais, quand on viendrait à s'y reconnaître, je ne vois, pas que la réformation du vice s'ensuivît. Est-ce qu'un médecin pourrait guérir un malade, en lui présentant un miroir et en se moquant de lui? Si on se moque de mon vice, le rire d'autrui, loin de m'en tirer, m'y enfonce; je m'exerce à le cacher; je deviens hypocrite; sans compter que le ridicule s'adresse bien plus souvent à la vertu qu'au vice. Ce n'est pas de la femme infidèle ou du fils libertin qu'on se moque, c'est de l'époux facile ou du père indulgent. Pour justifier notre goût, nous citons celui des Grecs; mais nous oublions que leurs vains spectacles portèrent l'attention publique sur des objets frivoles, qu'on y tourna souvent en ridicule la vertu des plus illustres citoyens, et qu'ils augmentèrent, parmi eux, les haines et les jalousies qui accélérèrent leur ruine.

Ce n'est pas que je blâme le rire, et que je croie, avec Hobbes, qu'il vienne d'orgueil. Les enfants rient, et certainement ce n'est pas d'orgueil. Ils rient à la vue d'une fleur, au son d'un grelot. On rit de joie, de contentement, de bien-être. Mais le ridicule est bien différent du ris naturel. Il n'est pas, comme celui-ci, l'effet de quelque harmonie agréable dans nos sensations, ou dans nos sentiments. Mais il naît d'un contraste heurté entre deux objets, dont l'un est grand et l'autre est petit, dont l'un est fort et l'autre est faible. Ce qu'il y a de singulier, c'est qu'il est produit par les mêmes oppositions qui produisent la terreur, avec cette différence, que, dans le ridicule, l'ame passe d'un objet redoutable à un objet frivole ; et, dans la terreur, d'un objet frivole à un objet redoutable. L'aspic de Cléopâtre dans un panier de fruits ; les doigts qui écrivirent, au milieu d'un festin, le jugement de Balthazar ; le son de la cloche qui annonce la mort de Clarisse ; le pied d'un Sauvage imprimé sur le sable dans une île déserte, effraient plus l'imagination que tout l'appareil des combats, des supplices, des brigands et de la mort. Ainsi, pour imprimer une profonde terreur, il faut d'abord présenter un objet frivole et de peu d'apparence ; et pour exciter un grand ridicule, il faut débuter par une idée imposante. On peut y joindre encore quelqu'autre contraste, comme celui de la surprise, et quelqu'un de ces sentiments qui nous jettent dans l'infini, comme celui du mystère ; alors l'ame ayant perdu son équilibre, se précipite dans l'effroi ou dans le rire, suivant la pente qu'on lui a dressée. Nous voyons fréquemment ces effets contraires produits par les mêmes moyens. Par exemple, si une nourrice veut faire rire son enfant, elle se masque la tête de son tablier, aussitôt l'enfant devient sérieux ; puis elle se découvre tout d'un coup, et il se met à rire. Veut-elle lui faire peur, ce qui n'arrive que trop souvent, elle lui sourit d'abord, et l'enfant pareillement à elle : puis, tout-à-coup, elle prend un air sérieux, ou se masque le visage ; et l'enfant se met à pleurer. Je n'en dirai pas davantage sur ces oppositions violentes ; j'en tirerai seulement cette conséquence, que ce sont les peuples les plus malheureux qui ont le plus de penchant pour le ridicule. Effrayés par des fantômes politiques et moraux, ils cherchent d'abord à en perdre le respect ; et ils n'ont pas de peine à en venir à bout, puisque la nature, pour venir au secours de l'homme opprimé, a mis, dans la plupart des choses d'institution humaine, les sources du ridicule à côté de celles de la terreur. Ils n'ont rien à faire qu'à renverser les objets de leur comparaison. C'est ainsi qu'Aristophane renversa la religion de son pays, par sa comédie des Nuées. Voyez les écoliers, ils tremblent d'abord devant leur régent : la première chose qu'ils font pour se familiariser avec son idée, est de le tourner en ridicule, et c'est à quoi ils réussissent ordinairement fort bien. L'amour du ridicule n'est donc point un signe de bonheur dans un peuple, mais il est une preuve de son malheur. Voilà pourquoi les anciens Romains étaient si graves, lorsqu'ils étaient heureux ; et que leurs descendants, qui sont aujourd'hui misérables, sont renommés par leurs pasquinades, et fournissent l'Europe d'arlequins et de comédiens.

Je ne disconviens pas que les spectacles, tels

que les tragédies, ne pussent contribuer à rapprocher les citoyens. Les Grecs les ont souvent employés à cet usage. Mais, en adoptant leurs drames, nous nous écartons de leur intention. Ce n'étaient pas les malheurs des autres nations qu'ils représentaient sur leurs théâtres, c'étaient ceux qu'ils avaient éprouvés, et des événements tirés de leurs propres histoires. Nos tragédies nous remplissent d'une pitié étrangère. Nous pleurons sur les malheurs de la famille d'Agamemnon, et nous voyons d'un œil sec celles qui sont misérables à notre porte. Nous n'apercevons pas même leurs maux, attendu qu'elles ne sont pas sur le théâtre. Cependant nos héros, bien présentés sur la scène, suffiraient pour porter jusqu'à l'enthousiasme le patriotisme du peuple. Quel concours et quels applaudissements a attirés l'héroïsme d'Eustache de Saint-Pierre dans le Siége de Calais ! La mort de Jeanne d'Arc produirait encore de plus grands effets, si un homme de génie osait effacer le ridicule dont on a couvert parmi nous cette fille respectable et infortunée, à qui la Grèce eût élevé des autels.

J'en dirai ici ma pensée en deux mots, pour en faire naître le désir à quelque homme vertueux. Je voudrais donc que, sans s'écarter de l'histoire, on la représentât honorée de la faveur de son roi, des applaudissements de l'armée; et au comble de la gloire, délibérant de retourner dans son hameau, pour y vivre en simple bergère, inconnue et ignorée. Sollicitée ensuite par Dunois, elle se détermine à s'exposer à de nouveaux dangers, pour l'amour de sa patrie. Enfin, prisonnière dans un combat, elle tombe entre les mains des Anglais. Interrogée par des juges inhumains, parmi lesquels sont des évêques de sa propre nation, la simplicité et l'innocence de ses réponses la rendent victorieuse des questions insidieuses de ses ennemis. Elle est condamnée par eux à une prison perpétuelle. Je voudrais qu'on vît le souterrain où elle doit passer le reste de ses malheureux jours, avec ses longs soupiraux, ses grilles de fer, ses voûtes épaisses, le misérable grabat destiné à son repos, la cruche d'eau et le pain noir qui doivent lui servir de nourriture ; qu'on entendît ses réflexions touchantes sur le néant des grandeurs, ses regrets naïfs sur le bonheur de la vie champêtre, ensuite des retours d'espérance sur le secours de son prince, et le désespoir à la vue de l'abyme affreux qui s'est fermé sur elle. On verrait ensuite le piége que ses ennemis perfides lui dressent pendant son sommeil, en mettant auprès d'elle les armes dont elle les avait combattus. Elle aperçoit à son réveil ces monuments de sa gloire. Entraînée par un amour de femme, et en même temps de héros, elle couvre sa tête du casque, dont le panache avait montré à l'armée française découragée le chemin de la victoire; elle prend cette épée si formidable aux Anglais dans ses faibles mains ; et dans le temps que le sentiment de sa gloire fait couler de ses yeux des larmes de joie, ses lâches ennemis se présentent à elle tout-à-coup, et d'une voix unanime, la condamnent à la plus horrible des morts. C'est alors qu'on verrait, ce qui est digne de l'attention même du ciel, la vertu aux prises avec le malheur extrême; on entendrait ses plaintes douloureuses sur l'indifférence de son prince, qu'elle a si noblement servi; on la verrait se troubler à l'idée du supplice affreux qui lui est préparé, et encore plus par la crainte de la calomnie qui doit flétrir à jamais sa mémoire ; on l'entendrait, dans ses terribles combats, douter s'il existe une Providence protectrice des innocents. Cependant il faut marcher à la mort : c'est dans ce moment que je voudrais voir tout son courage se ranimer. Je voudrais qu'on la montrât sur le bûcher où elle finit ses jours, méprisant les vaines espérances que le monde prodigue à ceux qui le servent, se représentant à elle-même l'opprobre éternel dont sa mort couvrira ses ennemis, la gloire immortelle qui illustrera à jamais le lieu de sa naissance, et celui même de son supplice. Je voudrais que ses dernières paroles, animées par la religion, fussent plus sublimes que celles de Didon, lorsqu'elle s'écrie sur le bûcher :

Exoriare aliquis nostris ex ossibus ultor.

Je voudrais enfin que ce sujet, traité par un homme de génie, à la manière de Shakespeare, qui ne l'eût certainement pas manqué si Jeanne d'Arc eût été Anglaise, produisît une pièce patriotique ; que cette illustre bergère devînt, parmi nous, la patronne de la guerre, comme sainte Geneviève l'est de la paix ; que son drame fût réservé pour les circonstances périlleuses où l'état peut se rencontrer ; qu'on en donnât alors la représentation au peuple, comme on montre à celui de Constantinople, en pareil cas, l'étendard de Mahomet ; et je ne doute pas qu'à la vue de son innocence, de ses services, de ses malheurs, de la cruauté de ses ennemis, et de l'horreur de son supplice, notre peuple hors de lui ne s'écriât : « La guerre, » la guerre contre les Anglais ! 15 ».

Ces moyens, quoique plus puissants que les milices, et les engagements par force et par ruse, qui servent à nous donner des soldats, sont encore insuffisants pour faire de vrais citoyens. Ils nous accoutument à n'aimer la patrie et la vertu, que quand leurs héros sont applaudis sur le théâtre. C'est de là qu'il arrive que la plupart même des gens bien élevés ne sauraient apprécier une action, s'ils ne la voient rapportée dans quelque journal, ou mise en drame. Ils ne la jugent point d'après leur propre cœur, mais d'après l'opinion d'autrui ; non réelle et dans son lieu, mais en image et dans un cadre. Ils aiment les héros quand ils sont applaudis, poudrés et parfumés ; mais s'ils en rencontrent versant leur sang dans quelque lieu obscur, et périssant dans l'ignominie, ils ne les reconnaissent plus. Tout le monde voudrait être l'Alexandre de l'Opéra, et personne celui de la ville des Malliens.

Le patriotisme ne doit pas être mis trop souvent en représentation. Il faut qu'il y ait des héros qui se fassent tuer, et dont personne ne parle. Pour remettre donc le peuple à cet égard, sur le chemin de la nature et de la vertu, il faut qu'il se serve de spectacle à lui-même. Il faut lui montrer des réalités, et non des fictions ; qu'il voie des soldats, et non des comédiens ; et si on ne peut pas lui offrir le terrible spectacle d'une bataille, qu'il en voie au moins les manœuvres et les apprêts, dans des fêtes militaires.

Il faut lier davantage les soldats avec la nation, et rendre leur condition plus heureuse. Ils ne sont que trop souvent des sujets de querelle dans les provinces qu'ils parcourent. L'esprit de corps les anime à tel point, que lorsque deux régiments se rencontrent dans la même ville, il en résulte presque toujours une infini téde duels. Ces haines féroces sont entièrement inconnues des régiments prussiens et russes, que je regarde, à plusieurs égards, comme les meilleures troupes de l'Europe. Le roi de Prusse a inspiré à ses soldats, au lieu de l'esprit de corps qui les divise, l'esprit de patrie qui les réunit. Il en est venu à bout, en donnant la plupart des emplois civils de son royaume, comme récompenses du service militaire. Tels sont les liens politiques dont il les attache à la patrie. Les Russes n'en emploient qu'un, mais il est encore plus fort ; c'est celui de la religion. Un soldat russe croit que servir son prince, c'est servir Dieu. Il marche au combat comme un néophyte au martyre, et il est persuadé que s'il vient à être tué, il va tout droit en paradis.

J'ai ouï dire à M. de Villebois, grand-maître d'artillerie de Russie, que les soldats de son corps qui servaient une batterie à l'affaire de Zornedorff, y ayant été tués pour la plupart, ceux qui y restaient, voyant arriver les Prussiens la baïonnette au bout du fusil, ne pouvant plus se défendre, et ne voulant pas s'enfuir, embrassèrent les canons et s'y firent tous massacrer, afin d'être fidèles au serment qu'on exige d'eux en les recevant dans l'artillerie, qui est, qu'ils n'abandonneront jamais leurs canons. Une résistance si opiniâtre ôta aux Prussiens la victoire qu'ils avaient gagnée, et fit dire au roi de Prusse, qu'il était plus aisé de tuer les Russes que de les vaincre. Cette constance héroïque vient de la religion. Il serait bien difficile de rétablir ce ressort parmi les troupes françaises, formées en partie de la jeunesse débordée de nos villes. Les soldats prussiens et russes sont tirés de la classe des paysans, et ils s'honorent de leur état. Chez nous, au contraire, un paysan craint que son fils ne tombe à la milice. L'administration contribue, de son côté, à lui en donner de la frayeur. S'il y a un mauvais sujet dans un village, le subdélégué lui fait tomber le billet noir, comme si un régiment était une galère. J'avais fait, à cette occasion, un mémoire pour remédier à ces inconvénients, et pour empêcher la désertion parmi nos soldats ; mais il m'est resté inutile, comme tant d'autres. Les principaux moyens de réforme que j'y présentais, étaient d'améliorer l'état de nos soldats, comme en Prusse, par l'espoir des emplois civils, qui sont chez nous en nombre infini ; et pour empêcher les désordres où les jette leur vie célibataire, je proposais de leur permettre de se marier, comme les soldats prussiens et russes, qui le sont la plupart [16]. Ce moyen, si propre à réformer les mœurs, contribuerait encore à rapprocher nos provinces les unes des autres, par les mariages qu'y contracteraient nos régiments, qui les parcourent continuellement. Ils resserreraient du nord au midi les liens de la nation ; et nos paysans cesseraient de les craindre, s'ils les voyaient passer au milieu d'eux en pères de familles. Si nos soldats commettent quelquefois des désordres, c'est à nos institutions militaires qu'il faut s'en prendre. J'en ai vu de mieux disciplinés, mais je n'en connais point de plus généreux. J'ai été témoin d'un acte d'humanité de leur part, dont je doute que beaucoup de soldats étrangers fussent susceptibles. C'était en 1760, à notre armée qui pour lors était en Allemagne, dans le pays ennemi, campée auprès d'une petite ville appelée Stadberg. J'étais logé dans un misérable village, occupé par le quartier-général. Il y avait dans la pauvre maison de paysan où je logeais, avec deux de mes camarades, cinq ou six femmes et autant d'enfants qui s'y étaient réfugiés, et qui n'avaient rien à manger; car notre armée avait fourragé leurs blés et coupé leurs arbres fruitiers. Nous leur donnions bien quelques vivres, mais c'était peu de chose pour leur nombre et pour leurs besoins. Il y avait parmi elles une jeune femme grosse, qui avait trois ou quatre enfants. Je la voyais sortir tous les matins et revenir au bout de quelques heures, avec son tablier tout plein de tranches de pain bis. Elle les passait dans des ficelles, et les faisait sécher à la cheminée comme des champignons. Je lui fis demander un jour, par un de nos gens qui parlait allemand et français, où elle trouvait ces provisions, et pourquoi elle leur donnait cet apprêt. Elle me répondit qu'elle allait dans le camp demander l'aumône parmi nos soldats; que chacun d'eux lui donnait des tranches de son pain de munition, et qu'elle les faisait sécher pour les conserver; car elle ne savait où elle pourrait recouvrer d'autres vivres après notre départ, tout le pays ayant été désolé.

L'état de soldat est un perpétuel exercice de la vertu, par la nécessité où il met l'homme d'éprouver un grand nombre de privations, et d'exposer fréquemment sa vie. Il a donc la religion pour principal appui. Les Russes en conservent l'esprit dans leurs troupes nationales, en n'y admettant aucun soldat étranger. Le roi de Prusse, au contraire, est parvenu au même but, en recevant dans les siennes des soldats de toutes les religions; mais il oblige chacun d'eux de suivre exactement celle qu'il a adoptée. J'ai vu à Berlin et à Postdam, tous les dimanches, les officiers rassembler les soldats à la parade, sur les onze heures du matin, et les conduire en ordre par détachements particuliers, Catholiques, Calvinistes, Luthériens, chacun à leur église, pour y assister au service divin.

Je voudrais qu'on ôtât parmi nous les autres causes de division, qui obligent un citoyen à souhaiter, pour vivre, le malheur ou la mort d'autrui. Nos politiques ont multiplié ces moyens de haine à l'infini, et ils ont rendu même l'état complice de ces sentiments cruels, par l'établissement des loteries, des tontines et des rentes

viagères. « Il est mort tant de personnes cette
» année ; l'état a gagné tant, » disent-ils. S'il
venait une peste qui emportât la moitié des citoyens, l'état serait bien riche ! L'homme n'est
rien pour eux, l'or est tout. Leur art consiste
à réformer les vices de la société, par des injures faites à la nature : ce qu'il y a d'étrange,
c'est qu'ils prétendent agir à son exemple. « Elle
» a voulu, disent-ils, que chaque espèce d'être
» ne subsistât que par la ruine des autres espèces.
» Le malheur particulier fait le bonheur géné-
» ral. » C'est avec ces barbares et fausses maximes
qu'on égare les princes. Ces lois n'existent dans la
nature qu'entre les espèces contraires et ennemies.
Elles n'existent point dans les mêmes espèces
d'animaux qui vivent en société. Certainement la
mort d'une abeille n'a jamais tourné au profit de
sa ruche. Bien moins encore, le malheur et la
mort d'un homme peut profiter à sa nation et
au genre humain, dont le parfait bonheur con-
sisterait dans une parfaite harmonie entre ses
membres. Nous avons prouvé ailleurs, qu'il ne
peut arriver le plus petit mal à un simple particulier, que tout le corps politique ne s'en res-
sente. Nos riches ne doutent pas que les biens
des petits ne parviennent à eux, puisqu'ils jouissent des productions de leurs arts; mais ils participent également à leurs maux, malgré qu'ils
en aient. Non-seulement ils sont les victimes

de leurs maladies épidémiques et de leurs brigandages, mais de leurs opinions morales, qui se dépravent dans le sein des malheureux. Elles s'élèvent, comme les maux qui sortirent de la boîte de Pandore, et traversant, malgré les gardes armées, les forteresses et les châteaux, elles viennent se loger dans le cœur des tyrans. Quelque précaution qu'ils prennent pour s'en garantir, elles gagnent leurs voisins, leurs serviteurs, leurs enfants, leurs épouses, et les forcent de s'abstenir de tout, au milieu de leurs jouissances.

Mais lorsque dans une société, des corps tournent constamment à leur profit les malheurs d'autrui, ils perpétuent ces mêmes malheurs, et les multiplient à l'infini. C'est une chose aisée à remarquer, que par-tout où il y a beaucoup d'avocats et de médecins, les procès et les maladies sont en plus grand nombre que par-tout ailleurs. Quoiqu'il y ait parmi eux des hommes dont les lumières sont saines, ils ne s'opposent point à des désordres qui tournent au profit de leur corps.

Ces inconvénients ne sont pas sans remède ; j'ai à citer, à cet égard, des exemples sans réplique. Lorsque j'entrai au service de Russie, on me retint le premier mois de mes appointements pour les frais de toute espèce de maladie que je pourrais avoir, moi, mes serviteurs et ma famille, si j'étais venu à me marier. On comprenait dans ces frais ceux du médecin, du chirurgien et de l'apothicaire. On me retint encore pour le même objet, une petite somme montante à un ou à un et demi pour cent de mes appointements : je l'aurais payée chaque année ; et chaque fois que je serais monté en grade, j'aurais donné en sus le premier mois des appointements de ce grade. Voilà la taxe des officiers, au moyen de laquelle ils sont traités eux et leur famille, de quelque espèce de maladie qu'ils puissent avoir. Les médecins et les chirurgiens de chaque corps sont très-bien appointés sur ces revenus. Je me rappelle que le médecin du corps où je servais avait mille roubles ou cinq mille livres d'appointements, et fort peu d'occupation ; car nos maladies ne lui rapportant rien, elles étaient de peu de durée. Quant aux soldats, ils sont traités, je pense, sans qu'on fasse aucune retenue sur leur paie. L'apothicairerie appartient à l'empereur. Elle est à Moscou dans un superbe bâtiment. Les remèdes sont dans des vases de porcelaine, et toujours choisis d'une bonne qualité. On les distribue de là dans le reste de l'empire à un prix modique, au profit de la couronne. Il n'y a jamais de quiproquo à craindre à leur occasion. Les employés qui les préparent et les distribuent sont des hommes habiles, qui n'ont aucun intérêt à les falsifier, et qui, montant en grades et en appointements, sont pleins d'émulation pour bien remplir leurs devoirs.[17]

On pourrait imiter chez nous Pierre-le-Grand, et étendre non-seulement à tout le royaume l'ordre qu'il a établi dans ses troupes, à l'égard des médecins et des apothicaires, ce qui rapporterait un revenu considérable à l'état; mais l'établir encore parmi les gens de loi. Il serait à souhaiter que les procureurs, les avocats et les juges fussent payés par l'état et répartis dans tout le royaume, non pas pour plaider les procès, mais pour les appointer. On pourrait étendre ces consonnances à toutes les conditions qui vivent du malheur public : alors tous les citoyens trouvant leur repos et leur fortune dans le bonheur de l'état, contribueraient de toutes leurs forces à le maintenir.

Ces causes et beaucoup d'autres, divisent parmi nous toutes les classes de la nation. Il n'y a point de province, de ville et de village, qui ne distingue la province, la ville et le village qui l'avoisine, par quelque injurieux sobriquet. Il en est de même d'une condition à l'autre. *Divide et impera*, disent nos politiques modernes. Cette maxime a perdu l'Italie, d'où elle est venue. La maxime contraire est bien plus véritable. Plus les citoyens ont d'ensemble, plus la nation qu'ils composent est puissante et heureuse. A Rome, à Sparte, à Athènes, un citoyen était à-la-fois avocat, sénateur, pontife, édile, agriculteur, homme de guerre, et même homme de mer. Voyez à quel degré de puissance ces républiques sont parvenues ! Leurs citoyens étaient cependant bien inférieurs à nous du côté des lumières ; mais on leur apprenait deux grandes sciences que nous ignorons : à aimer les dieux et la patrie. Avec ces sentiments sublimes, ils étaient propres à tout. Quand on ne les a pas, on n'est propre à rien. Malgré nos connaissances encyclopédiques, un grand homme parmi nous ne serait, même en talents, que le quart d'un Grec ou d'un Romain. Il se distinguerait beaucoup pour son corps, mais peu pour la patrie. C'est notre mauvaise constitution politique qui produit dans l'état tant de centres différents. Il a été un temps où nous parlions d'être républicains. Certes, si nous n'avions pas un roi, nous vivrions dans une perpétuelle discorde. Combien de rois même ne nous faisons-nous pas, sous un seul et légitime monarque ! Chaque corps a le sien, qui n'est pas celui de la nation. Que de projets se font et se défont au nom du roi ! Le roi des eaux et forêts s'oppose au roi des ponts et chaussées. Le roi des colonies fait des projets, celui des finances ne veut point donner d'argent. Parmi tous ces conflits de la même autorité, rien ne s'exécute. Le véritable roi, le roi du peuple n'est point servi. Le même esprit de division règne dans la religion des Européens. Que de maux se sont faits par eux au nom de Dieu ! Tous reconnaissent bien au fond le même Dieu qui a créé le ciel, la terre et les hommes; mais chaque royaume a le sien qu'il faut honorer suivant certain rite. C'est ce Dieu-là que chaque nation particulière remercie à chaque bataille. C'est au nom de celui-là qu'on a détruit les pauvres Américains. Le Dieu de l'Europe est un Dieu bien terrible et bien honoré. Mais où sont les autels du Dieu de la paix, du Père des hommes, de celui qu'annonce l'Évangile ? Que nos politiques modernes s'applaudissent des fruits de ces divisions et de nos éducations ambitieuses. La vie humaine, si courte et si misérable, se passe dans ces troubles perpétuels; et pendant que les historiens de chaque nation, bien payés, élèvent au ciel les victoires de leurs rois et de leurs pontifes, les peuples s'adressent, en pleurant, au Dieu du genre humain, et lui demandent où est la voie qu'ils doivent suivre pour se diriger vers lui, et pour vivre heureux et vertueux sur la terre.

Je le répète, la cause de nos maux vient de notre éducation pleine de vanité, et du malheur du peuple, qui donne une grande influence à toutes les opinions nouvelles, parce qu'il attend toujours de la nouveauté, quelque soulagement à l'ancienneté de ses maux. Mais lorsqu'il s'aperçoit que ces opinions deviennent tyranniques à leur tour, il les abandonne aussitôt ; et voilà l'origine de son inconstance. Lorsqu'il trouvera facilement et abondamment à vivre, il ne sera point sujet à ces vicissitudes, comme nous l'avons vu par l'exemple des Hollandais, qui vendent et impriment les disputes théologiques, politiques et littéraires de toute l'Europe, sans qu'elles influent en rien sur leurs opinions civiles et religieuses ; et lorsque l'éducation publique sera réformée, il jouira de l'heureuse et constante tranquillité des peuples de l'Asie.

En attendant que nous hasardions quelque idée à ce sujet, nous allons proposer encore quelques moyens de réunion. Je serai suffisamment payé de mes recherches, s'il s'en trouve une seule qui soit adoptée.

DE PARIS.

Nous avons déjà observé que peu de Français aiment le lieu de leur naissance. La plupart de ceux qui font fortune dans les pays étrangers, viennent demeurer à Paris. Au fond, ce n'est pas un mal pour l'état. Moins ils sont attachés à leur pays, plus il est aisé de les fixer à Paris. Il faut dans un grand peuple un seul point de réunion. Tous les peuples fameux par leur patriotisme, en ont fixé le centre à leur capitale, et souvent à quelque monument de cette même capitale ; les Juifs, à Jérusalem et à son temple ; les Romains, à Rome et au Capitole; les Lacédémoniens, à Sparte et à ses citoyens.

J'aime Paris; après la campagne, et une campagne à ma guise, je préfère Paris à tout ce que j'ai vu dans le monde. J'aime cette ville, non-seulement par son heureuse situation, parce que toutes les commodités de la vie y sont rassemblées, parce qu'elle est le centre de toutes les puissances du royaume, et par les autres raisons qui la faisaient chérir de Michel Montaigne; mais parce qu'elle est l'asyle et le refuge des malheureux. C'est là que les ambitions, les préjugés, les haines et les tyrannies des provinces, viennent se perdre et s'anéantir. Là, il est permis de vivre obscur et libre. Là, il est permis d'être pauvre, sans être méprisé. L'homme affligé y est distrait par la gaieté publique, et le faible s'y sent fortifié des forces de la multitude. Il a été un temps où, sur la foi de nos écrivains politiques, je trouvais cette ville trop grande. Mais il s'en faut beaucoup que je la trouve assez étendue et assez majestueuse pour être la capitale d'un aussi florissant royaume. Je voudrais que, nos ports de mer exceptés, il n'y eût pas d'autre ville en France; que nos provinces ne fussent couvertes que de hameaux et de villages à petite culture; et que comme il n'y a qu'un centre dans le royaume, il n'y eût aussi qu'une capitale. Plût à Dieu qu'elle le fût de l'Europe entière et de toute la terre; et que, comme des hommes de toutes les nations y apportent leur industrie, leurs passions, leurs besoins et leurs malheurs, elle leur rendît en fortune, en jouissances, en vertus et en consolations sublimes, la récompense de l'asyle qu'ils y viennent chercher !

Certes notre esprit, éclairé aujourd'hui de tant de lumières, n'a point autant de grandeur que celui de nos ancêtres. Au milieu de leurs mœurs simples et gothiques, ils pensaient, je crois, à en faire la capitale de l'Europe. Voyez les traces de ce projet, aux noms que portent la plupart de leurs établissements : collége des Écossais, des Irlandais, des Quatre-Nations; et aux noms étrangers des compagnies de la gendarmerie. Voyez ce grand monument de Notre-Dame, bâti il y a plus de six cents ans, dans un temps où Paris n'avait pas la quatrième partie des habitants qui y sont aujourd'hui; il est plus vaste et plus majestueux que tous ceux de ce genre, qu'on y a élevés depuis. Je voudrais que cet esprit de Philippe-Auguste, prince trop peu connu dans notre siècle frivole, présidât encore à ses établissements, et en étendît l'usage à toutes les nations. Ce n'est pas que les hommes de tous les pays n'y soient bienvenus, pour leur argent; nos ennemis mêmes peuvent y vivre tranquillement au milieu de la guerre, pourvu qu'ils soient riches; mais avant tout, je la voudrais rendre bonne et heureuse pour ses propres enfants. Je ne sache pas qu'il serve en rien à un Français d'être né dans ses murs, si ce n'est, quand il est pauvre, de pouvoir mourir dans quelqu'un de ses hôpitaux. Rome donnait bien d'autres privilèges à ses citoyens; le plus malheureux d'entre eux y jouissait de plus de droits et d'honneurs, que les rois mêmes alliés de la république.

Ce sont les plaisirs qui attirent la plupart des étrangers à Paris; et ces vains plaisirs, si nous en examinons la source, viennent de la misère du peuple, et du bon marché auquel s'y donnent les filles du monde, les spectacles, les ouvrages de mode, et les autres productions du luxe. Ces moyens ont été bien vantés par nos politiques modernes. Je ne disconviens pas qu'ils n'attirent beaucoup d'argent dans un pays; mais, à la longue, les peuples voisins les imitent; l'argent des étrangers s'en va, et leurs mauvaises mœurs restent. Voyez ce qu'est devenue Venise, avec ses glacés, ses pommades, ses courtisanes, ses mascarades et son carnaval. Les arts frivoles, dont nous nous glorifions, ont été enlevés à l'Italie, et ils font aujourd'hui sa faiblesse et son malheur.

Le plus beau spectacle qu'un gouvernement puisse offrir, est celui d'un peuple laborieux, industrieux et content. On nous apprend à lire dans des livres, dans des tableaux, dans l'algèbre, dans le blason, et point dans les hommes. Des amateurs admirent une tête de Savoyard, peinte par Greuze ; mais le Savoyard lui-même est au coin de la rue, parlant, marchant, à moitié gelé de froid, et personne ne le regarde. Cette mère de famille, avec ses petits enfants, forme un groupe charmant ; le tableau en est impayable : l'original est dans le grenier voisin, et n'a pas un sou pour vivre. Philosophes ! vous êtes ravis, avec raison, en contemplant les nombreuses familles d'oiseaux, de poissons et de quadrupèdes dont les instincts sont si variés, et auxquelles un même soleil donne la vie. Examinez les familles d'hommes qui composent les habitants de la capitale, et vous diriez que chacune d'elles a emprunté ses mœurs et son industrie de quelque espèce d'animal, tant leurs occupations sont différentes. Considérez dans ces plaines, à l'entrée de la ville, cet officier général, monté sur un superbe coursier ; il commande un exercice : voyez les têtes, les épaules et les pieds de ses soldats posés sur la même ligne ; ils n'ont, tous ensemble, qu'un regard et qu'un mouvement. Il fait un signe, et à l'instant mille baïonnettes se hérissent ; il en fait un autre, et mille feux sortent de ce rempart de fer. Vous croiriez, à leur précision, qu'un seul feu est sorti d'une seule arme. Il galope autour de ces régiments couverts de fumée, au bruit des tambours et des fifres, et vous diriez de l'aigle de Jupiter, qui porte la foudre, et qui plane autour de l'Etna. A cent pas de là est un insecte parmi les hommes. Regardez ce petit ramoneur, de couleur de fumée, avec sa lanterne, sa vielle et ses genouillères de cuir; il ressemble à un scarabée. Comme celui qui s'appelle, à Surinam, le porte-lanterne, il luit dans la nuit, et fait entendre le son d'une vielle. Cet enfant, ces soldats et ce général sont les mêmes hommes; et pendant que la naissance, l'orgueil et les besoins établissent entre eux des différences infinies, la religion les met de niveau : elle abaisse la tête des grands, en leur montrant la vanité de leur puissance, et elle relève celle des infortunés, en leur présentant des espérances immortelles : elle ramène ainsi tous les hommes à l'égalité où la nature les avait fait naître, et que la société avait rompue.

Nos Sybarites croient avoir épuisé toutes les manières de jouir. Nos tristes vieillards se regardent comme inutiles au monde; ils ne voient plus devant eux d'autre perspective que la mort. Ah! le paradis et la vie sont encore sur la terre, pour qui peut y faire du bien.

Si j'avais été tant soit peu riche, j'aurais voulu me donner mille jouissances nouvelles : Paris serait devenu pour moi une autre Memphis. Son peuple immense nous est inconnu. J'aurais eu une petite chambre dans un de ses faubourgs, sur les carrières; une autre à l'extrémité opposée, sur les bords de la Seine, dans une maison ombragée de saules et de peupliers; une autre dans une de ses rues les plus fréquentées; une quatrième chez un jardinier, dans une maison entourée d'abricotiers, de figuiers, de choux et de laitues; une cinquième dans les avenues de la ville, chez un vigneron, etc.

Il est, sans doute, facile de trouver par-tout des logements de cette espèce à bon compte; mais il n'est pas si aisé d'y trouver des hôtes et des voisins qui soient des honnêtes gens. Il y a beaucoup de corruption dans le petit peuple; mais il y a plusieurs moyens d'y reconnaître les gens de bien : c'est par eux que je commence les recherches de mes plaisirs. Nouveau Diogène, je m'en vais à la quête des hommes. Comme je ne cherche que des malheureux, je n'ai pas besoin de lanterne. Je me lève au petit point du jour, et je vais à une première messe, dans une église encore à demi obscure; j'y trouve de pauvres ouvriers, qui viennent prier Dieu de bénir leur journée. La piété, sans respect humain, est une preuve assurée de probité : l'amour du travail en est une autre. J'aperçois, par un temps de pluie et de froidure, une famille entière couchée sur la terre et sarclant les herbes d'un jardin [18] : voilà encore des gens de bien. La nuit même ne peut celer la vertu. Vers le minuit, la lueur d'une lampe m'annonce, par les lucarnes d'un grenier, quelque pauvre veuve qui prolonge ses veilles, afin d'élever, par son travail, ses petits enfants qui dorment auprès d'elle. Ce seront là mes voisins et mes hôtes. Je m'annonce auprès d'eux comme un passant, comme un étranger qui cherche un pied-à-terre dans le quartier. Je les prie de me céder une portion de leur logement, ou de m'en trouver un dans leur voisinage. J'offre un bon prix, et m'y voilà installé.

Je me garde bien, pour m'attacher ces honnêtes gens, de leur donner de l'argent et de leur faire l'aumône ; j'ai des moyens plus honnêtes de gagner leur amitié. Je les charge de me faire des provisions superflues, dont ils profitent ; je donne des récompenses à leurs enfants, pour de petits services qu'ils m'ont rendus ; je mène, un jour de fête, toute la famille à la campagne, dîner sur l'herbe ; le père et la mère retournent le soir à la ville, bien restaurés, et chargés de vivres pour le reste de la semaine. A l'entrée de l'hiver, je couvre leurs enfants d'étoffes de laine ; et leurs petits membres réchauffés me bénissent, parce que mes bienfaits superbes n'ont point glacé leur cœur. C'est le parrain de leur petit frère qui leur a fait présent de leurs habits. Moins on étreint les liens de la reconnaissance, plus ils se resserrent.

Je n'ai pas seulement le plaisir de faire du bien, et de le faire à propos ; j'ai encore celui de m'amuser et de m'instruire. Nous admirons dans nos livres les travaux des artisans, mais nos livres nous enlèvent la moitié de notre plaisir et de la reconnaissance que nous leur devons. Ils nous séparent du peuple, et ils nous trompent en nous montrant les arts avec un grand appareil et de fausses lumières, comme des sujets de théâtre et de lanterne magique. D'ailleurs, il y a plus de savoir dans la tête d'un artisan que dans son art, et plus d'intelligence dans ses mains, que dans le langage de l'écrivain qui le traduit. Les objets portent avec eux leur expression : *Rem verba sequuntur*. L'homme du peuple a de plus une manière d'observer et de sentir qui n'est pas indifférente. Tandis que le philosophe s'élève tant qu'il peut dans les nues, il se tient lui au fond de la vallée, et il voit bien d'autres perspectives dans le monde. Le malheur le forme à la longue tout comme un autre. Son langage s'épure avec les années; et j'ai remarqué souvent qu'il y avait fort peu de différence en justesse, en clarté et en simplicité, des expressions d'un vieux paysan à celles d'un vieux courtisan. Le temps efface de leurs langages et de leurs mœurs, la rusticité et la finesse que la société y avait introduites. La vieillesse, comme l'enfance, met tous les hommes de niveau, et les rend à la nature.

Dans un de mes campements, j'ai un hôte qui a fait le tour du monde. Il a été matelot, soldat, flibustier. Il est circonspect comme Ulysse, mais il est plus sincère. Quand je le fais asseoir à table avec moi, et qu'il a goûté de mon vin, il me raconte ses aventures. Il sait une multitude d'anecdotes. Combien de fois n'a-t-il pas manqué sa fortune ! C'est un autre Fernand Mendès Pinto. Enfin, il a une bonne femme, et il vit content.

Dans un autre logement, j'ai un hôte dont la vie a été toute différente ; il n'est presque jamais sorti de Paris, et bien rarement de sa boutique. Quoiqu'il n'ait pas couru le monde, il n'en a pas été moins misérable. Il était fort à son aise ; il avait amassé de son travail cinquante doubles louis, lorsqu'une nuit sa femme et sa fille s'en allèrent avec son trésor. Il en a pensé mourir de chagrin. Il n'y pense plus, dit-il ; et il pleure encore en m'en parlant. Je le calme par de bonnes paroles ; je lui donne de l'occupation ; il cherche à dissiper son chagrin par le travail. Son industrie m'amuse ; je passe quelquefois des heures entières à le voir forer et tourner des pièces de chêne dures comme l'ivoire.

Je m'arrête quelquefois au milieu de la ville, devant la boutique d'un maréchal ; me voilà comme le Lacédémonien Lichès à Tégée, regardant forger et battre le fer. Dès que cet homme me verra attentif à son ouvrage, j'aurai bientôt sa confiance. Je ne cherche pas, comme Lichès, le

tombeau d'Oreste*; mais j'ai besoin de l'art d'un maréchal : si ce n'est pour moi, c'est pour d'autres. Je commande à celui-ci quelques pièces solides de ménage, dont je veux faire un monument pour conserver ma mémoire dans quelque pauvre famille. Je veux encore m'acquérir l'amitié d'un ouvrier; je suis bien sûr que l'attention que je donne à son travail, l'engagera à y mettre tout son savoir-faire. Je ferai ainsi d'une pierre deux coups. Un riche, en pareil cas, ferait l'aumône, et n'obligerait personne. « Un jour, me disait à ce sujet
» J. J. Rousseau, je me trouvai à une fête de vil-
» lage, dans un château aux environs de Paris.
» Après dîner, la compagnie fut se promener à la
» foire, et s'amusa à jeter aux paysans des pièces
» de monnaie, pour le plaisir de les voir se bat-
» tre en les ramassant. Pour moi, suivant mon
» humeur solitaire, je m'en fus promener tout
» seul de mon côté. J'aperçus une petite fille qui
» vendait des pommes sur un éventaire qu'elle
» portait devant elle. Elle avait beau vanter sa
» marchandise, elle ne trouvait plus de chalands.
» Combien toutes vos pommes, lui dis-je ? —
» Toutes mes pommes ? reprit-elle; et la voilà
» en même temps à calculer en elle-même. —
» Six sous, monsieur, me dit-elle. — Je les prends,
» lui dis-je, pour ce prix, à condition que vous

---

* Voyez Hérodote, liv. I.

» les irez distribuer à ces petits Savoyards que
» vous voyez là-bas ; ce qu'elle fit aussitôt. Ces
» enfants furent au comble de la joie de se voir
» régalés, ainsi que la petite fille de s'être défaite
» de sa marchandise. Je leur aurais fait beau-
» coup moins de plaisir, si je leur avais donné
» de l'argent. Tout le monde fut content, et per-
» sonne ne fut humilié. » C'est un grand art de
bien faire le bien. La religion nous en apprend
le secret, en nous ordonnant de faire à autrui
ce que nous voudrions qu'on nous fît.

Je m'en vais quelquefois sur le grand chemin,
faire, comme les anciens patriarches, les honneurs de la ville aux étrangers qui y arrivent.
Je me rappelle le temps où j'ai été moi-même
voyageur hors de mon pays, et la bonne réception que j'ai éprouvée chez des étrangers.
J'ai entendu plusieurs fois des seigneurs de Pologne et d'Allemagne, se plaindre de nos grands ;
ils disent qu'ils les reçoivent dans leur pays en
leur donnant beaucoup de fêtes, et que, quand
ils viennent en France à leur tour, ils en sont
tout-à-fait négligés. Ils en reçoivent un dîner à
leur arrivée, et un autre à leur départ : voilà
à quoi se termine leur hospitalité. Pour moi,
qui ne peux pas leur rendre le bon accueil qu'ils
m'ont fait, je m'acquitte envers leur peuple. J'a-
perçois un Allemand qui chemine à pied ; je l'engage à venir se reposer chez moi. Un bon souper

et de bon vin le disposent à me raconter le sujet de son voyage. Il est officier; il a servi en Prusse et en Russie; il a vu le partage de la Pologne. Je l'interromps pour lui demander des nouvelles du maréchal Munich, des généraux de Villebois et Du Bosquet, du comte de Munchio, de mon ami M. de Taubenheim, du prince Czartorinski, ancien maréchal de la confédération de Pologne, dont j'ai été le prisonnier. La plupart sont morts, me dit-il; les autres ont vieilli et se sont retirés des affaires. Oh! qu'il est triste, m'écriai-je, de voyager hors de son pays, et d'y connaître des hommes estimables qu'on ne doit revoir jamais! Oh! que la vie est une carrière rapide! Heureux qui peut l'employer à faire du bien! Mon hôte me raconte une partie de ses aventures; j'y prête la plus grande attention, par leur ressemblance avec les miennes. Il n'a cherché qu'à bien mériter des hommes, et il en a été calomnié et persécuté. Il est malheureux; il vient se mettre en France sous la protection de la reine; il espère beaucoup de ses bontés. Je fortifie ses espérances par l'idée que l'opinion publique m'a donnée du caractère de cette princesse, et par celui que la nature a imprimé dans ses traits. Je rouvre, me dit-il, son cœur à la consolation. Plein d'émotion, il me serre la main. Ma réception lui est d'un favorable augure; il n'en eût pas trouvé une semblable dans son propre pays. Oh! que de douleurs profondes peuvent être calmées par une simple parole, et par une faible marque de bienveillance!

Je me souviens qu'un jour je trouvai, vers la grille de Chaillot, à l'entrée des Champs-Elysées, une jeune femme assise avec un enfant sur ses genoux, sur le bord d'un fossé. Elle était jolie, si on peut donner ce nom à une femme accablée de mélancolie. Je passai dans l'allée écartée où elle était, et dès qu'elle m'eut aperçu, elle détourna les yeux de moi; sa timidité et sa modestie fixèrent les miens sur elle. Je remarquai qu'elle était vêtue fort décemment et en linge très-blanc; mais sa robe et son fichu étaient si remplis de rentraitures, qu'on eût dit que des araignées en avaient filé les toiles. Je m'approchai d'elle avec le respect qu'on doit aux malheureux; je la saluai d'abord, et elle me rendit mon salut avec honnêteté, mais avec froideur. Je tâchai ensuite de lier conversation, en lui parlant de la pluie et du beau temps : elle ne me répondit que par des monosyllabes. Enfin, m'étant avisé de lui demander si elle venait de se promener à la campagne, elle se mit à sangloter et à pleurer sans me dire un mot. Je m'assis auprès d'elle, et j'insistai, avec toute la circonspection possible, pour savoir le sujet de ses peines. Elle me dit : « Monsieur, mon mari

» vient d'essuyer à Paris une banqueroute de
» cinq mille livres ; je viens de le reconduire jus-
» qu'à Neuilly ; il est allé à pied à soixante lieues
» d'ici, chercher quelque peu d'argent qu'on
» nous doit. Je lui ai donné mes bagues et tout
» celui que j'avais pour faire son voyage ; il ne
» me reste plus que vingt-quatre sous pour me
» nourrir moi et mon enfant. — De quelle pa-
» roisse êtes-vous, lui dis-je, madame ? — De
» Saint-Eustache, reprit-elle. — Le curé, lui re-
» partis-je, passe pour être fort charitable. —
» Oui, monsieur, me dit-elle ; mais apprenez
» qu'il n'y a pas de charité dans les paroisses
» pour nous autres misérables Juifs. » A ces
mots elle redoubla ses larmes, et se leva pour
continuer sa route. Je lui offris un bien faible
secours, que je la suppliai de recevoir au moins
comme une marque de ma bonne volonté. Elle
l'accepta, et elle me fit plus de révérences, de re-
merciements, et me combla de plus de bénédictions
que si j'avais rétabli sa fortune. Que de jouissances
délicieuses aurait un homme qui dépenserait ainsi
dix mille livres de rente !

Mes différents établissements dispersés dans
la capitale et dans ses environs, répandent beaucoup de variété et d'agrément sur ma vie. L'hiver, je me loge dans celui qui est exposé au
plein soleil du midi ; l'été, j'occupe celui qui
est au nord sur le bord de l'eau ; je suis une

autre fois campé dans les environs de la rue d'Artois, parmi les pierres de taille, voyant s'élever autour de moi des palais, des frontons avec des sphinx, des dômes, des kiosques. Je me garde bien de m'informer quels en sont les maîtres. L'ignorance est la mère du plaisir et de l'admiration. Je suis en Egypte, à Babylone, à la Chine. Aujourd'hui je soupe sous un acacia, et je suis en Amérique : demain je dînerai au milieu des jardins potagers, sous une treille et à l'ombre des lilas ; je serai en France.

Mais, dira-t-on, n'y a-t-il rien à craindre dans ce genre de vie ? Puissé-je trouver le terme de mes jours dans l'exercice de la vertu ! J'ai bien ouï dire que des gens ont péri dans des parties de chasse et de plaisir et dans des voyages, mais jamais dans des actes de bienfaisance. L'or est pour le peuple un puissant porte-respect. Je lui paraîtrai assez riche pour lui inspirer des égards, mais pas assez pour lui donner la tentation de me voler. D'ailleurs, la police de Paris est dans le meilleur ordre. J'apporte la plus grande attention au choix de mes hôtes ; et si je m'aperçois que je me suis trompé sur leur compte, le terme de mon logement est payé d'avance, je n'y reviens plus.

Je n'ai besoin dans ce plan de vie, ni d'attirail de ménage, ni de domestiques. Avec quelle tendre inquiétude je suis attendu dans chacun de mes logements ! Quelle joie y inspire mon arrivée ! Que d'attention et de zèle dans mes hôtes pour prévenir mes besoins ! J'y jouis des plus doux biens de la société, sans en éprouver les inconvénients. Nul ne se met à ma table pour dire du mal d'autrui, et nul n'en sort pour en dire de moi. Je n'ai point d'enfants; mais ceux de mon hôtesse sont plus empressés de me plaire qu'à leurs parents. Je n'ai point de femme : le plus grand charme de l'amour est de faire le bonheur d'autrui. J'aide à faire des mariages heureux, ou à maintenir dans le bonheur ceux qui sont faits. Je charme ainsi mes propres ennuis, je donne le change à mes passions, en leur proposant sur la terre le plus noble but où elles puissent atteindre. Je me suis approché des malheureux pour les consoler, et ce seront peut-être eux qui me consoleront moi-même.

C'est ainsi que vous pourriez vivre, o grands ! et multiplier vos jours rapides sur cette terre où vous n'êtes que des voyageurs. C'est ainsi que vous apprendriez à connaître les hommes ; que vous ne formeriez plus, avec votre nation, un peuple étranger, un peuple conquérant qui vit de ses dépouilles. C'est ainsi que lorsque vous sortiriez de vos palais, entourés d'une foule de clients qui vous combleraient de bénédictions, vous nous rappelleriez le souvenir des premiers patriciens, si chers aux Romains. Vous cherchez tous les jours quelque spectacle nouveau : il n'y en a point de plus nouveau que le bonheur des hommes. Vous en voulez d'intéressants : il n'y en a point de plus intéressant que celui de voir des familles de pauvres paysans répandre la fécon--dité dans vos vastes et solitaires domaines, ou de vieux soldats qui ont bien mérité de la patrie y trouver d'heureux asyles. Vos compatriotes valent encore mieux que des héros de tragédie, et que des bergers d'opéra-comique.

L'indigence du peuple est la cause première des maladies physiques et morales des riches. C'est à l'administration à y pourvoir. Quant aux maux de l'ame, qui en résultent, je désirerais bien y trouver quelques palliatifs. Pour cet effet, je souhaiterais qu'il se formât à Paris quelque établissement semblable à ceux que de charitables médecins et de sages jurisconsultes y ont formés pour remédier aux maux du corps et de la fortune; je veux dire, des conseils de consolation, où un infortuné, sûr du secret, et même de l'*incognito*, pût porter le sujet de ses peines. Nous avons, à la vérité, des confesseurs et des prédicateurs, à qui la sublime fonction de consoler les malheureux semble réservée; mais les confesseurs ne sont pas toujours à la disposition de leurs pénitents, sur-tout quand ceux-ci sont pauvres, et qu'ils ne leur sont pas connus. Il y a même beaucoup de confesseurs qui n'ont ni les talents ni l'expérience nécessaires pour consoler les malheureux. Il ne s'agit pas d'absoudre un homme qui s'accuse de ses péchés, mais de lui aider à supporter ceux d'autrui qui lui pèsent bien davantage. Quant aux prédicateurs, leurs sermons sont ordinairement trop vagues et trop mal appliqués aux différents besoins de leur auditoire. Il vaudrait bien mieux qu'ils en annonçassent les sujets au public, que les titres de leurs dignités. Ils déclameront contre l'avarice, à un prodigue; ou contre la prodigalité, à un avare. Ils parleront des dangers de l'ambition, à un jeune homme amoureux et oisif; et de ceux de l'amour, à une vieille dévote. Ils insisteront sur le précepte de faire l'aumône, à ceux qui la reçoivent; et sur l'humilité, à un porteur d'eau. Il y en a qui prêchent la pénitence à des infortunés, qui promettent le paradis à des cours voluptueuses, et qui menacent de l'enfer de pauvres villages. J'ai vu à la campagne une misérable paysanne devenue folle, par l'un de ces sermons. Elle se croyait damnée, et restait toujours couchée sans parler et sans remuer. On ne prêche point contre l'ennui, la tristesse, les scrupules, la mélancolie, le chagrin, et tant d'autres maladies qui affectent l'ame. D'ailleurs, que de circonstances changent, pour chaque auditeur, la nature de la peine qu'il éprouve, et rendent inutile pour lui tout l'échafaudage d'un beau discours! Il n'est pas aisé de trouver dans une ame navrée et timide le point précis de sa douleur, et de mettre sur sa blessure le baume et la main du Samaritain. C'est un art qui n'est connu que des ames sensibles qui ont elles-mêmes beaucoup souffert, et qui n'est pas toujours le partage de celles qui ne sont que vertueuses.

Le peuple sent ce besoin de consolation; et ne trouvant point d'homme à qui il puisse en demander, il s'adresse à des pierres. J'ai lu quelquefois, avec attendrissement, dans nos églises, des billets affichés par des malheureux, au coin de quelques piliers, dans une chapelle obscure. C'étaient des femmes maltraitées de leurs maris, des jeunes gens dans l'embarras; ils ne demandaient point d'argent, ils désiraient des prières. Ils étaient près de tomber dans le désespoir. Leurs peines étaient inénarrables. Ah! si des hommes qui ont la science de la douleur se réunissaient de tous les états, et présentaient aux malheureux leur expérience et leur sensibilité, plus d'un illustre infortuné viendrait chercher auprès d'eux des consolations que les prédicateurs, les livres et toute la philosophie du monde ne sauraient donner. Souvent, pour soulager les peines de l'homme du peuple, il lui suffirait de trouver à qui s'en plaindre.

Une société formée d'hommes tels que je me les imagine, s'occuperait du soin de déraciner les vices et les préjugés du peuple. Elle tâcherait, par exemple, d'apporter quelque remède à la barbarie avec laquelle il surcharge ses misérables chevaux, et les maltraite, en faisant retentir la ville de jurements horribles. Elle engagerait aussi les riches à avoir pitié des hommes à leur tour. Vous voyez, dans les grandes chaleurs, des tailleurs de pierres exposés au plein soleil, et à la réverbération brûlante de leurs pierres blanches. Ces pauvres gens y attrapent souvent des fièvres ardentes, et des maux d'yeux qui les rendent aveugles. D'autres fois, ils essuient de longues pluies d'hiver, ou de rudes froids, qui leur causent des fluxions de poitrine. En coûterait-il beaucoup à un entrepreneur qui a de l'humanité, d'établir sur ses ateliers quelque toit volant de natte ou de paille, porté sur des piquets, pour mettre ses ouvriers à l'abri ? On leur sauverait à-la-fois, par ces précautions, plusieurs maladies du corps et de l'esprit ; car la plupart d'entre eux, comme je l'ai vu, se piquent, à cet égard, d'un faux point d'honneur, et n'osent chercher des abris contre les ardeurs du soleil ou contre le mauvais temps, de peur que leurs compagnons ne se moquent d'eux.

On peut encore faire goûter la morale au peuple, sans y ajouter beaucoup d'apprêt. Le déguisement même lui rend la vérité suspecte. J'ai vu plusieurs fois de simples ouvriers verser des larmes à la lecture de nos meilleurs romans, ou à la représentation de quelques tragédies. Ils demandaient ensuite si le sujet qui les avait fait pleurer, était bien vrai ; et quand on leur répondait qu'il était imaginé, ils n'en faisaient plus de compte ; ils étaient fâchés de s'être attendris en vain. Il faut des fables aux riches pour leur faire goûter la morale, et la morale ne peut faire goûter la fable au pauvre, parce que le pauvre attend encore son bonheur. de la vérité, et que le riche ne l'espère plus que de l'illusion.

Les riches cependant n'ont pas moins besoin que le peuple, d'affections morales. Elles sont, comme nous l'avons vu, les mobiles de toutes les passions humaines. Ils ont beau rapporter le plan de leur bonheur à des objets physiques ; ils sont bientôt dégoûtés de leurs châteaux, de leurs tableaux et de leurs parcs, quand, au lieu de sentiments, ils n'en éprouvent plus que des sensations. Cela est si vrai, que si au milieu de leur ennui, un étranger vient admirer leur luxe, toutes leurs jouissances sont renouvelées. Ils semblent avoir consacré leur vie à une volupté obscure ; mais présentez-leur un rayon de gloire, au sein même de la mort, ils vont y voler. Offrez-leur des régiments, ils courent à l'immortalité. C'est donc le sentiment moral qu'il faut épurer et diriger dans les hommes. Ce n'est donc pas en vain que la religion nous ordonne la vertu, qui est le sentiment moral par excellence, puisqu'il est la route de notre bonheur dans ce monde et dans l'autre.

Cette société porterait encore ses attentions jusque dans les asyles mêmes de la vertu. J'ai remarqué qu'il se fait, vers l'âge de quarante-cinq ans, une grande révolution dans la plupart des hommes, et pour dire la vérité, que c'est alors qu'ils s'empirent et deviennent sans principes. C'est alors que les femmes se font hommes, suivant l'expression d'un écrivain célèbre, c'est-à-dire, qu'elles se dépravent tout-à-fait. Cette révolution fatale est une suite des vices de notre éducation et de notre société. L'une et l'autre ne nous présentent le bonheur de l'homme, que vers le milieu de la vie, dans la fortune et les honneurs. Quand nous avons gravi cette pénible montagne, et que nous sommes parvenus au sommet, vers le milieu de notre âge, nous la redescendons les yeux tournés vers la jeunesse, parce que nous n'avons plus devant nous d'autre perspective que la mort. Ainsi la carrière de notre vie se trouve partagée en deux parties, l'une en espérances, l'autre en ressouvenirs; et nous n'avons saisi, dans notre route, que des illusions. Les premières, au moins, nous soutiennent en nous donnant des désirs; mais les autres nous accablent en ne nous laissant que des regrets. Voilà pourquoi nos vieillards sont bien moins susceptibles de vertu que nos jeunes gens, quoiqu'ils en parlent beaucoup plus, et qu'ils sont bien plus tristes parmi nous que chez les peuples sauvages. S'ils avaient été dirigés par la religion et par la nature, ils devraient se réjouir des approches de leur fin, comme des vaisseaux qui sont près d'aborder au port. Combien plus malheureux sont ceux qui, ayant donné leur jeunesse à la vertu, séduits par cette voix trompeuse du monde, regardent en arrière, et regrettent les plaisirs de la jeunesse qu'ils n'ont pas connus! Le vain éclat qui environne les méchants, les éblouit; ils sentent leur foi s'ébranler, et ils sont prêts à s'écrier, comme Brutus : « O vertu! tu n'es » qu'un vain nom. » Où trouvera-t-on les livres et les prédicateurs qui les raffermissent dans ces orages, qui ont troublé même les saints ? Ils blessent l'ame de plaies secrètes et d'ulcères rongeurs que l'on n'ose découvrir. Il n'y a que des hommes vertueux et éprouvés par toutes les combinaisons du malheur, qui puissent venir à leur secours, et qui, au défaut des vains arguments de la raison, les rappellent au sentiment de la vertu, au moins par celui de leur amitié.

Il me semble qu'il y a, à la Chine, un établissement semblable à celui que je propose. Du moins quelques voyageurs, et entre autres, Fernand Mendès Pinto, parlent d'une maison de la Miséricorde, qui plaide les causes des pauvres et des opprimés, et qui va, dans une infinité de circonstances, au-devant des besoins des malheureux, bien plus loin que nos dames de charité. L'empire a accordé les plus nobles priviléges à ses membres, et les tribunaux de justice ont la plus grande déférence pour leurs requêtes. Une pareille société, occupée à bien agir, mériterait au moins, parmi nous, autant de prérogatives que celles qui n'ont d'autre souci que celui de bien parler; et en mettant en évidence les vertus de nos citoyens obscurs, elle mériterait de la patrie autant, pour le moins, que celles qui ne l'entretiennent que des sentences des sages, et souvent des forfaits brillants de l'antiquité.

Il faudrait bien se garder de donner à cette association, la forme d'une académie ou d'une confrérie. Graces à notre éducation et à nos mœurs, tout ce qui forme parmi nous, corps, congrégation, secte, parti, est communément ambitieux et intolérant. Si les hommes qui les composent, s'approchent d'une lumière qu'ils n'ont pas allumée, c'est pour l'éteindre; de la vertu d'autrui, c'est pour la flétrir. Ce n'est pas que la plupart des membres de ces corps, n'aient en particulier d'excellentes qualités; mais leur ensemble ne vaut rien, par cela seul qu'il leur présente des centres différents du centre commun de la patrie. Qu'est-ce qui a rendu le mot si doux d'humanité, théâtral et vain? Quel sens attache-t-on aujourd'hui à celui de charité, dont le nom grec χάρις signifie attrait, grace, amour ? Y a-t-il rien de plus humiliant que nos charités de paroisse, et que l'humanité de nos philosophes ?

Je laisse ce projet à développer à quelque homme de bien, qui aime Dieu et les hommes, et qui fasse les bonnes actions comme l'Évangile l'ordonne, sans que la main gauche sache ce qu'a fait la main droite. Le bien est-il donc si difficile à faire ? Prenons le contre-pied de ce que font les ambitieux et les méchants. Ils ont des espions qui leur rapportent toutes les anecdotes scandaleuses ; ayons-en pour épier les bonnes œuvres secrètes. Ils vont au-devant des hommes qui s'élèvent, pour les ranger sous leurs drapeaux où pour les abattre ; allons à la recherche des hommes vertueux qui sont dans l'oubli, pour en faire nos modèles. Ils ont des trompettes pour prôner leurs propres actions, et pour décrier celles des autres ; cachons les nôtres, et soyons les hérauts de celles d'autrui. Les vices se raffinent ; perfectionnons nos vertus.

Je sens que mes écarts me mènent loin. Mais quand je n'aurais fait naître qu'une bonne idée à quelqu'un de plus éclairé que moi ; quand je ne contribuerais qu'à empêcher un jour à venir, un homme au désespoir de s'aller noyer, ou dans une vengeance d'assommer son ennemi, ou dans la léthargie de l'ennui d'aller perdre son argent et sa santé chez des filles du monde, je n'aurai pas barbouillé du papier inutilement.

Paris offre aux malheureux beaucoup d'asyles connus sous le nom d'hôpitaux. Que Dieu récompense la charité de ceux qui les ont fondés, et les vertus encore plus grandes de ceux et de celles qui les desservent! Mais d'abord, sans adopter les exagérations du peuple, qui croit que ces maisons ont des revenus immenses, il est certain qu'une personne bien connue, et bien instruite des finances publiques, ayant entrepris d'établir un hospice pour des malades, trouva que la dépense de chacun n'y revenait qu'à dix-sept sous par jour; qu'ils étaient beaucoup mieux entretenus à ce prix et à meilleur marché, que dans les hôpitaux. Pour moi, je pense que ces mêmes dix-sept sous, distribués chaque jour dans la maison d'un pauvre malade, produiraient encore une plus grande économie, en faisant vivre sa femme et ses enfants. Un malade du peuple n'a guère besoin que de bon bouillon; sa famille profiterait de la viande qui servirait à le faire. Mais les hôpitaux sont sujets à bien d'autres inconvénients. Il s'y forme des maladies d'un caractère particulier, souvent plus dangereuses que celles que les malades y apportent. Elles sont assez connues, particulièrement celles qu'on appelle fièvres d'hôpital. Il en résulte encore de plus grands maux pour le moral. Une personne qui a de l'expérience, m'a assuré que la plupart des criminels qui finissent leurs jours au gibet ou aux galères, sortaient des hôpitaux. Ceci revient à ce que j'ai déjà dit, que tous les corps sont dépravés; mais sur-tout, un corps de gueux. Je voudrais donc que loin de rassembler les malheureux, on les défrayât chez leurs propres parents, ou qu'on les confiât à de pauvres familles qui en prendraient soin. Il faut des prisons publiques; mais je désirerais que les hommes qui y sont enfermés, fussent moins misérables. Sans doute, la justice, en les privant de la liberté, se propose non-seulement de punir leur caractère moral, mais de le réformer. L'excès de la misère et la mauvaise société ne peuvent que l'altérer de plus en plus. L'expérience prouve encore que c'est là où les méchants achèvent de se dépraver. Tel y est entré faible et coupable, qui en sort scélérat. Comme ce sujet a été traité à fond par une plume célèbre, je n'en dirai pas davantage. J'observerai seulement, qu'on ne peut réformer les hommes qu'en les rendant plus heureux. Combien d'hommes qui vivaient dans le crime en Europe, sont devenus gens de bien dans les îles de l'Amérique, où on les a fait passer! Ils y sont devenus honnêtes gens, parce qu'ils y ont trouvé plus de liberté et plus de bonheur que dans leur patrie. Il y a une autre classe d'hommes encore plus dignes de pitié, parce qu'ils sont innocents : ce sont les fous. On les enferme, et ils ne manquent guère de devenir encore plus fous qu'ils n'étaient. Je remarquerai, à cette occasion, que je ne crois pas qu'il y ait dans toute l'Asie un seul lieu où on les enferme, excepté cependant à la Chine. Les Turcs les respectent singulièrement, soit parce que Mahomet était sujet lui-même à des absences d'esprit, soit à cause de l'opinion religieuse où ils sont, que lorsqu'un fou met le pied dans une maison, la bénédiction de Dieu y entre avec lui. Ils s'empressent de lui présenter à manger, et ils lui font toutes sortes de caresses. On n'entend jamais dire qu'ils aient offensé personne. Nos fous, au contraire, sont dangereux, parce qu'ils sont misérables. Dès qu'il en paraît un dans les rues, les enfants, déjà rendus malheureux par l'éducation, et ravis de trouver un être humain sur lequel ils puissent impunément exercer leur haine, le poursuivent à coups de pierres et se plaisent à le mettre en fureur. J'observerai encore que chez les sauvages il n'y a point de fous; et je ne voudrais pas d'autre preuve que leur constitution politique les rend plus heureux que les peuples policés, puisque le dérangement de l'esprit ne vient que de l'excès des chagrins.

Parmi nous, le nombre des fous enfermés est très-grand. Il n'y a point de ville de province un peu considérable, qui n'ait une maison destinée à cet objet. Leur traitement y est certainement digne de pitié, et mériterait l'attention du gouvernement, puisque enfin, si ce ne sont plus des citoyens, ce sont encore des hommes, et des hommes innocents. Lorsque je faisais mes études à Caen, je me rappelle en avoir vu dans la tour aux fous, qui étaient renfermés dans des cachots où ils n'avaient pas vu la lumière depuis quinze ans. J'accompagnai un soir dans une de ces horribles cavernes, le bon curé de Saint-Martin, chez lequel j'étais en pension, et qui fut appelé pour administrer les derniers sacrements à un de ces malheureux qui était près d'expirer. Il fut obligé, ainsi que moi, de se boucher le nez pendant tout le temps qu'il fut auprès de lui; mais la vapeur qui s'exhalait de son fumier était si infecte, que mon habit en conserva l'odeur plus de deux mois, et même mon linge, après avoir été plusieurs fois au blanchissage. Je pourrais citer des traits qui feraient horreur sur la manière dont ces malheureux sont traités. Mais je n'en rapporterai qu'un qui est encore tout frais à ma mémoire.

Il y a quelques années que passant à l'Aigle, petite ville de Normandie, je fus me promener hors de la ville vers le coucher du soleil. J'aperçus sur une petite colline un couvent situé dans une position charmante. Un religieux qui se tenait sur la porte, m'invita à entrer pour voir la maison. Il me promena dans de vastes enclos où le premier objet que j'aperçus, fut un homme d'environ quarante ans, la tête couverte de la moitié d'un chapeau, qui s'en vint droit à moi, en me disant : « Donne-moi de ton couteau de « chasse dans le cœur ; donne-moi de ton cou- » teau de chasse dans le cœur. » Le moine qui m'accompagnait, me dit : « Monsieur, ne soyez « pas étonné ; c'est un pauvre capitaine qui a » perdu l'esprit à cause d'un passe-droit qu'on » lui a fait dans son régiment. »

« Cette maison, lui dis-je, sert donc à renfer- » mer des fous ? — Oui, me dit-il : j'en suis le » supérieur. » Il me promena d'enclos en enclos, et me conduisit dans une petite enceinte où il y avait plusieurs cellules de maçonnerie, et où nous entendions parler avec beaucoup d'action. Nous y trouvâmes un chanoine en chemise et les épaules découvertes, qui conversait avec un homme d'une belle figure, assis près d'une petite table devant une de ces cellules. Le moine s'approche du malheureux chanoine, et lui donne de toutes ses forces un coup sur l'épaule nue, en lui disant de sortir. Sur-le-champ son camarade prend la parole et dit au moine, en propres termes : « Homme de sang, vous faites un acte » bien cruel. Ne voyez-vous pas que ce pauvre » misérable a perdu la raison ? » Le moine assez interdit, se mord les lèvres et le menace des

yeux. Mais l'autre, sans s'étonner, lui dit : « Je
» suis votre victime, vous pouvez faire de moi
» ce que vous voulez. » Alors s'adressant à moi,
il me montre ses deux poignets entamés jusqu'au
vif, par des menottes de fer qui les attachaient.
« Vous voyez, monsieur, me dit-il, comme je
» suis traité ! » Je me tourne vers ce religieux,
et lui témoigne mon indignation d'un traitement
aussi cruel. Il me répond : « Oh ! je le ferai dérai-
» sonner quand je voudrai. » Cependant j'adresse
quelque parole de consolation à cet infortuné, qui
me regardant avec confiance, se mit à me dire :
« Je crois, monsieur, vous avoir vu à la Saint-
» Hubert, chez M. le maréchal de Broglie. —
» Vous vous trompez, monsieur, lui répondis-je,
» je n'ai jamais été chez M. le maréchal de Bro-
» glie. » Là-dessus le voilà cherchant à se rappeler les différents lieux où il croyait m'avoir vu,
avec des circonstances si bien détaillées et si vrai-
semblables, que le moine, piqué de ses reproches
et de son bon sens, jugea à propos d'interrompre
sa conversation en lui parlant de mariage, d'a-
chats de chevaux, etc. Dès qu'il eut touché la corde
de sa folie, il lui fit perdre la tête. Ce religieux, en
sortant, me dit que ce pauvre fou était un homme
très-bien né. J'appris, à quelque temps de là, qu'il
avait trouvé le moyen de s'enfuir de sa prison, et
que la raison lui était revenue.

On se sert beaucoup de remèdes physiques

pour guérir la folie ; et elle naît souvent d'une cause morale, puisqu'elle vient du chagrin. Ne pourrait-on pas employer, pour rendre la raison à ces malheureux, des moyens opposés à ceux qui la leur ont fait perdre, je veux dire, la joie, les plaisirs, et sur-tout ceux de la musique ? Nous voyons, par l'exemple de Saül et par beaucoup d'autres, combien la musique a de pouvoir pour rétablir l'ame dans son harmonie. Il faudrait y joindre les traitements les plus doux, et mettre ces infortunés, lorsqu'ils sont dans des crises de fureur, non pas dans les chaînes, mais dans des lieux matelassés où ils ne pourraient faire aucun mal, ni à eux, ni aux autres. Je crois qu'en prenant ces précautions humaines, on en rétablirait beaucoup, sur-tout lorsque ceux qui en seraient chargés, n'auraient aucun intérêt à perpétuer leur folie, comme il n'arrive que trop souvent aux familles qui jouissent de leurs biens, et aux maisons qui reçoivent leurs pensions. Il faudrait aussi, ce me semble, confier le soin des hommes dont l'esprit est égaré à des femmes, et celui des femmes aux hommes, à cause de la pitié mutuelle des deux sexes l'un pour l'autre.

Je ne voudrais pas qu'il y eût dans le royaume un art, ni un métier, dont les retraites et les récompenses ne fussent à Paris. Parmi les diverses classes de citoyens qui les exercent, et dont la plupart sont peu connues dans la capitale, il y en a une très-nombreuse qui ne l'est point du tout, quoiqu'elle soit fort misérable, et que ce soit celle à laquelle les riches ont le plus d'obligations : ce sont les matelots. Ce sont ces gens rudes et grossiers qui vont leur chercher des voluptés jusqu'aux extrémités de l'Asie, et qui exposent sans cesse leur vie sur nos côtes pour fournir à la délicatesse de leurs tables. Leurs conversations sont au moins aussi naïves que celles de nos paysans, et incomparablement plus intéressantes par leur manière de voir, et par la singularité des pays où ils ont voyagé. Au récit de leurs misères de toutes espèces, et des tempêtes où ils s'exposent pour vous apporter des objets de jouissances de toutes les parties de la terre, heureux du siècle, vous en aimeriez mieux votre repos! Votre bonheur augmenterait par ces contrastes.

Je ne sais si ce fut pour se procurer un plaisir semblable, ou pour donner au parc de Versailles un air de marine très-piquant, que Louis XIV établit sur le grand canal qui est en face du château, des gondoliers vénitiens. Leurs descendants y subsistent encore. Cet établissement, mieux dirigé, eût donné des retraites plus convenables à nos propres matelots. Mais ce grand roi, souvent mal conseillé, porta presque toujours le sentiment de sa gloire au dehors de son peuple. Quel contraste ces hommes à demi couverts de goudron, avec des visages battus des vents, et semblables à des veaux marins, les uns venant du Groënland, les autres des côtes de Guinée, eussent présenté au milieu des statues de marbre et des berceaux de verdure du parc de Versailles! Louis XIV eût puisé plus d'une fois parmi ces hommes francs, des vérités et des connaissances que ni les livres, ni même les officiers généraux de sa marine, ne lui ont jamais données; et, d'un autre côté, la nouveauté de leur costume, et celle de leurs réflexions sur sa propre grandeur, lui eussent préparé des spectacles plus amusants, que ceux qu'imaginaient à grands frais les beaux esprits de sa cour. D'ailleurs, quelle émulation de semblables postes n'eussent pas excitée parmi nos matelots! J'attribue une partie de la perfection de la marine des Anglais, à la simple influence de leur capitale, et à ce qu'elle est sans cesse sous les yeux de leur cour. Si Paris était comme Londres, un port de mer, que d'inventions ingénieuses perdues dans nos modes et dans nos opéras, se dirigeraient au profit de la navigation! Si on y voyait seulement des matelots comme on y voit des soldats, le goût de la marine s'y répandrait davantage. Le sort de nos matelots devenus plus intéressants à la nation et à ses chefs, s'améliorerait; et en même temps s'affaiblirait le despotisme brutal de ceux qui ne les gouvernent souvent qu'à force de jurer après eux, et de les frapper. C'est une bonne et facile politique, d'affaiblir les vices en rapprochant les hommes les uns des autres, et en les rendant plus heureux. Nos gentilshommes de province n'ont cessé de battre leurs paysans, que lorsqu'ils ont vu que ces hommes si utiles devenaient des objets intéressants dans nos livres et sur nos théâtres.

Ce n'est pas que je désire pour nos matelots un établissement semblable à celui de l'hôtel des Invalides. L'architecture de ce monument me plaît beaucoup, mais je plains le sort de ceux qui l'habitent. La plupart sont mécontents, et murmurent toujours, comme on peut s'en convaincre en conversant avec eux; je ne crois pas que ce soit avec fondement; mais l'expérience prouve que les hommes, rassemblés en corps, se dépravent tôt ou tard, et sont toujours malheureux. Il faut suivre les lois de la nature, et les réunir par familles. Je voudrais, comme font les Anglais chez eux, établir nos matelots invalides aux bacs des rivières, sur tous ces petits batelets qui traversent Paris, et les répandre le long de la Seine comme des tritons dans nos campagnes. On les verrait remonter en chaloupe et en voiles latines le cours de nos rivières, en louvoyant; et ils y introduiraient des moyens de navigation plus prompte et plus commode, qui y sont encore inconnus. Quant à ceux que l'âge ou les blessures mettraient tout-à-fait hors de service, ils seraient défrayés convenablement, dans une maison semblable à celle que les

Anglais ont établie à Greenwich, pour leurs matelots invalides. Mais, pour dire la vérité, je suis persuadé que l'état trouverait plus d'économie à leur faire des pensions, et que ces mêmes matelots seraient beaucoup mieux dans le sein de leurs familles : cela n'empêcherait pas qu'on ne bâtît, dans Paris, un monument majestueux et commode, qui servirait de retraite à ces braves gens. La capitale en fait peu de compte, parce qu'elle ne les connaît pas; mais il y a tel d'entre eux qui, en passant chez l'ennemi, est capable de faire réussir une descente dans nos colonies, et même sur nos côtes. Nos matelots désertent en aussi grand nombre que nos soldats, et leur désertion est bien plus coûteuse à l'état, parce qu'il faut plus de temps pour les former, et que leurs connaissances locales sont plus importantes à nos ennemis que celles de nos cavaliers ou de nos fantassins.

Ce que je viens de dire sur nos matelots peut s'étendre à tous les autres états du royaume, sans exception. Je souhaiterais qu'il n'y en eût aucun qui n'eût son centre à Paris, et qui n'y trouvât un lieu d'asyle, une retraite, une petite chapelle. Tous ces monuments des diverses classes de citoyens qui donnent la vie au corps politique, décorés avec les attributs particuliers à chaque industrie, y figureraient parfaitement bien.

Après avoir rendu la capitale très-heureuse

et très-bonne pour les hommes de la nation ; j'y inviterais les peuples étrangers de toutes les parties du monde. O femmes, qui réglez nos destins, combien devez-vous contribuer à réunir les hommes dans la ville où vous régnez ! Ils s'occupent de vos plaisirs par toute la terre. Pendant que vous n'êtes occupées qu'à jouir, un Lapon va, au milieu des tempêtes, harponner la baleine, dont les barbes serviront à faire bouffer vos robes : un Chinois met au four la porcelaine où vous prendrez le café, qu'un Arabe de Moka est occupé à cueillir pour vous : une fille du Bengale file votre mousseline sur le bord du Gange, tandis qu'un Russe abat, au milieu des sapins de la Finlande, le mât du vaisseau qui vous l'apportera. La gloire d'une grande capitale est de réunir dans ses murs des hommes de toutes les nations, qui concourent à ses plaisirs. Je voudrais voir à Paris des Samoïèdes, avec leurs habits de peau de veau marin, et leurs bottes de peau d'esturgeon ; et des nègres Iolofs, avec leurs pagnes bardées de rouge et de bleu. J'y voudrais voir des Indiens imberbes du Pérou, vêtus de plumes de la tête aux pieds, se promener, sans crainte, dans nos places publiques, autour de la statue de nos rois, auprès des fiers Espagnols en manteau et en moustaches. J'aurais du plaisir à y voir des Hollandais s'établir sur les croupes sèches de Montmartre ;

et, se livrant à leur inclination hydraulique, comme les castors, trouver le moyen de s'y procurer des canaux pleins d'eau ; tandis que des habitants de l'Orénoque vivraient à sec au-dessus des terrains inondés de la Seine, dans le feuillage des saules et des aunes. Je souhaiterais que Paris fût aussi grand, et d'une population aussi diversifiée que ces anciennes villes de l'Asie, telles que Ninive et Suze, où il fallait employer trois jours pour en faire le tour, et où Assuérus voyait deux cents nations s'incliner devant son trône. Je voudrais que tous les peuples de la terre correspondissent à cette ville, comme les membres au cœur dans le corps humain. Quels secrets avaient les Asiatiques, pour faire des cités si vastes et si populeuses ? Ils sont, en tout genre, nos aînés. Ils permettaient à toutes les nations de s'y établir. Présentez aux hommes la liberté et le bonheur, vous les attirerez de toutes les parties du monde.

Il serait bien digne de l'humanité de quelque grand prince de proposer cette question à l'Europe: « Le bonheur d'un peuple ne dépend-il pas de celui » de ses voisins ? » L'affirmative bien prouvée ferait tomber la maxime contraire de Machiavel, qui gouverne depuis long-temps notre politique européenne. Il serait fort aisé d'abord de démontrer que la simple bonne intelligence avec ses voisins, ferait licencier ces armées de terre et de mer, qui sont si à charge à chaque peuple. En second lieu, on ferait voir que chaque peuple a partagé les biens et les maux de ses voisins, par l'exemple des Espagnols, qui ont découvert l'Amérique, et qui en ont dispersé les biens et les maux dans le reste de l'Europe. On prouverait encore cette vérité, par la prospérité et la grandeur où sont parvenus les peuples qui ont eu soin de se concilier leurs voisins, comme les Romains, qui leur accordaient le droit de bourgeoisie de proche en proche, et vinrent, par ce moyen, à ne faire qu'une seule nation de toutes celles de l'Italie. Ils n'auraient, sans doute, fait qu'un seul peuple de tout le genre humain, si leur coutume barbare de se faire servir par des esclaves étrangers, n'avait mis des restrictions à une politique aussi humaine. On démontrerait ensuite le malheur des gouvernements qui, étant d'ailleurs bien ordonnés au dedans, ont vécu dans un état d'anxiété perpétuelle, toujours faibles et divisés, parce qu'ils n'étendaient pas l'humanité au-delà de leur territoire. Tels ont été les Grecs : telle est, de nos jours, la Perse, qui est tombée dans un état de faiblesse extrême immédiatement après le règne brillant de Scha Abbas, dont la maxime politique était de s'entourer de déserts; son pays à la fin en est devenu un comme ceux de ses voisins. On en trouverait encore d'autres exemples chez les puissances de l'Asie, auxquelles des poignées d'Européens font la loi.

Henri IV avait formé le projet céleste de faire vivre toute l'Europe en paix; mais son projet n'était pas assez étendu pour se maintenir : la guerre y serait venue des autres parties du monde. Nos destins sont liés avec ceux du genre humain. C'est un hommage qu'il faut rendre à notre religion, et qu'elle mérite seule : la nature nous dit : « Aimez-vous vous seul; » l'éducation domestique : « Aimez votre famille; » la nation : « Aimez la patrie; » mais la religion nous ordonne d'aimer tous les hommes, sans exception. Elle connaît mieux nos intérêts, que notre instinct naturel, nos parents et notre politique. Les sociétés humaines ne sont pas partielles comme celles des animaux. Il importe fort peu aux abeilles de la France, qu'on détruise des ruches en Amérique. Mais les larmes des hommes dans le Nouveau-Monde, font couler leur sang dans l'ancien; et le cri de guerre d'un sauvage, sur le bord d'un lac, a retenti plus d'une fois en Europe, et y a troublé le repos des rois. La religion qui nous défend de nous aimer nous-mêmes, et qui nous ordonne d'aimer tous les hommes, ne se contredit point, comme l'ont prétendu quelques sophistes; elle n'exige le sacrifice de nos passions que pour les diriger vers le bonheur général; et en nous ordonnant d'aimer tous les hommes, elle nous donne le seul moyen véritable de nous aimer nous-mêmes.

Je souhaiterais donc que nos relations politiques avec toutes les nations du monde aboutissent à bien recevoir leurs sujets dans la capitale du royaume. Quand nous n'y emploierions qu'une partie de nos dépenses en affaires étrangères, nous ne nous en trouverions pas plus mal. Les peuples de l'Asie n'envoient ni consuls, ni ministres, ni ambassadeurs au dehors, si ce n'est dans des cas extraordinaires; et tous les peuples de la terre viennent aborder chez eux. Ce n'est point en envoyant à grands frais des ambassadeurs chez nos voisins, que nous nous concilierons leur amitié. Bien souvent notre faste devient une source secrète de haine et de jalousie parmi leurs grands. C'est en accueillant chez nous leurs propres sujets, faibles, persécutés, malheureux. Ce furent nos réfugiés français qui donnèrent une partie de notre industrie et de notre puissance à la Prusse et à la Hollande. Que de relations secrètes de commerce et de bienveillance nationale se sont formées par de pareilles réceptions! Un bon Allemand, qui se retire en Autriche après avoir fait une petite fortune en France, fait passer chez nous cent de ses compatriotes, et dispose tout le canton où il s'établit à nous vouloir du bien. C'est par de semblables liens que les amitiés nationales se forment, bien mieux que par des traités diplomatiques ; car l'opinion d'un peuple détermine toujours celle de son prince.

Après avoir rendu la ville des hommes très-heureuse, je m'occuperais à embellir et à rendre commode la ville de pierre. J'y éleverais une multitude de monuments ; j'y voudrais, le long des maisons, des arcades comme à Turin, et des trottoirs comme à Londres, pour la commodité des gens de pied ; dans les rues, des arbres et des canaux, s'il était possible, comme en Hollande, pour la facilité des transports ; dans les faubourgs, des caravansérails, comme dans les villes de l'Orient, pour loger, à peu de frais, les voyageurs étrangers ; vers le centre de la ville, des marchés vastes, et entourés de maisons de six à sept étages, pour le petit peuple qui ne sait bientôt plus où se loger. Je mettrais beaucoup de variété dans leur plan et leur décoration. On verrait, dans leur pourtour, des temples, des palais de justice, des fontaines publiques ; les principales rues viendraient y aboutir. Ces marchés, ombragés d'arbres, et divisés par grands compartiments, présenteraient dans le plus grand ordre, tous les dons de Flore, de Cérès et de Pomone. J'éleverais au centre la statue d'un bon roi ; car on ne saurait la placer dans un lieu plus honorable à sa mémoire, qu'au milieu de l'abondance de ses sujets.

Je ne connais rien qui me donne une idée plus

précise de la police d'une ville et du bonheur de son peuple, que la vue de ses marchés. A Pétersbourg, chaque marché est distribué par quartiers destinés à la vente d'une seule espèce de marchandise. Cet ordre plaît au premier coup-d'œil, mais il fatigue bientôt par son uniformité. Pierre Ier aimait les formes régulières, parce qu'elles sont favorables au despotisme. Pour moi, je désirerais y voir la plus grande concorde parmi nos marchands; et les plus grands contrastes dans leurs marchandises. En ôtant les rivalités qui naissent du commerce des mêmes objets, on bannirait d'entre eux les jalousies qui y font naître tant de querelles. Je voudrais que l'abondance y versât toutes ses cornes, pêle-mêle; on y verrait des faisans, des morues fraîches, des coqs de bruyère, des turbots, des verdures, des piles d'huîtres, des oranges, des canards sauvages, des fleurs, etc..... Il serait permis d'y exposer en vente toutes les espèces de marchandises; et ce seul privilége suffirait pour détruire bien des monopoles.

J'éleverais dans la ville des temples en petit nombre, mais augustes, immenses, avec des galeries au dedans et au dehors, et capables de contenir, les jours de fête, le tiers de la population de Paris. Plus les temples se multiplient dans un état, plus la religion s'y affaiblit. Ceci paraît un paradoxe; mais voyez la Grèce et l'Italie, couvertes de clochers, tandis que Constantinople est remplie de renégats grecs et italiens. Indépendamment des causes politiques, et même religieuses, qui occasionent ces dépravations nationales, il y en a une naturelle, dont nous avons déjà reconnu les effets dans la faiblesse de l'esprit humain. C'est que notre affection diminue, lorsqu'elle est partagée entre trop d'objets. Les Juifs, si étonnants par leur attachement pour leur religion, n'avaient qu'un seul temple, dont le souvenir excite encore leurs regrets.

Je construirais dans Paris des amphithéâtres comme à Rome, pour y rassembler le peuple, et lui donner de temps en temps des fêtes. Quel superbe local offrait pour cet objet la colline qui est à l'entrée des Champs-Élysées! Qu'il eût été facile de la creuser jusqu'au niveau de la campagne en forme d'amphithéâtre, disposé par gradins revêtus de simple gazon, et couronné de grands arbres à son sommet, qui se fût trouvé à plus de quatre-vingts pieds d'élévation! Quel coup-d'œil magnifique c'eût été, de voir là un peuple immense, rangé tout autour en famille, buvant, mangeant, et jouissant du spectacle de son propre bonheur!

Tous ces édifices seraient construits de pierre, non pas à petites assises comme les nôtres, mais par grands blocs comme les employaient les anciens, [19] et comme il convient à la ville éternelle. Les rues et les places publiques seraient plantées de grands arbres de différentes espèces. Les arbres sont les véritables monuments des nations. Le temps qui altère bientôt les ouvrages de l'homme, ne fait qu'accroître la beauté de ceux de la nature. C'est aux arbres que nos boulevards, dont la promenade est si recherchée, doivent leurs plus grands charmes. Ils réjouissent la vue par leur verdure; ils élèvent notre ame vers le ciel par la hauteur de leurs tiges; ils ajoutent au respect des monuments près desquels ils sont plantés, par la majesté de leurs formes. Ils contribuent plus qu'on ne pense à nous attacher aux lieux que nous avons habités. Notre mémoire s'y fixe, comme à des points de réunion, qui ont avec notre ame des harmonies secrètes. Ils dominent sur les événements de notre vie, comme ceux qui s'élèvent sur les bords de la mer, et qui servent de renseignement aux pilotes. Je ne vois point de tilleuls, que je ne me rappelle aussitôt la Hollande; ni de sapins, que je ne me représente les forêts de la Russie. Souvent ils nous attachent à la patrie, lorsque les autres liens en ont été rompus. Je sais plus d'un homme expatrié, qui, dans sa vieillesse, a été ramené dans son village par le souvenir de l'ormeau à l'ombre duquel il avait dansé dans sa jeunesse. J'ai entendu, à l'Ile-de-France, plus d'un habitant soupirer après sa patrie, à l'ombre des bananiers, et me dire : « Je serais tranquille ici, » si j'y voyais seulement de la violette. » Le sar-

bres de la patrie ont encore de plus grands attraits, quand ils se lient, comme chez les anciens, avec quelque idée religieuse, ou avec le souvenir de quelque grand homme. Des peuples entiers y ont attaché leur patriotisme. Avec quelle vénération les Grecs voyaient à Athènes l'olivier que Minerve y fit naître, et au mont Olympe l'olivier sauvage dont Hercule avait été couronné! Plutarque rapporte que, lorsque à Rome le figuier sous lequel Rémus et Romulus avaient été allaités par une louve, venait à se flétrir, le premier qui s'en apercevait, criait : « A l'eau! à l'eau! » et tout le peuple effrayé, accourait avec des marmites et des chaudrons pleins d'eau pour l'arroser. Pour moi, je pense que, quoique nous soyons déjà bien éloignés de la nature, nous ne verrions point sans émotion le prunier de la forêt où notre bon Henri IV était grimpé, quand il aperçut défiler au fond du vallon voisin l'armée du duc de Mayenne.

Une ville, fût-elle de marbre, me paraîtrait triste, si je n'y voyais des arbres et de la verdure : [20] d'un autre côté, un paysage, fût-ce l'Arcadie, fussent les rivages de l'Alphée, ou les croupes du mont Lycée, me semblerait sauvage, si je n'y voyais au moins une petite cabane. Les ouvrages de la nature et ceux de l'homme se prêtent des graces mutuelles. L'esprit d'intérêt a détruit parmi nous le goût de la nature. Nos paysans ne voient de beautés dans nos campagnes, que là où ils voient

leur revenu. Je rencontrai un jour dans le voisinage de l'abbaye de la Trappe, sur le chemin cailouteux de Notre-Dame d'Apre, une paysanne qui cheminait avec deux gros pains sous son bras. C'était au mois de mai : il faisait le plus beau temps du monde. « Voilà, dis-je à cette bonne femme,
» une charmante saison. Que ces pommiers en
» fleur sont beaux! Comme ces rossignols chan-
» tent dans ces bois! — Ah! me répondit-elle, je
» me soucie bien des bouquets et de ces petits
» piauleux! c'est du pain qu'il nous faut. » L'indigence serre le cœur de nos paysans, et ferme leurs yeux. Mais nos bourgeois ne font pas plus de compte de la nature, parce que l'amour de l'or dirige tous leurs goûts. Si quelques-uns d'entre eux estiment les arts libéraux, ce n'est pas parce que ces arts imitent les objets naturels; c'est par le prix qu'attache à leurs productions la main des grands maîtres. Tel donne mille écus d'un tableau de la campagne, peint par le Lorrain, qui ne mettrait pas la tête à la fenêtre pour en regarder le paysage; et tel met précieusement sur son secrétaire le buste de Socrate, qui ne recevrait pas ce philosophe dans sa maison, s'il était en vie, et qui contribuerait, peut-être, à sa mort, s'il était persécuté.

Le goût de nos artistes a été égaré par celui de nos bourgeois. Comme ils savent que c'est moins la nature que leur travail qu'on estime, ils ne cherchent qu'à se montrer eux-mêmes. De là vient qu'ils mettent quantité de riches accessoires dans la plupart de nos monuments, et qu'ils y oublient souvent l'objet principal. Ils font, par exemple, pour les jardins, des vases de marbre, où on ne peut mettre aucun végétal; pour les appartements, des urnes et des amphores, où l'on ne peut verser aucune espèce de liqueur; pour nos villes, des colonnades sans palais, des portes dans des lieux où il n'y a point de murs, des places publiques divisées de barrières pour empêcher le peuple de s'y rassembler. C'est, dit-on, afin que l'herbe y pousse. Voilà un beau projet! Une des plus grandes malédictions que les anciens faisaient contre leurs ennemis, c'était qu'ils pussent voir l'herbe pousser dans leurs places publiques. Si on veut voir de la verdure dans les nôtres, que n'y plante-t-on des arbres qui donneront à-la-fois au peuple, de l'ombre et de l'abri? Il y en a qui mettent dans les trophées qui couronnent les hôtels de nos princes, des arcs, des flèches, des catapultes, et qui ont poussé la simplicité jusqu'à y planter des enseignes romaines, où on lit S. P. Q. R. C'est ce qu'on peut voir au palais Bourbon. Là postérité croira que les Romains étaient, dans le dix-huitième siècle, les maîtres de notre pays. Et comment, nous qui sommes si vains, prétendons-nous l'occuper de notre mémoire, si nos monuments, nos médailles, nos trophées, nos drames, nos inscriptions, lui parlent sans cesse des étrangers et de l'antiquité ?

Les Grecs et les Romains étaient bien plus conséquents. Jamais ils ne se sont avisés de faire des monuments inutiles. Leurs beaux vases d'albâtre et de calcédoine, servaient dans les festins à mettre du vin ou des parfums ; leurs péristyles annonçaient toujours un palais ; leurs places publiques étaient uniquement destinées à rassembler les citoyens. Ils y plaçaient les statues de leurs grands hommes, sans être entourées de grilles, afin que leurs images fussent encore à la portée des malheureux, et qu'ils en fussent invoqués après la mort, comme ils l'avaient été pendant leur vie. Juvénal parle d'une statue de bronze à Rome, dont le peuple avait usé les mains à force de les baiser. Quelle gloire pour la mémoire du citoyen qu'elle représentait ! Si elle existait encore, sa mutilation la rendrait plus précieuse que la Vénus de Médicis avec ses proportions.

Notre peuple est, dit-on, sans patriotisme. Je le crois bien, car on fait tout ce qu'on peut pour le lui faire perdre. Par exemple, sur le fronton de ce beau temple qu'on élève à sainte Geneviève, qui est trop petit, comme tous nos monuments modernes, on a représenté une adoration de croix. On voit, à la vérité, la patronne de Paris dans des bas-reliefs, sous le péristyle, au milieu des cardinaux ; mais n'eût-il pas été plus convenable de montrer au peuple son humble patronne en habit de bergère, en petit justaucorps et en cornette, avec sa panetière, sa houlette, son chien, ses brebis, ses formes à faire des fromages, et tout le costume de son siècle et de son état, au milieu du fronton de l'église qui lui est dédiée? On eût pu y joindre une vue de Paris, tel qu'il était de son temps. Il en eût résulté des contrastes et des objets de comparaison très-agréables. Le peuple, à la vue de ce tableau champêtre, se fût rappelé les temps anciens. Il eût conçu de l'estime pour les vertus obscures qui lui sont nécessaires, et il eût été tenté de marcher dans les rudes sentiers de la gloire où s'est élevée son humble patronne, qu'il lui est impossible maintenant de reconnaître avec ses habits à la Grecque, et au milieu des prélats.

Nos artistes s'écartent quelquefois de l'objet principal, jusqu'à l'omettre tout-à-fait. On montrait, il y a quelques années, dans un des ateliers du Louvre, le tombeau du Dauphin et de la Dauphine, destiné pour la cathédrale de la ville de Sens. Tout le monde y courait, et en revenait extasié d'admiration. J'y fus comme les autres: la première chose que je cherchai à y reconnaître, fut la ressemblance du Dauphin et de la Dauphine à la mémoire desquels ce monument était élevé. Il n'y en avait pas seulement les médaillons. On y voyait le Temps avec sa faux, l'Hymen avec des urnes, et toutes les idées rebattues de l'allégorie, qui est souvent, pour le dire en passant, le génie de ceux qui n'en ont point. Pour achever d'en éclaircir le sujet, il y avait sur les panneaux d'une espèce d'autel placé au milieu de ce groupe de figures symboliques, de longues inscriptions latines assez étrangères à la mémoire du grand prince qui en était l'objet. Voilà, me dis-je en moi-même, un beau monument national ! Des inscriptions latines pour un peuple français, et des symboles païens pour une cathédrale ! Si l'artiste, dont j'admirai d'ailleurs le ciseau, n'y voulait montrer que ses propres talents, il fallait qu'il recommandât à son successeur, de laisser imparfaite une petite partie de la base de ce monument, que la mort l'avait empêché lui-même d'achever, et d'y graver ces mots : *Coustou moriens faciebat.* Cette consonnance de fortune l'eût lié à ce monument royal, et eût donné une grande profondeur aux réflexions sur la vanité des choses humaines, que doit faire naître la vue d'un tombeau.

Peu d'artistes saisissent l'objet moral ; ils ne cherchent que le pittoresque. « O le beau sujet « à mettre en Bélisaire ! » disent-ils, quand ils entendent parler d'un de nos grands hommes malheureux. Cependant, les arts libéraux ne sont destinés qu'à rappeler le souvenir de la vertu, et non pas la vertu pour donner de l'occupation aux arts libéraux. J'avoue que la célébrité qu'ils procurent, est un puissant moyen pour porter la plupart des hommes aux grandes actions, quoiqu'au fond ce ne soit pas le véritable; mais s'il n'en donne pas le sentiment, il en fait faire quelquefois les actes. Aujourd'hui, nous allons bien au-delà. Ce n'est plus la gloire de la vertu, que les corps et les particuliers cherchent à mériter; c'est l'honneur de la distribuer aux autres. Dieu sait l'étrange confusion qui en résulte ! Des femmes de vertu très-suspecte, et des filles entretenues, établissent des Rosières : elles donnent des prix à la virginité. Des filles d'opéra couronnent nos généraux victorieux. Le maréchal de Saxe, disent nos historiens, fut couronné de lauriers sur le théâtre de la nation : comme si la nation était composée de comédiens, et que son sénat fût un théâtre ! Pour moi, je crois la vertu si respectable, qu'il ne faudrait qu'un seul sujet où elle fût bien loyale, pour couvrir de ridicule ceux qui osent lui distribuer ces vains et méprisables honneurs. Quelle danseuse, par exemple, eût eu l'impudence de couronner le front auguste de Turenne, ou celui de Fénélon ?

L'académie française serait bien plus propre à fixer, par les charmes de l'éloquence, les regards de la nation sur nos grands hommes, si elle cherchait moins par ses éloges à faire le panégyrique des morts que la satyre des vivants. D'ailleurs, la postérité se méfiera autant des éloges que des satyres. D'abord, le mot d'éloge est suspect de flatterie : de plus, ce genre d'éloquence ne caractérise rien. Pour peindre la vertu, il faut mettre en évidence des défauts et des vices, afin d'en faire résulter des combats et des victoires. Le style qu'on y emploie est plein de pompe et de luxe. Il est rempli de réflexions et de tableaux souvent étrangers à l'objet principal. Il ressemble à un cheval d'Espagne ; il fait dans sa marche beaucoup de mouvements, et il n'avance point. Ce genre d'éloquence, indécis et vague, ne convient à aucun grand homme en particulier, parce qu'on peut l'appliquer, en général, à tous ceux qui ont couru dans la même carrière. Si vous changez seulement quelques noms propres dans l'éloge d'un général, vous pouvez y faire entrer tous les généraux passés et à venir. D'ailleurs, son ton ampoulé est si peu convenable au langage simple de la vérité et de la vertu, que lorsqu'un écrivain veut y introduire des traits de caractère de son héros, afin qu'on sache au moins de qui il veut parler, il est obligé de les reléguer dans des notes, de peur de déranger son ordre académique.

Certainement, si Plutarque n'eût écrit que les éloges des hommes illustres, on ne les lirait pas plus aujourd'hui que le Panégyrique de Trajan, qui coûta tant d'années à Pline le jeune. Vous ne trouverez jamais entre les mains du peuple, un éloge d'académie. On y verrait peut-être ceux de Fontenelle, et quelques autres encore, si les hommes qui y sont loués, s'étaient occupés eux-mêmes du peuple pendant leur vie. Mais la nation lit volontiers l'histoire. Il y a quelque temps que, me promenant du côté de l'École Militaire, j'aperçus au loin, près d'une sablonnière, une grosse colonne de fumée. Je dirigeai ma promenade de ce côté-là, pour voir d'où elle provenait. Je trouvai, dans un lieu fort solitaire, et assez ressemblant à celui où Shakespeare met la scène des trois sorcières qui apparurent à Macbeth, une pauvre et vieille femme assise sur une pierre. Elle s'occupait à lire dans un vieux livre, auprès d'un gros tas d'herbes où elle avait mis le feu. Je lui demandai d'abord pour quel usage elle brûlait ces herbes. Elle me répondit que c'était pour en recueillir les cendres, et les vendre aux blanchisseuses; qu'elle achetait à cette fin les mauvaises herbes des jardiniers, et qu'elle attendait qu'elles fussent entièrement consumées pour en emporter les cendres, parce qu'on les lui volait dans son absence. Après avoir satisfait ainsi ma curiosité, elle continua sa lecture avec beaucoup d'attention. Comme j'avais grande envie de savoir quel était le livre dont elle charmait ses peines, je la priai de m'en dire le titre. « C'est la vie de M. de Turenne, » me répondit-elle. Et qu'en pensez-vous? lui dis-

17.

je. « Ah! reprit-elle avec émotion, c'était un bien brave homme, à qui un ministre a donné bien de la peine pendant sa vie! » Je me retirai, redoublant de vénération pour la mémoire de M. de Turenne, qui servait à consoler une femme misérable. C'est ainsi que les vertus des petits s'appuient sur celles des grands hommes, comme ces plantes faibles qui, pour n'être pas foulées aux pieds, s'accrochent au tronc des chênes.

DE LA NOBLESSE.

Les anciens peuples de l'Europe imaginèrent, pour porter les hommes à la vertu, d'anoblir les descendants de leurs citoyens vertueux. Ils sont tombés dans de grands inconvénients, en rendant la noblesse héréditaire; car ils ont interdit par-là aux autres citoyens les routes de l'illustration. Comme elle est l'apanage perpétuel d'un certain nombre de familles, elle cesse d'être la récompense nationale, sans quoi toute une nation deviendrait noble à la fin; ce qui y produirait une léthargie fatale aux arts et aux métiers, comme il est arrivé en Espagne et à une partie de l'Italie. Il en résulte encore bien d'autres maux, dont le principal est de former dans un État deux nations qui, à la fin, n'ont plus rien de commun; le patriotisme s'y détruit, et elles ne tardent pas à être subjuguées. Tel a été de nos jours le sort de la

Hongrie, de la Bohême, de la Pologne, et d'une partie même des provinces de notre royaume, telle que la Bretagne, où la noblesse trop nombreuse et trop altière formait une classe absolument distincte du reste des citoyens. Il est digne de remarque que ces pays, quoique républicains, quoique si puissants, au jugement de nos écrivains politiques, par la liberté de leur constitution, ont été subjugués fort aisément par des princes despotiques, qui ne commandent, dit-on, qu'à des esclaves. C'est que le peuple, par tout pays, aime mieux avoir un souverain que mille tyrans, et que son sort décide toujours celui de ses maîtres. Les Romains affaiblirent les distinctions injustes et odieuses qui se trouvaient entre les Patriciens et les Plébéiens, en accordant à ces derniers, des priviléges et des charges de la plus haute considération.

Il y avait encore parmi eux des moyens, à mon gré plus puissants, d'y rapprocher les deux classes de citoyens; c'étaient les adoptions. Que de grands hommes se formèrent dans le peuple, pour mériter ces sortes de récompenses, aussi illustres et plus touchantes que celles de la patrie ! C'est ainsi que s'élevèrent les Caton et les Scipion, pour être greffés dans des familles patriciennes. C'est ainsi que le plébéien Agricola obtint en mariage la fille d'Auguste. Je ne sache pas, et c'est peut-être un effet de mon ignorance, que les adoptions aient jamais été en usage parmi nous, si ce n'est entre quelques grands seigneurs, qui, faute d'héritiers, ne savaient, en mourant, à qui laisser leurs domaines. Je crois les adoptions bien préférables aux anoblissements faits par l'état. Elles feraient revivre des familles illustres, dont les descendants languissent aujourd'hui dans la plus étroite pauvreté. Elles rendraient la noblesse chère au peuple, et le peuple cher à la noblesse. Il faudrait que le privilége de les conférer, devînt un genre de récompense pour les nobles eux-mêmes. Ainsi, par exemple, un pauvre gentilhomme qui se serait illustré, pourrait adopter un homme de la bourgeoisie qui se distinguerait. Un gentilhomme serait en quête de la vertu parmi le peuple; et un homme vertueux du peuple, chercherait un homme de bien pour patron parmi les nobles. Ces liens politiques me paraissent plus puissants et plus honorables que ceux des mariages de finance, qui, en rapprochant deux citoyens de classes différentes, aliènent souvent leurs familles. La noblesse acquise ainsi me paraîtrait bien préférable à celle que donnent les charges publiques, qui, ne s'obtenant que par la vénalité, perd par cela même de son respect.

Avec tout cela, il resterait toujours l'inconvénient de l'hérédité, qui multiplie trop à la longue la classe des nobles. On a cru y remédier parmi nous en déclarant plusieurs états nobles, tels que le commerce maritime. D'abord c'est une question de savoir si l'esprit du commerce peut bien s'accorder avec la loyauté d'un gentilhomme. D'ailleurs, quel commerce fera celui qui n'a rien ? Ne faut-il pas payer des pensions chez un négociant pour en apprendre les éléments ? Et comment en viendront à bout tant de pauvres gentilshommes qui n'ont pas seulement de quoi vêtir leurs enfants ? J'en ai vu en Bretagne, qui descendaient des plus anciennes maisons de la province, et qui étaient obligés, pour vivre, d'aller en journées faucher les foins des paysans. Plût à Dieu que tous les états fussent nobles, et sur-tout l'agriculture ! car c'est celui-là particulièrement dont toutes les fonctions conviennent à la vertu. Pour être laboureur, il n'est pas besoin de tromper, de flatter, de s'avilir, de faire violence à personne. On ne doit point ses profits au vice ou au luxe de son siècle, mais aux bienfaits du ciel. On tient au moins à la patrie par le coin de terre qu'on y cultive. Si l'état de laboureur était anobli, il en résulterait une multitude d'avantages pour les habitants du royaume. Il suffirait même qu'il ne fût pas roturier. Mais voici une ressource que l'état peut employer au soulagement de la pauvre noblesse. La plupart des anciennes seigneuries s'achètent aujourd'hui par des gens qui n'ont d'autre mérite que d'avoir de l'argent, de sorte que les honneurs de ces illustres maisons sont tombés en partage à des hommes qui, en vérité, n'en sont guère dignes. Le roi devrait acheter ces seigneuries lorsqu'elles sont à vendre ; s'en réserver les droits seigneuriaux, avec une portion de terre, et former de ces petits domaines des bénéfices civils et militaires, qui seraient les récompenses des bons officiers, des citoyens utiles et des familles nobles et pauvres, à-peu-près comme sont en Turquie les timariots.

D'UN ÉLYSÉE.

Les anoblissements ont encore cet inconvénient ; c'est que tel commence par les vertus de Marius, qui finit par avoir ses vices. J'ai à proposer un moyen d'illustration qui n'entraîne point les dangers de l'hérédité et de l'inconstance des hommes : c'est de n'accorder qu'à la mort les récompenses de la vertu.

La mort met le dernier sceau à la mémoire des hommes. On sait de quel poids étaient les jugements que les Égyptiens prononçaient sur les citoyens après leur mort. C'était alors que les Romains en faisaient quelquefois des demi-dieux, ou quelquefois les jetaient dans le Tibre. Le peuple, au défaut des prêtres et des magistrats, exerce encore parmi nous une partie de ce sacerdoce. Je me suis arrêté plus d'une fois le soir à la vue d'un superbe convoi, moins pour en voir la pompe, que pour écouter les jugements portés par le peuple, sur le très-haut et très-puissant seigneur qui en était l'objet. J'ai entendu souvent demander : « Était-il bon maître ? aimait-il sa » femme et ses enfants ? était-il bon aux pauvres ? » Le peuple insiste beaucoup sur cette dernière question, parce qu'étant sans cesse mené par son principal besoin, il ne connaît guère dans les riches d'autre vertu que la bienfaisance. J'ai entendu souvent répondre : « Oh ! il ne faisait de » bien à personne ; il était dur à sa famille et à ses » domestiques. » J'ai entendu dire, à l'enterrement d'un fermier-général qui a laissé plus de douze millions de bien : « Il poursuivait les » pauvres de la campagne à coups de fourche, » quand ils se présentaient à la grille de son châ- » teau. » Vous entendez là-dessus les spectateurs jurer, et maudire la mémoire du défunt. Telles sont ordinairement les oraisons funèbres des riches dans la bouche du peuple. Il ne faut pas douter que ses jugements n'eussent des suites, si la police de Paris n'était pas aussi bien tenue.

Il n'y a que la mort qui assure les réputations, et il n'y a que la religion qui puisse les consacrer. Nos grands le savent fort bien. C'est de là que vient le faste de leurs monuments dans nos églises. Ce ne sont pas les prêtres qui les obligent de s'y faire enterrer, comme bien des gens se l'imaginent. Les prêtres n'en recevraient pas moins leurs droits, si on les enterrait à la campagne; ils se feraient, comme de raison, fort bien payer de leurs voyages, et ils ne respireraient pas toute l'année, dans leurs stalles, l'odeur infecte des cadavres. Le principal obstacle à cette police nécessaire vient des grands et des riches, qui, n'allant guère à l'église pendant leur vie, veulent y être après leur mort, afin que le peuple admire leurs mausolées, et leurs vertus de marbre et de bronze. Mais, graces aux allégories de nos artistes, et aux inscriptions latines de nos savants, le peuple n'y entend rien, et ne fait d'autre réflexion à leur vue, si ce n'est que tout cela coûte beaucoup d'argent, et que tout le cuivre qu'on y a employé servirait bien mieux à leur faire des chaudrons.

Il n'y a que la religion qui puisse consacrer d'une manière durable la mémoire de la vertu. Le feu roi de Prusse, qui connaissait si bien les grands ressorts de la politique, n'avait pas oublié celui-là. Comme la religion protestante, qui est dominante dans son pays, bannit des temples les images des saints, il y avait fait mettre les portraits des officiers qui avaient péri en se distinguant à son service. La première fois que j'entrai dans les temples de Berlin, je fus fort étonné d'y voir plusieurs portraits d'officiers en uniforme. On lisait au bas leur âge, leurs noms, celui du lieu de leur naissance, et de la bataille où ils avaient été tués. Il y a aussi, je crois, une ligne ou deux d'éloge à la fin de ces inscriptions. On ne saurait croire quel enthousiasme militaire cette vue inspire à ses sujets. Chez nous, il n'y a si petit ordre de moines qui n'expose dans ses cloîtres et dans ses églises les tableaux de ses grands hommes, sans contredit plus fêtés et plus connus que ceux de l'état. Ces sujets, toujours accompagnés de circonstances pittoresques et intéressantes, sont les plus puissants moyens qu'ils emploient pour s'attirer des novices. Les chartreux s'aperçoivent déjà qu'ils ont moins de novices, depuis qu'ils n'ont plus dans leur cloître la mélancolique histoire de saint Bruno, si supérieurement peinte par Le Sueur. Aucun ordre de citoyens ne se soucie des portraits des hommes qui n'ont été utiles qu'à la nation et au genre humain; il n'y a que les marchands d'estampes qui en étalent quelquefois sur des ficelles les images enluminées de bleu et de rouge. C'est là où le peuple cherche à les démêler parmi celles des Jeannots et des filles de théâtre. Nous aurons, dit-on, bientôt la vue d'un Muséum aux Tuileries; mais ce monument royal est plus consacré aux talents qu'au patriotisme, et, comme tant d'autres, il sera sans doute interdit au peuple.

Je voudrais d'abord qu'aucun citoyen ne fût enterré dans les églises. Xénophon rapporte que

Cyrus, maître de la plus grande partie de l'Asie, ordonna en mourant qu'on l'enterrât en pleine campagne sous des arbres, afin, disait ce grand prince, que les éléments de son corps se réunissent promptement à ceux de la nature, et contribuassent de nouveau à la formation de ses beaux ouvrages. Ce sentiment était digne de l'ame sublime de Cyrus; mais par tout pays les tombeaux, sur-tout ceux des grands rois, sont les monuments les plus chers aux nations. Les Sauvages regardent ceux de leurs ancêtres comme des titres de possession de la terre qu'ils habitent. « Ce » pays est à nous, disent-ils; les os de nos pères » y reposent. » Quand ils sont forcés d'en sortir, ils les déterrent en pleurant, et les emportent avec le plus grand respect. Les Turcs les mettent sur le bord des grands chemins, comme faisaient les Romains. Les Chinois en font des lieux enchantés. Ils les placent aux environs des villes, dans des grottes creusées dans le flanc des collines; ils en décorent l'entrée d'architecture, et ils plantent devant et autour, des bocages de cyprès et de sapins, mêlés d'arbres qui portent des fleurs et des fruits. Ces lieux inspirent une profonde et douce mélancolie, non-seulement par l'effet naturel de leur décoration, mais par le sentiment moral qu'élèvent en nous les tombeaux, qui sont, comme nous l'avons dit ailleurs, des monuments posés sur les frontières des deux mondes.

Nos grands ne perdraient donc rien du respect qu'ils veulent attacher à leur mémoire, si on les enterrait dans des cimetières publics aux environs de la capitale. On y bâtirait une grande chapelle sépulcrale, constamment destinée aux pompes funèbres, dont les apprêts dérangent souvent le service divin dans les églises de paroisse. Les artistes pourraient se donner carrière dans la décoration de ces mausolées; et les temples de l'humilité et de la vérité ne seraient plus profanés par la vanité et le mensonge des épitaphes.

Pendant que chaque citoyen aurait la liberté de se loger à sa fantaisie dans cette dernière et éternelle hôtellerie, je voudrais qu'on choisît auprès de Paris un lieu que consacrerait la religion, pour y recueillir les cendres des hommes qui auraient bien mérité de la patrie.

Les services qu'on peut lui rendre sont en grand nombre et de nature bien différente. Nous n'en connaissons guère que d'une sorte, qui dérivent de qualités redoutables, telles que la valeur. Nous ne révérons que ce qui nous fait peur. Les marques de notre estime sont souvent des témoignages de notre faiblesse. On ne nous élève qu'à la crainte, et point à la reconnaissance. Il n'y a si petite nation moderne qui n'ait ses Alexandres et ses Césars, et aucune ses Bacchus et ses Cérès. Les anciens, au moins aussi valeureux que nous, pensaient, sans contredit, bien mieux. Plutarque observe quelque part, que Cérès et Bacchus qui étaient des mortels, furent élevés au rang des dieux, à cause des biens purs, universels et durables qu'ils avaient procurés aux hommes; mais qu'Hercule, Thésée et les autres héros ne furent mis qu'au rang des demi-dieux, parce que les services qu'ils rendirent aux hommes furent passagers, circonscrits et mêlés de beaucoup de maux.

Je me suis étonné souvent de notre indifférence pour la mémoire de ceux de nos ancêtres qui nous ont apporté des arbres utiles, dont les fruits et les ombrages font aujourd'hui nos délices. Les noms de ces bienfaiteurs sont, pour la plupart, totalement inconnus; cependant, leurs bienfaits se perpétuent pour nous d'âge en âge. Les Romains n'en agissaient pas ainsi. Pline se glorifie de ce que, dans les huit espèces de cerises connues à Rome de son temps, il y en avait une appelée Plinienne, du nom d'un de ses parents à qui l'Italie en était redevable. Les autres espèces de ce même fruit portaient à Rome les noms des plus illustres familles, et s'appelaient Aproniennes, Actiennes, Cœciliennes, Juliennes. Il dit que ce fut Lucullus qui, après la défaite de Mithridate, apporta du royaume de Pont les premiers cerisiers en Italie, d'où ils se répandirent, en moins de cent vingt ans, dans toute l'Europe, et jusqu'en Angleterre, qui était alors peuplée de barbares. Ils furent, peut-être, les premiers moyens de civilisation de cette île; car les premières lois naissent toujours de l'agriculture : et c'est pour cela que les Grecs appelaient Cérès, législatrice. Pline félicite ailleurs Pompée et Vespasien, d'avoir fait paraître à Rome l'arbre d'ébène et celui de baume de la Judée au milieu de leurs triomphes, comme s'ils n'eussent pas alors triomphé seulement des nations, mais de la nature même de leur pays. Certainement, si j'avais quelque souhait à faire pour perpétuer mon nom, j'aimerais mieux le voir porté par un fruit en France, que par une île en Amérique. Le peuple, dans la saison de ce fruit, se rappellerait ma mémoire. Mon nom, dans les paniers des paysans, durerait plus que gravé sur des colonnes de marbre. Je ne connais point dans la maison de Montmorency de monument plus durable et plus cher au peuple, que la cerise qui en porte le nom. Le bon-henri, qui croît sans culture au milieu des champs, fera durer plus long-temps la mémoire de Henri IV, que la statue de bronze placée sur le Pont-Neuf, malgré sa grille de fer et son corps-de-garde. Si les graines et les génisses que Louis XV a envoyées, par un mouvement naturel d'humanité, dans l'île de Taïti, viennent à s'y multiplier, elles conserveront plus long-temps et plus chèrement sa mémoire parmi les peuples de la mer du Sud, que la petite pyramide de brique que des académiciens flatteurs tentèrent de lui élever à Quito, et peut-être que les statues qu'on lui a élevées dans son propre royaume.

Le bienfait d'une plante utile est, à mon gré, un des services les plus importants qu'un citoyen puisse rendre à son pays. Les plantes étrangères nous lient avec les nations d'où elles viennent; elles transportent parmi nous quelque chose de leur bonheur et de leurs soleils. Un olivier me représente l'heureux pays de la Grèce mieux que le livre de Pausanias, et j'y trouve les dons de Minerve bien mieux exprimés que sur des médaillons. Sous un marronnier en fleur, je me repose sous les riches ombrages de l'Amérique; le parfum d'un citron me transporte en Arabie, et je suis au voluptueux Pérou en flairant l'héliotrope.

Je commencerais donc à ériger les premiers monuments de la reconnaissance publique à ceux qui nous ont apporté des plantes utiles; pour cet effet, je choisirais une des îles de la Seine, dans les environs de Paris, afin d'en faire un Élysée. Par exemple, je prendrais celle qui est au-dessous du hardi pont de Neuilly, et qui ne tardera pas, avant quelques années, de se trouver dans les faubourgs de Paris; j'y ajouterais le bras de la Seine qui ne sert point à la navigation, et une grande portion du continent qui l'avoisine; je planterais autour de ce vaste terrain, et le long de ses rivages, les arbres, les arbrisseaux et les herbes dont la France a été enrichie depuis plusieurs siècles. On y verrait des marronniers d'Inde, des tulipiers, des mûriers, des acacias de l'Amérique et de l'Asie, des pins de la Virginie et de la Sibérie, des oreilles-d'ours des Alpes, des tulipes de Calcédoine, etc. Le sorbier du Canada, avec ses grappes écarlates, le magnolia grandiflora de l'Amérique, qui produit la plus grande et la plus odorante des fleurs, et le thuya de la Chine, toujours vert, qui n'en porte point d'apparentes, entrelaceraient leurs rameaux, et formeraient, çà et là, des bocages enchantés. On placerait sous leurs ombrages, et au milieu des tapis de plantes de différentes verdures, les monuments de ceux qui les ont apportés en France. On verrait croître autour du magnifique tombeau de Nicot, ambassadeur de France en Portugal, qui est à présent dans l'église de Saint-Paul, la fameuse plante du tabac, appelée d'abord de son nom Nicotiane, parce que ce fut lui qui, le premier, la fit connaître dans toute l'Europe. Il n'y a point de prince européen qui ne lui doive une statue pour ce service ; car il n'y a point de végétal au monde qui ait donné tant d'argent à leurs trésors, et tant d'illusions agréables à leurs sujets : le népenthès d'Homère n'en approche pas. On pourrait graver dans le voisinage, sur un socle de marbre, le nom du Flamand Auger de Busbeck, ambassadeur de Ferdinand Ier, roi des Romains, à la Porte, d'ailleurs si recommandable par l'agrément de ses lettres; et placer ce petit monument à l'ombre du lilas qu'il apporta de Constantinople, et dont il fit présent à l'Europe * en 1562. La luzerne de la Médie y entourerait de ses rameaux le monument dédié à la mémoire du laboureur inconnu qui, le premier, la sema sur nos collines cailloutauses, et qui nous fit présent, dans des lieux arides, de pâturages qui se renouvellent jusqu'à quatre fois par an. A la vue du solanum de l'Amérique, qui produit à sa racine la pomme de terre, le petit peuple bénirait le nom de celui qui lui assura un aliment qui ne craint pas, comme le blé, l'inconstance des éléments et les greniers des monopoleurs. Il n'y verrait pas même, sans intérêt, l'urne du voyageur ignoré qui orna, à perpétuité, les humbles fenêtres de ses demeures obscures, des couleurs brillantes de l'aurore, en lui apportant du Pérou la fleur de capucine.[21]

En avançant dans ce lieu agréable, on verrait, sous des dômes et sous des portiques, les cendres et les bustes de ceux qui, par l'invention des arts, nous apprirent à tirer parti des productions de la nature, et qui, par leur génie, nous

---

* Voyez Matthiole, sur Dioscoride.

épargnèrent de longs et de rudes travaux. Il n'y faudrait point d'épitaphes. Les figures du métier à faire des bas, de celui qui sert à organsiner la soie, et du moulin à vent, seraient des inscriptions aussi augustes et aussi expressives, sur les tombeaux de leurs inventeurs, que la sphère inscrite au cylindre sur celui d'Archimède. On y pourrait tracer un jour le globe aérostatique sur le tombeau de Montgolfier; mais il faut savoir auparavant si cette étrange machine, qui transporte des hommes dans les airs au moyen d'un globe d'air dilaté par le feu, servira au bonheur des peuples; car le nom de l'inventeur même de la poudre à canon, s'il était connu, ne serait point admis dans l'asyle des bienfaiteurs de l'humanité.

En approchant du centre de cet Élysée, on rencontrerait les monuments encore plus vénérables de ceux qui, par leur vertu, ont laissé à la postérité des fruits plus doux que ceux des végétaux de l'Asie, et ont exercé le plus sublime de tous les talents. Là, seraient les tombeaux et les statues du généreux Duquesne, qui arma lui-même une escadre à ses dépens, pour la défense de la patrie; du sage Catinat, également tranquille dans les montagnes de la Savoie et dans l'humble retraite de Saint-Gratien; et de l'héroïque chevalier d'Assas, se sacrifiant la nuit pour le salut de l'armée française, dans les bois de Klosterkam. Là, seraient les illustres écrivains qui enflammèrent leurs compatriotes de l'amour des grandes actions : on y verrait Amyot, appuyé sur le buste de Plutarque. Et vous, qui avez donné à-la-fois le précepte et l'exemple de la vertu, divin auteur du Télémaque! nous révérerions vos cendres et votre image, dans une image de ces Champs Élysées que vous avez si bien décrits.

Il y aurait aussi des monuments de femmes vertueuses, car il n'y a point de sexe pour la vertu : on y verrait les statues de celles qui, avec de la beauté, préférèrent une vie laborieuse et cachée, aux vaines joies du monde; des mères de famille qui rétablirent l'ordre dans une maison dérangée, qui, fidèles à la mémoire d'un époux, souvent infidèle, gardèrent encore la foi conjugale après sa mort, et sacrifièrent leur jeunesse à l'éducation de leurs chers enfants ; et enfin les effigies vénérables de celles qui atteignirent au plus haut degré de l'illustration, par l'obscurité même de leurs vertus. On y transporterait le tombeau d'une dame de Lamoignon, de la pauvre église de Saint-Gilles, où il est ignoré; sa touchante épitaphe l'en rendrait encore plus digne, que le ciseau de Girardon dont il est le chef-d'œuvre : on y lit qu'on avait dessein d'enterrer son corps dans un autre endroit ; mais les pauvres de la paroisse, à qui elle avait fait beaucoup de bien pendant sa vie, l'enlevèrent par force, et le déposèrent dans leur église : sans doute ils transporteraient eux-mêmes les restes de leur bienfaitrice, et viendraient les exposer, dans ce lieu, à la vénération publique.

> Hic manus ob patriam pugnando vulnera passi,
> Quique sacerdotes casti dùm vita manebat,
> Quique pii vates et Phœbo digna locuti,
> Inventas aut qui vitam excoluere per artes,
> Quique sui memores alios fecere merendo.
> ÆNEID., lib. VI.

« Là, seraient les guerriers qui prodiguèrent leur sang pour la défense
» de la patrie; les prêtres qui furent chastes pendant le cours de leur vie;
» les poëtes pleins de piété, qui chantèrent des vers dignes d'Apollon;
» ceux qui contribuèrent au bonheur de la vie par l'invention des arts;
» et tous ceux qui méritèrent, par leurs bienfaits, de vivre dans la mé-
» moire des hommes. »

Il y aurait là des monuments de toute espèce, distribués suivant les différents mérites : des obélisques, des colonnes, des pyramides, des urnes, des bas-reliefs, des médaillons, des statues, des socles, des péristyles, des dômes; ils n'y seraient pas entassés comme dans un magasin, mais dispersés avec goût; ils ne seraient pas tous de marbre blanc, comme s'ils sortaient de la même carrière; mais de marbres et de pierres de toutes les couleurs. Il ne faudrait dans ce vaste terrain, auquel je suppose au moins un mille et demi de diamètre, ni alignement, ni terre bêchée, ni boulingrins, ni arbres taillés et émondés, ni rien qui ressemblât à nos jardins. Il n'y aurait de même ni inscriptions latines, ni expressions mythologiques, ni rien qui sentît son académie. Il y aurait encore moins des titres de dignités ou d'honneurs, qui rappellent les vaines idées du monde; on en retrancherait toutes les qualités que la mort détruit; on n'y tiendrait compte que des bonnes actions qui survivent aux citoyens, et qui sont les seuls titres dont la postérité se soucie, et que Dieu récompense. Les inscriptions en seraient simples, et naîtraient de chaque sujet. Ce ne seraient pas les vivants qui y parleraient inutilement aux morts et aux objets inanimés, comme dans les nôtres, mais les morts et les objets inanimés qui parleraient aux vivants pour leur instruction, comme chez les anciens. Ces correspondances d'une nature invisible, à la nature visible, d'un temps éloigné au temps présent, donnent à l'ame l'extension céleste de l'infini, et sont les sources du charme que nous font éprouver les inscriptions antiques.

Ainsi, par exemple, sur un rocher planté au milieu d'une touffe de fraisiers du Chili, on lirait ces mots :

J'ÉTAIS INCONNUE A L'EUROPE; MAIS, EN TELLE ANNÉE, UN TEL, NÉ EN TEL LIEU, M'A TRANSPLANTÉE DES HAUTES MONTAGNES DU CHILI; ET MAINTENANT JE PORTE DES FLEURS ET DES FRUITS DANS L'HEUREUX CLIMAT DE LA FRANCE.

Au-dessous d'un bas-relief de marbre de couleur, qui représenterait des petits enfants buvant, mangeant et se réjouissant, on lirait cette inscription :

NOUS ÉTIONS EXPOSÉS DANS LES RUES, AUX CHIENS, A LA FAIM ET AU FROID : UNE TELLE, DE TEL LIEU, NOUS A LOGÉS, NOUS A VÊTUS, ET NOUS A RENDU LE LAIT REFUSÉ PAR NOS MÈRES.

Au pied de la statue de marbre blanc d'une jeune et belle femme assise, et s'essuyant les yeux, avec les symptômes de la douleur et de la joie :

J'ÉTAIS ODIEUSE AU CIEL ET AUX HOMMES ; MAIS, TOUCHÉE DE REPENTIR, J'AI APAISÉ LE CIEL PAR MES LARMES, ET J'AI RÉPARÉ LE MAL QUE J'AI FAIT AUX HOMMES, EN SERVANT LES MALHEUREUX.

Près de là on lirait, sous celle d'une jeune fille mal vêtue, filant au fuseau, et regardant le ciel avec ravissement :

J'AI MÉPRISÉ LES VAINES JOIES DU MONDE, ET MAINTENANT JE SUIS HEUREUSE.

Il y aurait de ces monuments qui n'auraient, pour tout éloge, qu'un seul nom : tel serait, par exemple, le tombeau qui renfermerait les cendres de l'Auteur du Télémaque ; à moins qu'on n'y gravât ces mots, si convenables à son caractère aimant et sublime :

IL A ACCOMPLI LES DEUX PRÉCEPTES DE LA LOI ; IL A AIMÉ DIEU ET LES HOMMES.

Je n'ai pas besoin de dire qu'on pourrait faire

ces inscriptions d'un meilleur style que le mien; mais j'insisterais pour que, dans ces figures, il n'y eût point d'air insolent; point de cheveux jetés au vent, comme ceux de l'ange trompette de la résurrection; point de douleur théâtrale, et de grands mouvements de robe, comme à la Madeleine des Carmelites; point d'attributs mythologiques, où le peuple n'entend rien. Chaque personne y serait avec son costume : on y verrait des toques de matelots, des cornettes de bonnes sœurs, des sellettes de Savoyard, des pots au lait, et des pots au bouillon. Ces statues de citoyens vertueux seraient bien aussi respectables que celles des dieux du paganisme, et certainement plus intéressantes que celles du rémouleur ou du gladiateur antiques : mais il faudrait que nos artistes s'étudiassent à rendre, comme les anciens, les caractères de l'ame dans l'attitude du corps et dans les traits du visage, tels que le repentir, l'espérance, la joie, la sensibilité, la naïveté. Voilà les costumes de la nature, qui ne varient jamais, et qui plaisent toujours sous quelque habit qu'on les mette. Plus même les occupations et les vêtements de ces personnages seront méprisables, plus l'expression de la charité, de l'humanité, de l'innocence et de toutes leurs vertus y paraîtra sublime. La statue d'une jeune et belle femme travaillant comme Pénélope à une toile, et vêtue modestement d'une robe grecque à longs plis, y plairait sans doute à tous les yeux : mais je la trouverais mille fois plus touchante que celle de Pénélope même, occupée du même travail, sous les lambeaux de l'infortune et de la misère.

Il n'y aurait sur ces tombeaux, ni squelettes, ni ailes de chauve-souris, ni faux du Temps, ni aucun de ces attributs effrayants, avec lesquels nos éducations d'esclaves cherchent à nous faire peur de la mort, ce dernier bienfait de la nature ; mais on y verrait les symboles qui annoncent une vie heureuse et immortelle; des vaisseaux battus de la tempête qui arrivent au port, des colombes qui prennent leur vol vers les cieux, etc.

Les statues saintes des citoyens vertueux, couronnées de fleurs, avec les caractères de la félicité, de la paix et de la consolation dans leurs traits, seraient rangées vers le centre de l'île, autour d'une vaste pelouse, sous les arbres de la patrie, tels que de grands hêtres, de majestueux sapins, des châtaigniers chargés de fruits. On y verrait aussi la vigne mariée aux ormes, et le pommier de la Normandie couvert de ses fruits colorés comme des fleurs. Du milieu de cette pelouse, s'éleverait un grand temple en forme de rotonde. Il serait entouré d'un péristyle de colonnes majestueuses, comme était jadis à Rome le *Moles Adriani*. Mais je le voudrais plus spacieux. Sur sa frise, on lirait ces mots :

A L'AMOUR DU GENRE HUMAIN.

Au centre, il y aurait un autel simple et sans ornements, sur lequel, à certains jours de l'année, on célébrerait le service divin. Ni la sculpture, ni la peinture, ni l'or, ni les pierreries, ne seraient dignes de décorer l'intérieur de ce temple ; mais des inscriptions sacrées y annonceraient le genre de mérite qu'on y couronne. Sans doute tous ceux qui reposeraient aux environs ne seraient pas des saints. Mais au-dessus de la principale porte, on lirait sur une table de marbre blanc, ces paroles divines :

ON LUI A BEAUCOUP REMIS, PARCE QU'ELLE A BEAUCOUP AIMÉ.

Sur une autre partie de la frise, on graverait celle-ci, qui nous éclaire sur la nature de nos devoirs :

LA VERTU EST UN EFFORT FAIT SUR NOUS-MÊMES, POUR LE BIEN DES HOMMES, DANS L'INTENTION DE PLAIRE A DIEU SEUL.

On y pourrait joindre la suivante, propre à réprimer nos ambitieuses émulations :

LE PLUS PETIT ACTE DE VERTU VAUT MIEUX QUE L'EXERCICE DES PLUS GRANDS TALENTS.

Sur d'autres tables, on pourrait écrire des maximes d'espérance dans la Providence divine, tirées des philosophes de toutes les nations, telles que celle-ci, qui vient des Perses modernes :

QUAND ON EST LE PLUS AFFLIGÉ, C'EST ALORS QU'IL FAUT ESPÉRER LE PLUS DE CONSOLATION. LE PLUS ÉTROIT DU DÉFILÉ EST A L'ENTRÉE DE LA PLAINE.*

* Chardin, palais d'Ispahan.

Et cette autre du même pays :

QUICONQUE A ATTACHÉ FORTEMENT SON CŒUR A DIEU, S'EST DÉLIVRÉ HEUREUSEMENT DE TOUTES LES AFFLICTIONS QUI LUI PEUVENT ARRIVER EN CE MONDE ET EN L'AUTRE.

On y en pourrait mettre de philosophiques sur la vanité des choses de ce monde, telles que celle-ci :

COMPTEZ CHACUN DE VOS JOURS PAR DES PLAISIRS, PAR DES AMOURS, PAR DES TRÉSORS ET PAR DES GRANDEURS ; LE DERNIER LES ACCUSERA TOUS DE VANITÉ.

Ou cette autre qui nous ouvre une perspective dans l'autre vie :

CELUI QUI A DONNÉ LA LUMIÈRE AUX YEUX DE L'HOMME, DES SONS A SON OUÏE, DES PARFUMS A SON ODORAT, ET DES FRUITS A SON GOUT, SAURA BIEN REMPLIR UN JOUR SON CŒUR, QUE RIEN NE PEUT SATISFAIRE ICI-BAS.

Et cette autre qui nous porte à la charité envers les hommes par notre propre intérêt :

QUAND ON ÉTUDIE LE MONDE, ON NE FAIT CAS QUE DES HOMMES QUI ONT DE LA SAGACITÉ ; MAIS QUAND ON S'ÉTUDIE SOI-MÊME, ON N'ESTIME QUE CEUX QUI ONT DE L'INDULGENCE.

Celle-ci serait inscrite, en lettres de bronze antique, autour de la coupole :

MANDATUM NOVUM DO VOBIS, UT DILIGATIS INVICEM SICUT DILEXI VOS, UT ET VOS DILIGATIS INVICEM. Joan., cap. XXIII, ỳ 34.
JE VOUS DONNE UN DERNIER COMMANDEMENT, QUE VOUS VOUS AIMIEZ LES UNS LES AUTRES, COMME JE VOUS AI AIMÉS MOI-MÊME.

Pour décorer ce temple au dehors, avec une dignité convenable, il ne faudrait d'autres ornements que ceux de la nature. Les premiers rayons du soleil levant et les derniers du soleil couchant, doreraient sa coupole élevée au-dessus des forêts ; pendant le jour, les feux du midi, et pendant la nuit, la clarté de la lune, traceraient sur la pelouse son ombre majestueuse ; la Seine en répéterait les reflets dans ses eaux : les tempêtes frémiraient en vain contre son énorme voûte ; et lorsque le temps l'aurait bronzée de mousse, les chênes de la patrie sortiraient de ses antiques claveaux, et les aigles du ciel, planant autour, viendraient y faire leurs nids.

Ni les talents, ni la naissance, ni l'or, ne seraient des titres pour avoir un monument dans cette terre patriotique et sainte. Mais, dira-t-on, qui déciderait du mérite de ceux dont on y déposerait les cendres? Le roi seul en serait le juge, et le peuple le rapporteur. Il ne suffirait pas à un citoyen, pour obtenir ce genre d'illustration, de cultiver une plante dans une serre chaude, ni même dans son jardin ; mais il faudrait qu'elle fût naturalisée en plein champ, et qu'on en portât vendre les fruits au marché. Ce ne serait pas assez que le modèle d'une machine ingénieuse fût dans le cabinet d'un artiste, et approuvé par l'Académie des sciences ; il faudrait que la machine même fût entre les mains du peuple, et à son usage. Il ne suffirait pas, pour constater le succès d'un ouvrage littéraire, qu'il eût été couronné par l'Académie française ; mais il faudrait qu'il fût lu de la classe d'hommes à laquelle il est destiné. Ainsi, par exemple, une ode à la patrie serait réputée ne rien valoir, si elle n'était chantée dans les rues par le peuple. Le mérite d'un homme de guerre ou de mer, ne se déciderait pas d'après les gazettes, mais d'après la voix des soldats ou des matelots. A la vérité, le peuple ne connaît guère, dans les citoyens, d'autre vertu que la bienfaisance : il ne consulte que son premier besoin ; mais son instinct, sur ce point, est conforme à la loi divine ; car toutes les vertus aboutissent à celle-là, même celles qui en paraissent le plus éloignées : et quand il y aurait des riches qui chercheraient à le captiver en lui faisant du bien, c'est précisément là ce que nous nous proposons de leur inspirer. Ils rempliraient leurs devoirs ; et les grandes conditions se rapprocheraient des petites.

Il résulterait d'une pareille institution, le rétablissement d'une des lois de la nature les plus importantes à une nation ; je veux dire une perspective inépuisable de l'infini, aussi nécessaire au bonheur d'un peuple, qu'à celui d'un particulier. Telle est, comme nous l'avons entrevu ailleurs, la nature de l'esprit humain ; s'il ne voit l'infini dans ses vues, il se replie sur lui-même, et il se détruit par ses propres forces. Rome présenta au patriotisme de ses citoyens la conquête du monde; mais ce but était trop borné. Sa dernière victoire eût été le commencement de sa ruine. L'établissement que je propose n'a point cet inconvénient. Il n'y a point pour l'homme d'objet plus étendu et plus profond que celui de sa propre fin. Il n'y a point de monuments plus variés et plus agréables, que ceux de la vertu. Quand on n'éleverait chaque année, dans cet Élysée, qu'un socle de marbre de Bretagne ou de granit d'Auvergne, il y aurait de quoi tenir toujours le peuple en haleine par le spectacle de la nouveauté. Les provinces du royaume plaideraient contre la capitale, pour y faire placer leurs habitants vertueux. Quel auguste tribunal on pourrait former d'évêques illustres par leur piété, de magistrats intègres, de généraux d'armée célèbres, pour examiner leurs diverses prétentions ! Que de mémoires paraîtraient au jour, propres à intéresser le peuple, qui ne voit, dans sa bibliothèque, que des arrêts de mort des fameux scélérats, ou la vie des saints, qui sont hors de sa portée ! Que de sujets nouveaux pour nos gens de lettres, qui ne savent plus que rebattre éternellement le siècle de Louis XIV, ou être les facteurs de la réputation des Grecs et des Romains ! Que d'anecdotes curieuses pour nos riches voluptueux ! Ils paient fort chèrement l'histoire d'un insecte de l'Amérique, gravé de toutes les manières, et étudié au microscope, minute par minuté, dans toutes les phases de sa vie. Ils n'auraient pas moins de plaisir à connaître les mœurs d'un pauvre charbonnier, élevant vertueusement sa famille dans les forêts, au milieu des contrebandiers et des brigands; ou celles d'un misérable pêcheur, qui, pour fournir aux délices de leurs tables, vit, comme une mauve, au milieu des tempêtes.

Je ne doute pas que ces monuments, exécutés avec le goût dont nous sommes capables, n'attirassent à Paris une foule de riches étrangers. Ils y viennent aujourd'hui pour y vivre, ils y viendraient encore pour y mourir. Ils chercheraient à bien mériter d'une nation devenue l'arbitre des vertus de l'Europe, et à acquérir un dernier asyle dans la terre sainte de cet Élysée, où tous les hommes vertueux et bienfaisants seraient réputés citoyens. Cet établissement, qu'on peut sans doute former d'une manière bien supérieure à la faible esquisse que j'en présente, servirait à rapprocher les grandes conditions des petites, bien mieux que nos églises mêmes, où l'avarice et l'ambition mettent souvent, entre les citoyens, des distinctions plus humiliantes qu'il n'y en a dans la société. Il attirerait les étrangers à la capitale, en leur offrant les droits d'une bourgeoisie illustre et immortelle. Il réunirait enfin la religion à la patrie, et la patrie à la religion, dont les liens mutuels sont bientôt près de se rompre.

Je n'ai pas besoin de dire que cet établissement ne coûterait rien à l'Etat. On en ferait les frais, et on l'entretiendrait par le revenu de quelque riche abbaye, puisqu'il serait consacré à la religion et aux récompenses de la vertu. Il ne faudrait pas qu'il devînt, comme les monuments de Rome moderne, et même comme plusieurs de nos monuments royaux, un objet de lucre pour des particuliers, qui en vendent la vue aux curieux. On se garderait bien d'en bannir le peuple quand il est mal vêtu, et d'en chasser, comme dans nos jardins publics, les pauvres et honnêtes ouvrières en casaquin, tandis que des courtisanes bien parées se promènent avec effronterie dans leurs grandes allées. Les plus petites gens du peuple pourraient y entrer en tout temps. C'est à vous, ô malheureux de toutes les conditions, qu'appartiendrait la vue des amis de l'humanité, et vos patrons ne sont désormais que parmi les statues des hommes vertueux ! Là, un militaire, à la vue de Catinat, apprendrait à supporter la calomnie. Là, une fille du monde, lassée de son misérable métier, baisserait les yeux en soupirant, en voyant la statue de la Pudeur honorée ; mais à la vue de celle d'une femme de son état, retournée vers la vertu, elle les releverait vers celui qui préféra le repentir à l'innocence.

On pourra m'objecter que notre peuple ne tarderait pas à porter la destruction dans tous ces monuments. C'est en effet ce qu'il ne manque guère de faire à l'égard de ceux qui ne l'intéressent point. Il y aurait sans doute une police dans ce lieu; mais le peuple respecte les monuments qui sont à son usage. Il ravage un parc; mais il ne détruit rien dans les campagnes. Il prendrait bientôt l'Élysée de la patrie sous sa protection, et il s'y surveillerait lui-même bien mieux que les suisses et les gardes.

Il y aurait encore plus d'un moyen de lui rendre ce lieu respectable et cher. Il faudrait qu'il fût un asyle inviolable pour tous les infortunés; par exemple, pour les pères endettés de mois de nourrice de leurs enfants, et pour ceux qui ont fait des fautes légères et inconsidérées : il faudrait qu'on n'y pût arrêter un homme que par un ordre exprès du roi, signé de sa main. Ce serait là aussi où pourraient s'adresser des familles laborieuses qui manquent de travail. Il serait défendu d'y faire l'aumône, mais permis d'y faire du bien. Des gens vertueux, qui savent connaître et employer les hommes, viendraient y chercher des sujets, en faveur desquels ils pussent employer leur crédit; d'autres, pour honorer la mémoire de quelque homme illustre, donneraient des repas au pied de sa statue, à quelque famille de pauvres gens. L'État en donnerait l'exemple à certaines époques chères à la patrie; comme à la fête du roi. Il y ferait donner des vivres au petit peuple, non pas en lui jetant des pains à la tête, comme dans nos réjouissances publiques ; mais on les lui distribuerait en le faisant asseoir sur l'herbe, par corps de métiers, autour des statues de ceux qui les ont inventés ou perfectionnés. Ces repas ne ressembleraient point à ceux que nos gens riches donnent quelquefois aux misérables, par cérémonie, où ils les servent respectueusement avec des serviettes sous le bras. Ceux qui les donneraient seraient obligés de se mettre à table et de manger avec eux. Ils ne s'occuperaient point du soin de leur laver les pieds ; mais ils seraient tenus de leur rendre un service plus utile, en leur donnant des bas et des chaussures.

Là, le riche apprendrait à pratiquer réellement la vertu, et le peuple à la connaître. La nation s'y instruirait de ses devoirs, et s'y formerait une idée de la véritable grandeur. Elle verrait les offrandes présentées à la mémoire des hommes vertueux et offertes à la divinité, tourner enfin au profit des misérables.

Ces repas nous rappelleraient les agapes des premiers chrétiens, et les saturnales de la mort où chaque jour nous entraîne, et qui, nous rendant bientôt tous égaux, ne mettront entre nous d'autre différence que celle du bien que nous aurons fait pendant la vie.

Autrefois, pour honorer la mémoire des hommes

vertueux, les fidèles se rassemblaient dans les lieux consacrés par leurs actions ou par leurs tombeaux, sur le bord d'une fontaine ou à l'ombre d'une forêt. Là, ils apportaient des vivres, et invitaient ceux qui n'en avaient pas, à venir les partager avec eux. Les mêmes coutumes ont été communes à toutes les religions. Elles subsistent encore dans celles de l'Asie. Vous les retrouvez chez les anciens Grecs. Lorsque Xénophon eut fait cette fameuse retraite où il sauva dix mille de ses compatriotes, en ravageant le territoire de la Perse, il destina une partie du butin qu'il y avait gagné, à fonder dans la Grèce une chapelle en l'honneur de Diane. Il y attacha un revenu, des chasses et des repas pour ceux qui, chaque année, s'y rendraient à certain jour.

DU CLERGÉ.

Si nos pauvres participent quelquefois à quelque misérable distribution ecclésiastique, les secours qu'ils en reçoivent, loin de les tirer de la misère, ne font que les y entretenir. Que de fonds de terre cependant ont été légués en leur faveur à l'église ! Pourquoi n'en distribue-t-on pas les revenus, en sommes assez fortes pour tirer au moins chaque année de l'indigence, un certain nombre de familles ? Les gens du clergé disent qu'ils sont les administrateurs des biens des pauvres ; mais les pauvres ne sont ni des fous ni des imbécilles, pour avoir besoin d'administrateurs : d'ailleurs, on ne pourrait prouver par aucun passage de l'ancien ou du nouveau Testament, que cette charge appartient aux prêtres : si ceux-ci sont les administrateurs des pauvres, ils ont donc actuellement dans le royaume sept millions d'hommes dans leur administration temporelle. Je ne pousserai pas plus loin cette réflexion. Il faut rendre à chacun ce qui lui est dû : les prêtres sont de droit divin les avocats des pauvres ; mais c'est le roi seul qui est leur administrateur naturel.

Comme l'indigence est la principale cause des vices du peuple, l'opulence peut, comme elle, produire à son tour des désordres dans le clergé. Je ne m'appuierai pas ici des répréhensions de saint Jérôme, de saint Bernard, de saint Augustin et des autres pères de l'église, au clergé de leur temps et de leur pays, dans lesquelles ils leur prophétisaient la destruction totale de la religion, comme une suite nécessaire de leurs mœurs et de leurs richesses. La prophétie de plusieurs d'entre eux n'a pas tardé à se vérifier en Afrique, en Asie, en Judée et dans l'empire de la Grèce, où non-seulement la religion a disparu, mais même les gouvernements de ces nations. L'avidité de la plupart des ecclésiastiques rend bientôt les fonctions de l'église suspectes :

c'est un argument qui frappe tous les hommes. « Je crois, disait Pascal, à des témoins qui se » font égorger. » Il y aurait cependant quelques objections à faire à ce raisonnement; mais il n'y en a point contre celui-ci : « Je me méfie des » témoins qui s'enrichissent. » A la vérité, la religion a des preuves naturelles et surnaturelles, bien supérieures à celles que peuvent lui fournir les hommes. Elle ne dépend ni de notre ordre, ni de notre désordre; mais la patrie en dépend.

Le monde regarde aujourd'hui avec envie, et disons-le, avec haine, la plupart des prêtres. Mais ils sont les enfants de leur siècle, comme les autres hommes. Les vices qu'on leur reproche appartiennent en partie à leur nation, au temps où ils vivent, à la constitution politique de l'état, et à leur éducation. Les nôtres sont des Français comme nous ; ce sont nos parents, sacrifiés souvent à notre propre fortune, par l'ambition de nos pères. Si nous étions chargés de leurs devoirs, nous nous en acquitterions souvent plus mal. Je n'en connais point de si pénibles et de si dignes de respect, que ceux d'un bon ecclésiastique. Je ne parle pas de ceux d'un évêque qui veille sur son diocèse, qui forme de sages séminaires, qui entretient l'ordre et la paix dans les communautés, qui résiste aux méchants et supporte les faibles, qui est toujours prêt à secourir les malheureux, et qui dans ce siècle d'erreur, réfute les objections des ennemis de la foi par ses propres vertus. Il est récompensé par l'estime publique. On peut acheter par de pénibles travaux la gloire d'être un Fénélon, ou un Juigné. Je ne dis rien de ceux d'un curé, qui attirent quelquefois par leur importance l'attention des rois, ni de ceux d'un missionnaire qui va au martyre. Souvent les combats de celui-ci ne durent qu'un jour, et sa gloire est immortelle. Mais je parle de ceux d'un simple et obscur habitué de paroisse, auquel personne ne fait attention. Il est obligé d'abord de sacrifier les plaisirs et la liberté de sa jeunesse à d'ennuyeuses et pénibles études. Il faut qu'il supporte, tous les jours de sa vie, la continence, comme une lourde cuirasse, dans mille occasions propres à la faire perdre. Le monde n'honore que des vertus de théâtre et des victoires d'un moment. Mais combattre chaque jour un ennemi logé au-dedans de soi, et qui s'approche en ami; repousser sans cesse, sans témoin, sans gloire, sans éloge, la plus forte des passions et le plus doux des penchants, voilà ce qui est difficile. Des combats d'une autre espèce l'attendent au-dehors. Il est obligé d'exposer journellement sa vie dans des maladies épidémiques. Il faut qu'il confesse, la tête sur le même oreiller, des malades qui ont la petite-vérole, la fièvre putride, le pourpre. Ce courage obscur me paraît fort supérieur au courage militaire. Le soldat combat à la vue des armées, au bruit du canon et des tambours; il se présente à la mort en héros. Mais le prêtre s'y dévoue en victime. Quelle fortune celui-ci se promet-il de ses travaux ? une subsistance souvent précaire ! D'ailleurs, quand il acquerrait des biens, il ne peut les faire passer à ses descendants. Il voit toutes ses espérances temporelles mourir avec lui. Quel dédommagement reçoit-il des hommes ? Avoir à consoler souvent des gens qui n'ont plus de foi ; être le refuge des pauvres, et n'avoir rien à leur donner ; être persécuté quelquefois pour ses vertus mêmes ; voir tourner ses combats en mépris, ses démarches en ruses, ses vertus en vices, sa religion en ridicule : tels sont les devoirs et la récompense que le monde donne à la plupart de ces hommes, dont il envie le sort.

Voilà ce que j'ai osé proposer pour le bonheur du peuple et des principaux ordres de l'état, et ce qu'il m'a été permis de mettre au jour. Assez de philosophes et de politiques ont déclamé contre les vices de la société, sans s'embarrasser d'en rechercher les causes, et encore moins les remèdes. Les plus habiles n'ont vu nos maux qu'en détail, et n'y ont employé que des palliatifs. Les uns ont proscrit le luxe; d'autres, les célibataires, et ont voulu forcer, à se charger d'une famille, des gens qui n'ont pas de quoi subvenir à leurs propres besoins. D'autres ont voulu qu'on emprisonnât les mendiants; d'autres ont défendu aux filles de joie de paraître dans les rues. Ils agissent comme ces médecins qui, pour guérir les boutons d'un corps malade, s'efforceraient de les répercuter au dedans. Politiques, vous appliquez le remède à la tête, parce que la douleur est au front; mais le mal est dans les nerfs : c'est au cœur qu'il faut pourvoir; c'est le peuple qu'il faut guérir.

Si quelque grand ministre jaloux de faire notre bonheur au dedans et d'étendre notre puissance au dehors, ose entreprendre de les rétablir, il faut qu'il suive dans ses procédés ceux de la nature. Elle n'agit que lentement et par réactions. Je le répète, la cause du pouvoir prodigieux de l'or, qui a ôté à-la-fois la morale et la subsistance au peuple, est dans la vénalité des charges. Celle de la mendicité, qui s'étend aujourd'hui à sept millions de sujets, est dans les grands propriétaires des terres et des emplois. Celle de la prostitution des filles du monde vient, d'une part, de leur indigence; et de l'autre, du célibat de deux millions d'hommes. La surabondance inutile de bourgeois oisifs et médisants dans nos petites villes, naît de la taille qui avilit les habitants de la campagne; les préjugés des nobles viennent des ressentiments des roturiers; et tous ces maux et une infinité d'autres physiques et intellectuels, du malheur du peuple. C'est l'indigence du peuple qui produit des foules de comédiens, de filles du monde, de brigands, d'incendiaires, de gens de lettres licencieux, de calomniateurs, de flatteurs, de superstitieux, de mendiants, de filles entretenues, de charlatans dans tous les états, et cette multitude infinie d'hommes corrompus qui, ne pouvant parvenir à rien par des vertus, cherchent à se procurer du pain et de la considération par leurs vices. Vous aurez beau y opposer des plans financiers, des projets de dixme réelle, des ordonnances de police, des arrêts du parlement; tous vos travaux seront inutiles. L'indigence du peuple est un grand fleuve, qui s'accroît chaque année, qui surmonte toutes les digues, et qui finira par les renverser.

Il se joint encore à cette cause physique de nos maux une cause morale, qui est notre éducation. Je hasarderai quelques réflexions à ce sujet, quoiqu'il soit au-dessus de mes forces; mais s'il est le plus important de nos abus, il me paraît, d'un autre côté, le plus aisé à réformer; et cette réforme me semble si nécessaire, que sans elle toutes les autres sont nulles.

ÉTUDE QUATORZIÈME.

DE L'ÉDUCATION.

« A quoi, dit Plutarque,* devait Numa plutôt
» employer son étude, qu'à faire bien nourrir les
» enfants et à faire exercer les jeunes gens, afin
» qu'ils ne fussent différents de mœurs, ni tur-
» bulents pour la diversité de leur nourriture ;
» mais fussent tous accordants ensemble pour
» avoir été, dans leur enfance, acheminés à une
» même trace, et moulés sur une même forme
» de la vertu ? Cela, outre les autres utilités, ser-
» vit encore à maintenir les lois de Lycurgue ;
» car la crainte du serment que les Spartiates
» avaient juré, eût eu bien peu d'efficace, si, par
» l'institution et la nourriture, il n'eût, par ma-
» nière de dire, teint en laine les mœurs des
» enfants, et ne leur eût, avec le lait de leurs
» nourrices, presque fait sucer l'amour de ses
» lois et de sa police. »

Voilà un jugement qui condamne toutes nos
éducations, en faisant l'éloge de celle de Sparte.

* Plutarque, Comparaison de Numa et de Lycurgue.

Je ne balance pas à attribuer à nos éducations modernes l'esprit inquiet, ambitieux, haineux, tracassier et intolérant de la plupart des Européens : on en peut voir des effets dans les malheurs des peuples. Il est remarquable que ceux qui ont été les plus agités au dedans et au dehors, sont précisément ceux où notre éducation si vantée a été la plus florissante : c'est ce qu'on peut vérifier pays par pays, siècle par siècle. Les politiques ont cru voir la cause des malheurs publics dans les différentes formes de gouvernements ; mais la Turquie est tranquille, et l'Angleterre est souvent agitée. Toutes formes politiques sont indifférentes au bonheur d'un état, comme nous l'avons dit, pourvu que le peuple y soit heureux. Nous aurions pu ajouter, et pourvu que les enfants le soient aussi.

Le philosophe Laloubère, envoyé de Louis XIV à Siam, dit, dans la relation de son voyage, que les Asiatiques se moquent de nous, quand nous leur vantons l'excellence de la religion chrétienne pour le bonheur des états. Ils demandent, en lisant nos histoires, comment il est possible que notre religion soit si humaine, et que nous fassions la guerre dix fois plus souvent qu'eux. Que diraient-ils donc, s'ils voyaient parmi nous nos procès perpétuels, les médisances et les calomnies de nos sociétés, les jalousies des corps, les batteries du petit peuple, les duels des gens bien élevés, et nos haines de tout genre, auxquelles on ne voit rien de comparable en Asie, en Afrique, chez les Tartares ni chez les Sauvages, au témoignage même des missionnaires? Pour moi, je trouve la cause de tous ces désordres particuliers et généraux dans notre éducation ambitieuse. Quand on a bu, dès l'enfance, dans la coupe de l'ambition, la soif en reste toute la vie, et elle dégénère en fièvre au pied des autels.

Certainement, ce n'est pas la religion qui en est la cause. Je ne sais pas comment des royaumes, soi-disant chrétiens, ont pu adopter l'ambition pour base de l'éducation publique. Indépendamment de leur constitution politique, qui l'interdit à tous ceux de leurs sujets qui n'ont pas d'argent, c'est-à-dire au plus grand nombre, il n'y a point de passion si constamment proscrite par la religion. Nous avons observé qu'il n'y avait que deux passions dans le cœur humain, l'amour et l'ambition. Les lois civiles portent de grandes peines contre les excès de la première; elles en répriment, tant qu'elles peuvent, les mouvements. Il y a des peines infamantes contre la prostitution, et même, en quelques lieux, il y en a de mort contre l'adultère. Mais ces mêmes lois vont au-devant de la seconde; elles lui proposent par-tout des prix, des récompenses et des honneurs. Ces opinions règnent jusque dans les cloîtres. Il y a un grand scandale dans un couvent, si les intrigues amoureuses d'un moine viennent à y éclater; mais que d'éloges y sont donnés à celles qui le font cardinal! Que de railleries, d'imprécations et de malédictions contre la faiblesse imprudente! Que de termes doux et honorables pour la ruse audacieuse! Noble émulation, amour de la gloire, esprit, intelligence, mérite récompensé; de combien de noms glorieux pallie-t-on l'intrigue, la flatterie, la simonie, la perfidie, et tous les vices qui marchent, dans tous les états, à la suite de l'ambitieux!

Voilà comme juge le monde; mais la religion, toujours conforme à la nature, porte, sur les caractères de ces deux passions, un jugement bien différent. Jésus appelle à lui la faible Samaritaine, il pardonne à la femme adultère, il absout la pécheresse qui baigne ses pieds de larmes; mais écoutez comme il sévit contre les ambitieux : « Malheur à
» vous, scribes et pharisiens, qui aimez les pre-
» mières places dans les festins, et les premières
» chaires dans les synagogues; qui aimez qu'on
» vous salue dans les places publiques, et que les
» hommes vous appellent maîtres! Malheur aussi
» à vous, docteurs de la loi, qui chargez les hom-
» mes de fardeaux qu'ils ne sauraient porter, et
» qui ne voudriez pas les avoir touchés du bout
» du doigt! Malheur aussi à vous, docteurs de la
» loi, qui vous êtes saisis de la clef de la science,
» et qui, n'y étant point entrés vous-mêmes, l'a-

» vez encore fermée à ceux qui voulaient y en-
» trer! etc. *» Il leur déclare que, malgré leurs
vains honneurs dans ce monde, les prostituées les
précéderont au royaume de Dieu. Il nous ordonne,
en plusieurs endroits, de prendre garde à eux;
et il nous avertit que nous les reconnaîtrons à
leurs fruits. Dans des jugements si différents des
nôtres, il juge nos passions suivant leurs convenances naturelles. Il pardonne à la prostitution,
qui est en elle-même un vice, mais qui n'est,
après tout, qu'une faiblesse, par rapport à l'ordre
de la société; et il condamne, sans indulgence,
l'ambition, comme un crime qui est à-la-fois
contre l'ordre de la société et celui de la nature.
La première ne fait que le malheur de deux coupables, mais la seconde fait celui du genre humain.

A cela, nos docteurs répondent qu'il ne s'agit,
dans l'éducation de nos enfants, que de leur inspirer l'émulation de la vertu. Je ne crois pas
qu'il soit question, dans nos colléges, d'exercices
de vertu, si ce n'est pour faire, à ce sujet, quelques thèmes ou quelques amplifications. Mais on
leur donne une véritable ambition, en leur apprenant à se disputer les premières places dans
les classes, et en leur faisant adopter mille systèmes intolérants. Aussi, quand ils ont une fois
la clef de la science dans leurs poches, ils sont

---

* Saint Matthieu, chap. XXIII et suiv.

bien déterminés, comme leurs maîtres, à n'y laisser entrer personne que par leur porte.

La vertu et l'ambition sont incompatibles. La gloire de l'ambition est de monter, et celle de la vertu de descendre. Voyez comme Jésus réprimande ses apôtres, lorsqu'ils lui demandent lequel d'entre eux doit être le premier. Il prend un enfant, et le met au milieu d'eux. Sans doute, ce n'était pas un enfant de nos écoles. Ah! lorsqu'il nous recommande l'humilité si convenable à notre faible et misérable nature, c'est qu'il n'a pas cru que la puissance, même suprême, pût faire notre bonheur dans ce monde; et il est digne de remarque, que ce ne fut pas au disciple qu'il aimait le plus, qu'il donna la primauté sur les autres; mais, pour prix de son amour qui fut fidèle jusqu'à la mort, il lui légua, en mourant, sa propre mère.

Cette prétendue émulation, inspirée aux enfants, les rend pour toute leur vie intolérants, vains, changeants au moindre blâme ou au plus petit éloge d'un inconnu. On leur donne, dit-on, de l'ambition pour leur bonheur, afin qu'ils fassent fortune dans le monde ; mais la cupidité naturelle suffit au-delà pour remplir cet objet. Est-ce que les marchands, les ouvriers, et toutes les professions lucratives, c'est-à-dire, tous les états de la société, ont besoin d'un autre stimulant? Si l'on n'inspirait d'ambition qu'à un seul enfant, destiné à remplir un jour de grands emplois, cette éducation, qui ne serait pas sans inconvénient, serait au moins convenable à la carrière qu'il doit parcourir : mais, en l'inspirant à tous, vous donnez à chacun d'eux autant d'ennemis qu'il a de compagnons ; vous les rendez malheureux les uns par les autres. Ceux qui ne peuvent s'élever par leurs talents, cherchent à réussir auprès de leurs maîtres par des flatteries, et à faire tomber leurs égaux par leurs médisances. Si ces moyens ne leur réussissent pas, ils prennent en haine les objets de leur émulation, qui valent à leurs camarades des applaudissements, et qui sont pour eux des sources perpétuelles d'ennui, de châtiments et de larmes. Voilà pourquoi tant d'hommes bannissent de leur mémoire les temps et les objets de leurs premières études, quoiqu'il soit naturel au cœur humain de se rappeler avec délices les époques de l'enfance. Combien voient encore avec une tendre émotion les berceaux d'osier et les poêlons rustiques qui ont servi à leurs premières couches et à leurs premières tables, et ne peuvent voir, sans aversion, un Turselin ou un Despautère ! Je ne doute pas que ces dégoûts de l'éducation n'influent beaucoup sur l'amour que nous devons porter à la religion, parce qu'on ne nous en montre de même les éléments qu'avec tristesse, orgueil et inhumanité.

La politique de la plupart des maîtres consiste sur-tout à composer l'extérieur de leurs élèves. Ils modèlent à la même forme une multitude de caractères que la nature a rendus différents. L'un les veut graves et posés, comme si c'étaient de petits présidents; les autres, en plus grand nombre, les veulent prompts et vifs. Un des grands refrains de leurs leçons est de leur crier sans cesse : « Allons, dépêchez-vous, ne soyez pas paresseux. » J'attribue à cette seule impulsion l'étourderie générale qui caractérise notre jeunesse, et qu'on reproche à notre nation. C'est l'impatience des maîtres qui produit d'abord l'étourderie des écoliers ; elle s'accroît ensuite dans le monde par l'impatience des femmes. Mais est-ce que, dans le cours de la vie, la réflexion n'est pas plus utile que la promptitude? Combien d'enfants sont destinés à y remplir des états graves ! La réflexion n'est-elle pas la base de la prudence, de la tempérance, de la sagesse et de la plupart des qualités morales? Pour moi, j'ai toujours vu les honnêtes gens assez tranquilles, mais les fripons toujours alertes.

Il y a à cet égard une différence bien sensible entre deux enfants, dont l'un a été élevé dans la maison paternelle, et l'autre dans une école publique. Le premier est, sans contredit, plus poli, plus honnête, moins jaloux; par cela seul qu'il a été élevé sans envie de surpasser personne, et encore moins de se surpasser lui-même, suivant notre grande phrase à la mode, vide de sens, comme tant d'autres. Un enfant, rempli d'émulation de collége, n'est-il pas obligé d'y renoncer dès les premiers pas qu'il fait dans le monde, s'il veut être supportable à ses égaux et à lui-même? S'il ne s'y propose d'autre but que son avancement, n'y sera-t-il pas affligé de la prospérité d'autrui? Ne s'y remplira-t-il pas de haines, de jalousies et de désirs qui le dépraveront au physique et au moral? La philosophie et la religion ne le forcent-elles pas de travailler, chaque jour de sa vie, à détruire ces vices de l'éducation? Le monde même l'oblige d'en masquer l'aspect hideux. Voilà une belle perspective ouverte à la vie humaine, où il faut employer la moitié de nos jours à détruire avec mille efforts, ce qu'on a élevé dans l'autre avec tant de larmes et d'appareil!

Nous avons pris ces vices des Grecs, sans songer qu'ils avaient contribué à leurs divisions perpétuelles et à leur ruine finale. Au moins la plupart de leurs exercices avaient pour but l'utilité de la patrie. S'il y avait, chez les Grecs, des prix pour la lutte, le pugilat, le disque, la course à pied et en chariot, c'est que ces exercices étaient nécessaires à la guerre. S'ils en avaient établi pour l'éloquence, c'est qu'elle servait à défendre les intérêts de la patrie, de ville à ville, ou dans les assemblées générales de la Grèce. Mais à quoi employons-nous les longues études des langues mortes et des coutumes étrangères à notre pays? La plupart de nos institutions, par rapport aux anciens, ressemblent beaucoup au paradis des Sauvages de l'Amérique. Ces bonnes gens disent qu'après la mort, les ames de leurs compatriotes vont dans un certain pays où elles chassent les ames des castors avec les ames des flèches, en marchant sur l'ame de la neige avec l'ame des raquettes, et qu'elles font cuire l'ame de leur gibier dans l'ame des marmites. Nous avons de même des images de colysée, où il ne se donne point de jeux; des images de péristyles et de places publiques, où l'on ne peut point se promener; des images de vases antiques, où l'on ne peut mettre aucune liqueur; mais qui servent beaucoup à nos images de grandeur et de patriotisme. Les vrais Grecs et les vrais Romains se croiraient chez nous dans le pays de leurs ombres. Heureux si nous n'avions emprunté d'eux que de vaines images, et si nous n'avions pas naturalisé chez nous leurs maux réels, en y transportant les jalousies, les haines et les vaines émulations qui les ont rendus malheureux!

C'est Charlemagne, dit-on, qui a institué nos études; quelques-uns disent que ce fut pour diviser ses sujets et leur donner de l'occupation : il y a fort bien réussi. Sept années d'humanités, deux de philosophie ; trois de théologie, douze ans d'ennui, d'ambition et de suffisance, sans compter les années que de bons parents font doubler à leurs enfants, pour les renforcer, disent-ils ! Je demande si, au sortir de là, un écolier est, suivant la dénomination de ces mêmes études, plus humain, plus philosophe, et croit plus en Dieu qu'un bon paysan qui ne sait pas lire. A quoi donc tout cela sert-il à la plupart des hommes ? Quelle utilité le plus grand nombre en tire-t-il dans le monde pour la perfection de ses propres lumières et pour la pureté de sa diction ? Nous avons vu que les auteurs classiques eux-mêmes n'ont puisé leurs connaissances que dans la nature, et que ceux de notre nation qui se sont le plus distingués dans les sciences et dans les lettres, tels que Descartes, Michel Montaigne, J. J. Rousseau, etc. n'ont réussi qu'en s'écartant de la route de leurs modèles, et en en prenant souvent une opposée. C'est ainsi que Descartes attaqua et ruina la philosophie d'Aristote : vous diriez que les sciences et l'éloquence sont précisément hors des barrières de nos institutions gothiques.

J'avoue cependant qu'il est heureux, pour beaucoup d'enfants qui ont de mauvais parents, qu'il y ait des collèges ; ils y sont moins malheureux que dans la maison paternelle. Les défauts de leurs maîtres, étant exposés à la vue, sont, en partie, réprimés par la crainte de la censure publique ;

mais il n'en est pas ainsi de ceux de leurs parents. Par exemple, l'orgueil d'un homme de lettres est babillard, et quelquefois instructif; celui d'un ecclésiastique est dissimulé, mais flatteur; celui d'un gentilhomme est altier, mais franc; celui d'un paysan est insolent, mais naïf : mais l'orgueil d'un bourgeois est morne et stupide; c'est l'orgueil à son aise, l'orgueil en robe de chambre. Comme un bourgeois n'est jamais contredit, si ce n'est par sa femme, ils se réunissent l'un et l'autre pour rendre leurs enfants malheureux, sans même s'en douter. Peut-on croire que, dans une société où tous les moralistes conviennent que les hommes sont corrompus, où les citoyens ne se maintiennent que par la crainte des lois, ou par la peur qu'ils ont les uns des autres, les enfants faibles et sans défense ne soient pas abandonnés à la discrétion de la tyrannie ? Il n'y a rien de si borné et de si vain que la plupart des bourgeois; c'est chez eux que la sottise jette des racines profondes : vous en voyez beaucoup, hommes et femmes, mourir d'apoplexie pour mener une vie trop sédentaire, pour manger du bœuf et prendre du bouillon de viande étant malades, sans se douter un moment que ce régime leur soit nuisible. Il n'y a rien de si sain, disent-ils; ils l'ont toujours vu observer à leurs tantes. C'est là qu'une foule de faux remèdes et de superstitions conservent les réputations qu'ils perdent dans le monde; c'est dans leurs armoires que le cassis, espèce de poison, passe encore pour une panacée universelle. Le régime de l'éducation de leurs malheureux enfants ressemble à celui de leur santé; ils les forment à de tristes usages; ils leur font apprendre, la verge à la main, jusqu'à l'évangile; ils les tiennent sédentaires tout le long du jour, dans l'âge où la nature les force de se mouvoir pour se développer. Soyez sages, leur disent-ils sans cesse; et cette sagesse consiste à ne pas remuer les jambes. Une femme d'esprit qui aimait les enfants, vit un jour, chez une marchande de la rue Saint-Denis, un petit garçon et une petite fille qui avaient l'air fort sérieux. « Vos enfants » sont bien tristes, dit-elle à la mère. — Ah! » madame, répondit la bourgeoise, ce n'est pas » manque que nous ne les fouettions bien pour » ça. »

Les enfants, rendus misérables dans leurs jeux et dans leurs études, deviennent hypocrites et sournois devant leurs pères et leurs mères. Enfin ils grandissent. Un soir, la fille met son mantelet, sous prétexte d'aller au salut, et elle va voir son amant : bientôt sa grossesse se déclare; elle s'enfuit de la maison paternelle, et elle devient fille du monde. Un beau matin, le fils s'engage. Le père et la mère sont au désespoir. Nous n'avons rien épargné, disent-ils, pour leur éducation; nous leur avons donné des maîtres de toute espèce. Insensés ! vous avez oublié le point principal, qui était de vous en faire aimer.

Ils justifient leur tyrannie par ce cruel adage :
« Il faut corriger les enfants ; la nature humaine
» est corrompue. » Ils ne s'aperçoivent pas que
ce sont eux-mêmes qui la corrompent par leurs
châtiments,²² et que dans tous les pays où les
pères sont bons, les enfants leur ressemblent.

Je pourrais démontrer par une foule d'exemples, que la dépravation de nos plus fameux scélérats a commencé par la cruauté même de leur éducation, depuis Guillery jusqu'à Desrues. Mais, pour sortir tout-à-fait de cette perspective odieuse, nous ne ferons plus que cette réflexion : c'est que, si la nature humaine était corrompue, comme le prétendent ceux qui s'arrogent le pouvoir de la réformer, les enfants ne manqueraient pas d'ajouter une corruption nouvelle à celle qu'ils trouvent déjà introduite dans le monde, lorsqu'ils y arrivent. Ainsi, la société humaine atteindrait bientôt le terme de sa destruction. Ce sont les enfants au contraire qui l'éloignent, en y apportant des ames neuves et innocentes. Il faut de longs apprentissages pour leur faire naître le goût de nos passions et de nos fureurs. Les générations nouvelles ressemblent aux rosées et aux pluies du ciel qui rafraîchissent les eaux des fleuves, ralenties dans leurs cours, et prêtes à se corrompre : changez les sources d'un fleuve, vous le changerez dans tout son cours; changez l'éducation d'un peuple, vous changerez son caractère et ses mœurs.

Nous hasarderons quelques idées sur un sujet si important, et nous en chercherons les indications dans la nature. Lorsqu'on examine le nid d'un oiseau, on y trouve non-seulement les nourritures qui sont agréables à ses petits; mais à la mollesse des fourrures qui le tapissent, à sa situation qui l'abrite du froid, de la pluie et du vent, et à une multitude d'autres précautions, il est aisé de reconnaître que ceux qui l'ont construit, ont réuni autour de leurs petits toute l'intelligence et toute la bienveillance dont ils étaient capables : leur père même chante à quelque distance de leur berceau, excité plutôt, je pense, par les sollicitudes de l'amour paternel, que par celles de l'amour conjugal; car ce dernier sentiment finit chez la plupart, dès que leur couvée commence. Si nous examinions sous le même aspect les écoles des enfants des hommes, nous aurions une bien mauvaise idée de l'affection de leurs parents. Des verges, des férules, des fouets, des cris, des larmes, sont les premières leçons données à la vie humaine : à la vérité, on démêle quelques récompenses parmi tant de châtiments; mais, symboles de ce qui les attend dans la société, la douleur y est en réalité, et le plaisir n'y est qu'en image.

Il est digne de remarque que, de toutes les espèces d'êtres sensibles, l'espèce humaine est la seule dont les petits soient élevés à force de coups. Je ne voudrais pas d'autre preuve dans le genre humain, d'une dépravation originelle. L'espèce européenne surpasse à cet égard toutes les nations du monde; comme aussi en méchanceté. Nous avons remarqué, d'après les témoignages des missionnaires mêmes, avec quelle douceur les sauvages élèvent leurs enfants, et quelle affection ceux-ci portent à leurs parents. Les Arabes étendent leur humanité jusqu'à leurs chevaux ; jamais ils ne les frappent ; ils les dressent à force de caresses, et ils les rendent si dociles, qu'il n'y en a point dans le monde qui leur soient comparables en beauté et en bonté. Ils ne les attachent point dans leur camp ; ils les laissent errer en paissant aux environs, d'où ils accourent à la voix de leurs maîtres. Ces animaux dociles viennent la nuit se coucher dans leurs tentes au milieu des enfants, sans jamais les blesser. Si un cavalier tombe dans une course, son cheval s'arrête sur-le-champ, et reste auprès de lui sans le quitter. Ces peuples sont parvenus, par l'influence invincible d'une éducation douce, à faire de leurs chevaux les premiers coursiers de l'univers. On ne peut lire sans attendrissement ce que rapporte à ce sujet le vertueux consul d'Arvieux dans son voyage du Liban. Un pauvre

Arabe du Désert avait pour tout bien une magnifique jument : le consul de France à Seyde lui proposa de la lui vendre, dans l'intention de l'envoyer à Louis XIV. L'Arabe pressé par le besoin, balança long-temps ; enfin il y consentit et en demanda un prix considérable. Le consul, n'osant de son chef donner une si grosse somme, écrivit à sa cour pour en obtenir l'agrément. Louis XIV donna ordre qu'elle fût délivrée. Le consul sur-le-champ mande l'Arabe, qui arrive monté sur sa belle coursière, et il lui compte l'or qu'il avait demandé. L'Arabe couvert d'une pauvre natte, met pied à terre, regarde l'or ; il jette ensuite les yeux sur sa jument, il soupire, et lui dit : « A qui vais-je te
» livrer ? à des Européens qui t'attacheront, qui
» te battront, qui te rendront malheureuse : re-
» viens avec moi, ma belle, ma mignonne, ma
» gazelle ! sois la joie de mes enfants ! » En disant ces mots, il sauta dessus, et reprit la route du Désert.

Si les pères battent les enfants chez nous, c'est qu'ils ne les aiment pas; s'ils les mettent en nourrice dès qu'ils sont venus au monde, c'est qu'ils ne les aiment pas ; s'ils les envoient, dès qu'ils grandissent, dans des pensions et des colléges, c'est qu'ils ne les aiment pas ; s'ils leur procurent des états hors de leur état et de leur province, c'est qu'ils ne les aiment pas : ils les éloignent d'eux à toutes les époques de la vie, sans doute parce qu'ils les regardent comme leurs héritiers.

J'ai cherché long-temps la cause de ce sentiment dénaturé, non pas dans nos livres; car leurs auteurs, pour faire la cour aux pères qui achètent leurs ouvrages, n'y parlent que des devoirs des enfants; et si quelquefois ils s'occupent de ceux des pères, ceux qu'ils leur prescrivent envers leurs enfants sont si tristes, qu'ils semblent leur donner de nouveaux moyens de s'en faire haïr.

Cette apathie paternelle tient au désordre de nos mœurs, qui a détruit parmi nous tous les sentiments de la nature. Chez les anciens et même chez les sauvages, la perspective de la vie sociale leur présentait une suite d'emplois depuis l'enfance jusqu'à la vieillesse, qui était parmi eux l'âge des grandes magistratures et du sacerdoce. Les espérances de leur religion venaient alors terminer la fin de leur carrière, et achevaient de rendre le plan de leur vie conforme à celui de la nature. C'est ainsi qu'ils entretenaient toujours dans l'ame de leurs citoyens, cette perspective de l'infini, si naturelle au cœur humain. Mais la vénalité et les mauvaises mœurs, ayant renversé parmi nous l'ordre de la nature, le seul âge de la vie qui ait conservé ses droits, est celui de la jeunesse et des amours. C'est là l'époque où tous les citoyens dirigent leurs pensées. Chez les anciens, c'étaient les vieillards qui gouvernaient ; chez nous, ce sont les jeunes gens. On force, dans tous les emplois, les vieillards de se retirer. Leurs chers enfants leur paient alors le fruit de l'éducation qu'ils en ont reçue.

Il arrive donc de là qu'un père et une mère, fixant chez nous l'époque de leur bonheur vers le milieu de la vie, ne voient qu'avec peine leurs enfants s'en approcher, dans le temps qu'eux-mêmes s'en éloignent. Comme leur foi est à-peu-près détruite, la religion ne leur présente aucune consolation. Ils ne voient plus que la mort au bout de leur perspective. Ce point de vue les rend tristes, durs et souvent cruels. Voilà pourquoi les pères, chez nous, n'aiment point leurs enfants, et que nos vieilles gens affectent tant de goûts frivoles, pour se rapprocher d'une génération qui les repousse.

C'est par une suite de ces mêmes mœurs, qu'il n'y a point de patriotisme chez nous. Il y en avait, au contraire, beaucoup chez les anciens. Les anciens se proposaient, non-seulement de grandes récompenses dans le présent, mais de bien plus grandes pour l'avenir. Les Romains, par exemple, avaient des oracles qui promettaient à Rome d'être la capitale du monde, et elle le devint. Chaque citoyen, en particulier, se flattait d'influer sur ses destins, et de présider un jour, comme un dieu tutélaire, sur ceux de sa propre postérité. Ils n'ambitionnaient rien de plus que de voir leur siècle honoré et distingué par-dessus tous ceux de la république. Ceux qui parmi nous ont quelque ambition pour l'avenir, la bornent à être distingués eux-mêmes de leur propre siècle, par leur savoir ou leur philosophie. Voilà à-peu-près à quoi se termine notre ambition naturelle, dirigée par notre éducation.

Les anciens cherchaient à deviner ce que deviendrait leur postérité; et nous, ce qu'ont été nos ancêtres. Ils regardaient en avant, et nous en arrière. Nous sommes dans l'état, comme des passagers embarqués de force dans un vaisseau; nous regardons à la poupe, et non à la proue; la terre d'où nous partons, et non celle où nous devons aborder. Nous recueillons, avec empressement, des manuscrits gothiques, des monuments de chevalerie, des médaillons de Childéric; nous ramassons avec ardeur toutes ces pièces usées de l'ancienne manœuvre de notre vaisseau. Nous les suivons de la vue derrière nous le plus loin que nous pouvons. Nous étendons même ce souci de l'antiquité aux monuments qui nous sont étrangers, à ceux des Grecs et des Romains. Ils sont, comme les nôtres, des débris de leurs vaisseaux qui ont péri sur la vaste mer des siècles, sans pouvoir parvenir jusqu'à nous. Ils nous accompagneraient, et nous devanceraient même, s'ils eussent été bien gouvernés. On peut encore les reconnaître à leurs débris. A la simplicité de sa construction et à la légèreté de sa coupe, voilà le vaisseau de Lacédémone. Il était fait pour voguer éternellement ; mais il n'avait point de carène ; il survint une grande tempête, et les Ilotes ne purent le ramener à son équilibre. A la hauteur de ses châteaux de poupe, vous reconnaissez la superbe Rome. Elle ne put supporter le poids de ses hautes manœuvres ; ses grands la renversèrent. On pourrait graver ces inscriptions sur les différents écueils où ils ont échoué :

AMOUR DES CONQUÊTES. GRANDES PROPRIÉTÉS.
VÉNALITÉ DES CHARGES. CORRUPTION DES MŒURS.

Et sur tous :

MÉPRIS DU PEUPLE.

Les flots du temps mugissent encore sur leurs vastes débris, et en détachent des parcelles, qu'ils dispersent parmi les nations vivantes, pour leur instruction. Ces ruines semblent leur dire : « Nous
» sommes des restes de l'ancien gouvernement
» des Toscans, de Dardanus, et des petits-fils de
» Numitor. Les états qu'ils ont transmis à leurs
» descendants nourrissent encore des nations,
» mais elles n'ont plus les mêmes langages, ni les
» mêmes religions, ni les mêmes dynasties de
» souverains. La Providence divine, pour sauver
» les hommes du naufrage, a noyé les pilotes et
» brisé les vaisseaux. »

Nous admirons, au contraire, dans nos sciences frivoles, leurs conquêtes, leurs grands et inutiles bâtiments, et tous les monuments de leur luxe, qui sont les écueils mêmes où ils ont péri. Voilà où nous mènent nos études et notre patriotisme. Si la postérité s'occupe des anciens, c'est que les anciens ont travaillé pour elle; mais si nous ne faisons rien pour la nôtre, certainement elle ne s'occupera pas de nous. Elle s'entretiendra, comme nous faisons sans cesse, des Grecs et des Romains, sans se soucier en rien de ses pères.

Au lieu de nous extasier sur des médailles romaines et grecques, à demi rongées par le temps, ne serait-il pas aussi agréable et plus utile de jeter nos vues et nos conjectures sur nos enfants frais, vifs, potelés, et de chercher à reconnaître dans leurs inclinations, quels seront les coopérateurs futurs de notre patrie ? Ceux qui, dans leurs jeux, aiment à bâtir, lui éleveront un jour des monuments. Parmi ceux qui se plaisent à faire entre eux des guerres innocentes, se formeront des Scipions et des Épaminondas. Ceux qui sont assis sur l'herbe, spectateurs tranquilles des jeux de leurs compagnons, lui donneront un jour de graves magistrats, et des philosophes maîtres de leurs passions. Ceux qui, dans leur course inquiète, aiment à s'écarter des autres, seront d'illustres voyageurs et des fondateurs de colonies, qui porteront les mœurs et la langue de la France parmi les sauvages de l'Amérique, ou dans l'intérieur de l'Afrique même. Si nous sommes bons envers nos enfants, ils béniront notre mémoire; ils transmettront sans altération nos coutumes, nos modes, notre éducation, notre gouvernement et notre souvenir à la postérité la plus reculée. Nous serons pour eux des dieux bienfaisants, qui les auront soustraits à la barbarie gothique. Nous satisferions le goût inné de l'infini, encore mieux, en jetant notre vue à deux mille ans dans l'avenir, qu'à deux mille ans dans le passé. Cette manière de voir, plus conforme à notre nature divine, fixerait notre bienveillance sur des objets sensibles, qui existent, et qui doivent encore exister. 23 Nous nous ménagerions à nous-mêmes, pour nos vieux jours si tristes et si rebutés, la reconnaissance de la génération qui va venir nous remplacer; et en assurant son bonheur et le nôtre, nous concourrions, de tous nos moyens, à celui de la patrie.

Pour contribuer à cette heureuse révolution, je hasarderai encore quelques idées rapides. Je suppose donc que j'aie à employer utilement une partie des douze années que perdent nos jeunes gens dans les colléges. Je réduis le temps de leur éducation à trois époques, de trois années chacune. La première aura lieu à sept ans, comme chez les Lacédémoniens, et même auparavant : un enfant est susceptible d'une éducation patriotique, dès qu'il sait parler et marcher. La seconde commencera à l'adolescence; et la troisième finira avec elle vers la seizième année, âge où un jeune homme peut être utile à sa patrie, et embrasser un état.

Je disposerais d'abord, vers le centre de Paris, un grand édifice bâti intérieurement en amphithéâtre circulaire, divisé par gradins. Les maîtres, destinés à l'éducation, se tiendraient au centre dans le bas, et il y aurait en haut plusieurs rangs de galeries, afin de multiplier les places pour les auditeurs. Il y aurait au dehors et tout autour de ce bâtiment, de larges portiques à plusieurs étages, destinés à recevoir le peuple. On lirait ces mots sur le fronton de l'entrée :

ÉCOLES DE LA PATRIE.

Je n'ai pas besoin de dire que les enfants passant trois années dans chaque époque de leur éducation, il faudrait un de ces édifices pour l'instruction de la génération annuelle, ce qui fixerait au nombre de neuf celui des monuments destinés à l'éducation générale de la capitale.

Autour de chacun de ces amphithéâtres, serait un grand parc couvert de plantes et d'arbres du pays, jetés au hasard comme dans la campagne et dans les bois. On y verrait des primevères et des violettes au pied des chênes, des poiriers et des pommiers confondus avec des ormes et des hêtres.

Les berceaux de l'innocence ne seraient pas moins intéressants que les tombeaux de la vertu.

Si j'ai désiré qu'on élevât des monuments à la gloire de ceux qui ont enrichi notre climat de plantes exotiques, ce n'est pas que je préfère celles-là à celles de la patrie; mais c'est pour rendre à la mémoire de ces citoyens, une partie de la reconnaissance que nous devons à la nature. D'ailleurs, les plantes les plus communes de nos campagnes, indépendamment de leur utilité, sont celles qui nous rappellent les sensations les plus agréables : elles ne nous jettent pas au dehors comme les plantes étrangères, mais elles nous ramènent au dedans et à nous-mêmes. La sphère emplumée d'un pissenlit, me fait ressouvenir des lieux où, assis sur l'herbe avec des enfants de mon âge, nous tentions d'enlever, d'un seul souffle, toutes ses aigrettes, sans qu'il en restât une seule. La fortune a soufflé de même sur nous, et a dispersé nos cercles légers dans tous les pays du monde. Je me rappelle, en voyant certains épis de graminées, l'âge heureux où nous conjuguions sur leurs stipules alternatives, les différents temps et les différents modes du verbe aimer. Nous tremblions d'entendre nos compagnons finir à la dernière, par : « Je ne vous aime plus. » Ce ne sont pas les plus belles fleurs que nous affectionnons davantage. Le sentiment moral détermine à la longue tous nos goûts physiques. Les plantes qui me semblent les plus malheureuses, sont aujourd'hui celles qui m'inspirent le plus d'intérêt. Souvent je fixe mon attention sur un brin d'herbe au haut d'un vieux mur, ou sur une scabieuse battue des vents au milieu d'une plaine. Plus d'une fois, en voyant dans les pays étrangers, un pommier sans fleurs et sans fruits, je me suis écrié : « Oh ! pourquoi la fortune vous a-t-elle refusé, » comme à moi, un peu de terre dans votre » terre natale ? »

Les plantes de la patrie nous en rappellent par-tout l'idée d'une manière plus touchante que ses monuments. Je n'épargnerais donc rien pour les réunir autour des enfants de la nation. Je ferais de leur école un lieu charmant comme leur âge, afin que quand les injustices de leurs patrons, de leurs amis, de leurs parens, de la fortune, auraient brisé dans leur cœur tous les liens de la patrie, le lieu où leur enfance aurait été heureuse, fût encore leur capitole.

Je le décorerais de quelques tableaux. Les enfants, ainsi que le peuple, préfèrent la peinture à la sculpture, parce que cette dernière a pour eux trop de beautés de convention. Ils n'aiment point les figures toutes blanches, mais avec des joues rouges et des yeux bleus, comme leurs images de plâtre. Ils sont plus frappés des couleurs que des formes. Je voudrais qu'on y vît les portraits de nos rois enfants. Cyrus élevé avec des enfants de son âge, en fit des héros, les nôtres seraient élevés au moins avec les images de nos rois. Ils prendraient à leur vue les premiers sentiments de l'attachement qu'ils doivent aux pères de la patrie. On y verrait des tableaux de religion, non pas ceux qui sont effrayants, et qui sont destinés à rappeler l'homme au repentir; mais ceux qui sont propres à rassurer l'innocence. Tel serait celui de la Vierge, tenant Jésus enfant dans ses bras. Tel serait Jésus lui-même au milieu des enfants, portant dans leurs attitudes et leurs traits, la naïveté et la confiance de leur âge, et tels que Le Sueur les eût peints. On lirait au-dessous ces paroles de Jésus-Christ même :

SINITE PARVULOS AD ME VENIRE.

LAISSEZ LES PETITS VENIR A MOI.

S'il était nécessaire de représenter dans cette école, quelque acte de sa justice, on pourrait y peindre le figuier sans fruits séchant à sa voix. On verrait les feuilles de cet arbre se crisper, ses branches se tordre, son écorce se crevasser, et le végétal entier frappé de terreur, périr sous la malédiction de l'Auteur de la nature.

On pourrait y mettre quelque inscription simple et courte, tirée de l'Évangile, comme celle-ci :

AIMEZ-VOUS LES UNS LES AUTRES.

Et cette autre :

VENEZ A MOI, VOUS QUI ÊTES CHARGÉS, ET JE VOUS SOULAGERAI.

Et cette maxime déjà nécessaire à l'enfance :

LA VERTU CONSISTE A PRÉFÉRER LE BIEN PUBLIC AU NÔTRE.

Et cette autre :

POUR ÊTRE VERTUEUX, IL FAUT RÉSISTER A SES PENCHANTS, A SES INCLINATIONS, A SES GOUTS, ET COMBATTRE SANS CESSE CONTRE SOI-MÊME.

Mais il y a des inscriptions auxquelles on ne fait guère d'attention, et dont le sens importe bien davantage aux enfants ; ce sont leurs propres noms. Leurs noms sont des inscriptions qu'ils portent par-tout avec eux. On ne saurait croire combien ils influent sur leur caractère naturel. Notre nom est le premier et le dernier bien qui soit à notre disposition ; il détermine, dès l'enfance, nos inclinations ; il nous occupe pendant la vie, et jusqu'après la mort. Il me reste un nom, dit-on. Ce sont les noms qui illustrent ou déshonorent la terre. Les rochers de la Grèce et de l'Italie, ne sont ni plus anciens ni plus beaux que ceux des autres parties du monde ; mais nous les estimons davantage, parce qu'ils portent de plus beaux noms. Une médaille n'est qu'un morceau de cuivre souvent rouillé, mais qui est décoré d'un nom illustre. Je voudrais donc qu'on donnât de beaux noms aux enfants. Un enfant se patronne sur son nom. S'il porte à quelque vice, ou s'il prête à quelque ridicule, comme font beaucoup des nôtres, son ame s'y incline. Bayle remarque qu'un certain inquisiteur appelé Torre-Crémada, ou de la Tour-brûlée, avait fait brûler je ne sais combien d'hérétiques dans sa vie. Un cordelier appelé Feu-ardent, en fit tout autant. C'est un autre abus de donner à des enfants, destinés à des occupations pacifiques, des noms turbulents et ambitieux, comme ceux d'Alexandre et de César. Il est encore plus dangereux de leur en donner de ridicules. J'ai vu à cette occasion, de malheureux enfants si vexés par leurs compagnons, et même par leurs propres parents, à l'occasion de leurs noms de baptême, qui emportaient quelque idée de simplicité et de bonhomie, qu'ils en prenaient insensiblement un caractère opposé de malignité et de férocité. Les exemples en sont fréquents. Deux de nos plus fameux écrivains satyriques en théologie et en poésie, s'appelaient, l'un Blaise Pascal; et l'autre Colin Boileau. Colin n'a point de malice, disait son père. Ce mot lui en a donné: La scélératesse audacieuse de Jacques Clément, naquit peut-être en lui de quelque ridicule à l'occasion de son nom. L'administration doit donc veiller sur les noms donnés aux enfants, puisqu'ils ont de si terribles influences sur les caractères des citoyens. Je voudrais aussi qu'à leur nom de baptême, on joignît un surnom de quelque famille célèbre par ses vertus, comme faisaient les Romains : ces espèces d'adoptions attacheraient les petits aux grands, et les grands aux petits. Il y avait à Rome je ne sais combien de Scipions, dans les familles plébéiennes. On ferait revivre de même, parmi notre peuple, les noms de nos familles illustres, comme celles des Fénélon, des Catinat, des Montausier, etc.

On ne se servirait point, dans cette école, de cloches bruyantes pour annoncer les différents exercices, mais du son des flûtes, des hautbois et des musettes. Tout ce qu'on y apprendrait serait mis en vers et en musique. On ne saurait croire quelle est l'influence de ces deux arts réunis. J'en citerai quelques exemples pris dans la législation du peuple qui a peut-être été le mieux policé, je veux dire celui de Sparte. Voici ce qu'en dit Plutarque dans la vie de Lycurgue: « Lycur-
» gue étant donc parti de son pays (pour fuir
» les calomnies, qui étaient les récompenses de
» sa vertu), il dressa, premièrement, son voyage
» en Candie, là où il observa et considéra dili-
» gemment la forme de vivre et de gouverner
» la chose publique, que l'on y gardait, en han-
» tant et conférant avec les plus gens de bien et
» les plus renommés qui y fussent. Si y trouva
» quelques lois qui lui semblèrent bonnes, et en

» fit extrait en délibération de les porter en son
» pays, pour s'en servir à l'avenir ; aussi en
» trouva-t-il d'autres, dont il ne fit compte. Or,
» y avait-il un personnage entre les autres, qui
» était estimé bien sage et bien entendu en ma-
» tière de gouvernement, et s'appelait Thalès,
» envers lequel Lycurgue fit tant par prières et
» par amitié qu'il avait prise avec lui, qu'il lui
» persuada de s'en aller à Sparte. Cettui Thalès
» avait bruit d'être poëte lyrique, et prenait le
» titre de cet art-là ; mais en effet, il faisait tout
» ce que pouvaient faire les meilleurs et plus suf-
» fisants gouverneurs et réformateurs du monde :
» car tous ses propos étaient belles chansons,
» ès quelles il preschait et admonestait le peu-
» ple, de vivre sous l'obéissance des lois en union
» et concorde les uns avec les autres, étant ses
» paroles accompagnées de chants, de gestes et
» d'accents pleins de douceur et de gravité, qui
» secrètement adoucissaient les cœurs félons des
» écoutants, et les induisaient à aimer les choses
» honnêtes, en les détournant des séditions, ini-
» mitiés et divisions, qui pour lors régnaient
» entre eux ; tellement qu'on peut dire que ce
» fut lui qui prépara la voie à Lycurgue, par où il
» conduisit et rangea depuis les Lacédémoniens
» à la raison. »

Lycurgue introduisit encore parmi eux la musique dans plusieurs exercices, entre autres dans

ceux de la guerre. * « Quand toute leur armée
» était rangée en bataille, à la vue de l'ennemi,
» le roi adonc sacrifiait aux dieux une chèvre,
» et quant et quant commandait aux combat-
» tants qu'ils missent tous sur leurs têtes des cha-
» peaux de fleurs, et aux joueurs de flûte qu'ils
» sonnassent l'aubade, qu'ils appellent la chan-
» son de Castor, au son et à la cadence de la-
» quelle lui-même commençait à marcher le pre-
» mier ; de sorte que c'était chose plaisante et
» non moins effroyable, de les voir ainsi marcher
» tous ensemble, en si bonne ordonnance, au
» son des flûtes, sans jamais troubler leur or-
» dre ni confondre leurs rangs, et sans se perdre
» ni étonner aucunement, ains aller posément
» et joyeusement au son des instruments, se ha-
» sarder aux périls de la mort. »

Ainsi, à la différence des peuples modernes, la musique servait à réprimer leur courage, plutôt qu'à l'exciter, et il ne leur fallait pour cela, ni bonnets de peau d'ours, ni eau-de-vie, ni tambours.

Si la musique et la poésie eurent tant de pouvoir à Sparte, pour ramener à la vertu des hommes corrompus, et ensuite pour les gouverner ; quelle influence n'auraient-elles pas sur nos enfants dans l'âge de l'innocence ! Qui pourrait jamais oublier

---

* Plutarque, Vie de Lycurgue.

les saintes lois de la morale, si elles étaient mises en musique, et en vers aussi agréables que ceux du Devin du Village ? De pareilles institutions feraient naître parmi nous des poëtes aussi sublimes que le sage Thalès, ou que Tyrtée qui composa l'hymne de Castor.

Ces moyens établis pour nos enfants, la première chose qu'on leur apprendrait, serait la religion. On leur parlerait d'abord de Dieu, pour le leur faire aimer et craindre, mais craindre sans leur en faire peur. La peur de Dieu engendre la superstition, et donne des frayeurs horribles des prêtres et de la mort. Le premier commandement de la religion, est d'aimer Dieu. « Aimez et » faites ce que vous voudrez, » disait un saint. Notre religion nous ordonne de l'aimer par dessus toutes choses. Elle veut que nous nous adressions à lui, comme à notre père. Si elle nous ordonne de le craindre, ce n'est que relativement à l'amour que nous lui devons, parce que nous devons craindre d'offenser ce que nous devons aimer. Au reste, je ne pense pas, à beaucoup près, qu'un enfant ne puisse avoir l'idée de Dieu avant l'âge de quatorze ans, comme un écrivain que j'aime d'ailleurs, l'a mis en avant. Ne donne-t-on pas aux plus petits enfants des sentiments de peur et de haine pour des objets métaphysiques qui n'existent pas ? Comment ne leur en inspirerait-on pas de confiance et d'amour pour l'Être qui remplit toute la nature de sa bienfaisance? Les enfants n'ont pas l'idée de Dieu à la manière de la théologie ou de la philosophie; mais ils sont très-capables d'en avoir le sentiment, qui, comme nous l'avons vu, est la raison de la nature. Ce sentiment même a été exalté parmi eux, du temps des Croisades, jusqu'à en porter un grand nombre à se croiser pour la conquête de la Terre-Sainte. Plût à Dieu que j'eusse conservé le sentiment de l'existence de Dieu, et de ses principaux attributs, aussi pur que je l'avais dans le premier âge! C'est le cœur, plus encore que l'esprit, que la religion demande. Et quel est, je vous prie, l'être le plus rempli de la Divinité et le plus agréable à ses yeux, de l'enfant qui, plein de son sentiment, lève ses mains innocentes vers le ciel, en balbutiant sa prière, ou du scolastique qui en explique la nature?

Il est fort aisé de donner aux enfants des idées de Dieu et de la vertu. Des marguerites sur l'herbe, des fruits suspendus aux arbres de leur enclos, seraient leurs premières leçons de théologie, et leurs premiers exercices d'abstinence et d'obéissance aux lois. On les fixerait sur l'objet principal de la religion, par le récit pur et simple de la vie de Jésus-Christ dans l'Évangile. Ils apprendraient dans leur *Credo* tout ce qu'ils peuvent savoir de la nature de Dieu, et dans le *Pater* tout ce qu'ils doivent lui demander.

Il est digne de remarque, que de tous les livres saints il n'y en a point que les enfants apprennent avec autant de facilité que l'Évangile. Il faudrait les exercer particulièrement à en exécuter les actes, sans vaine gloire et sans respect humain. On les dresserait donc à se prévenir mutuellement en amitiés, en déférences, et en toutes sortes de bons offices. Tous les enfants des citoyens seraient admis dans cette école de la patrie, sans en excepter aucun. On en exigerait seulement la plus grande propreté, ne fussent-ils, d'ailleurs, revêtus que de lambeaux recousus. On y verrait l'enfant de l'homme de qualité, conduit par son gouverneur, arriver en équipage, et se placer près de l'enfant d'un paysan, appuyé sur son bâtonnet, vêtu de toile au milieu même de l'hiver, et portant dans un sac ses livrets et sa tranche de pain noir, pour se sustenter toute la journée. Ils apprendraient alors l'un et l'autre à se connaître avant de se séparer pour toujours. L'enfant du riche s'instruirait à faire part de son superflu à celui qui est souvent destiné à le nourrir toute sa vie de son propre nécessaire. Ces enfants de toutes conditions assisteraient, la tête couronnée de fleurs, et distribués en chœurs, à nos processions publiques : leur âge, leur ordre, leurs chants et leur innocence y présenteraient un spectacle plus auguste que les laquais des grands, qui y portent les armoiries de leurs maîtres collées à des cierges, et sans contredit plus touchant que les haies de soldats et de baïonnettes dont on y environne un Dieu de paix.

On apprendrait, dans cette école, aux enfants à lire, à écrire et à chiffrer. Des hommes ingénieux ont imaginé à cet effet des bureaux et des méthodes simples, promptes et agréables; mais les maîtres d'écoles ont eu grand soin de les rendre inutiles, parce qu'elles détruisaient leur empire, et que l'éducation allait trop vite pour leur profit. Si vous voulez apprendre promptement à lire aux enfants, mettez une dragée sur chacune de leurs lettres; ils sauront bientôt leur alphabet par cœur; et si vous en multipliez ou diminuez le nombre, ils ne tarderont pas à savoir l'arithmétique. Au reste, ils auront bien profité dans cette école de la patrie, s'ils en sortent sans savoir lire, écrire et chiffrer; mais pénétrés seulement de cette vérité, que lire, écrire et chiffrer, et toutes les sciences du monde, ne sont rien; mais que d'être sincère, bon, officieux, aimant Dieu et les hommes, est la seule science digne du cœur humain.

A la seconde époque de l'éducation, que je suppose vers l'âge de dix ou douze ans, où leur intelligence s'inquiète et s'empresse d'imiter tout ce qu'elle voit faire, je leur apprendrais comment on pourvoit aux besoins de la société. Je ne leur ferais pas connaître les 530 arts et métiers qu'on exerce dans Paris, mais seulement ceux qui servent aux premières nécessités de la vie, tels que l'agriculture, les diverses préparations du pain, les arts appelés par notre orgueil, mécaniques, tels que ceux de filer le lin et le chanvre, d'en faire de la toile, et de bâtir des maisons. J'y joindrais les éléments des sciences naturelles qui ont fait imaginer ces métiers, les éléments de géométrie et les expériences de physique, qui n'ont rien inventé à cet égard, mais qui expliquent leurs procédés avec beaucoup d'appareil. J'y ajouterais des connaissances des arts libéraux, telles que celles du dessin, de l'architecture, des fortifications, non pas pour en faire des peintres, des architectes et des ingénieurs, mais pour leur apprendre comme on se loge et comment on défend la patrie. Je leur ferais observer, pour les préserver de la vanité que les sciences inspirent, que l'homme, au milieu de tant d'arts et de métiers, n'a rien imaginé; qu'il a tout imité ou d'après l'industrie des animaux, ou d'après les opérations de la nature; que son industrie est un témoignage de la misère à laquelle il est condamné, qui l'oblige de combattre sans cesse contre les éléments, contre la faim et la soif, contre ses semblables, et ce qu'il y a de plus difficile, contre lui-même. Je leur ferais sentir ces relations des vérités de la religion avec celles de la nature; et je les disposerais ainsi à aimer la classe d'hommes utiles qui pourvoient sans cesse à leurs besoins.

Je tâcherais toujours, dans le cours de cette éducation, de faire aller de pair les exercices du corps et ceux de l'ame : ainsi, pendant qu'ils acquerraient des connaissances des arts utiles, je leur apprendrais le latin. Je ne le leur enseignerais pas métaphysiquement et grammaticalement, comme dans nos colléges, où ils l'oublient dès qu'ils en sont sortis, mais par l'usage : c'est ainsi que l'apprennent la plupart des paysans polonais qui le parlent toute leur vie, quoiqu'ils n'aient point été au collége. Ils le parlent d'une manière très-intelligible, comme je l'ai éprouvé en voyageant dans leur pays; ils ont conservé, je crois, cette langue de quelques bannis du temps des Romains, et peut-être d'Ovide, relégué chez les Sarmates leurs ancêtres, pour la mémoire duquel ils ont encore la plus grande vénération. Ce n'est pas, disent nos savants, du latin de Cicéron. Mais qu'importe? Ce n'est pas parce que ces paysans ne savent pas assez bien le latin, qu'ils ne parlent pas le langage de Cicéron; c'est parce qu'étant serfs, ils n'entendent pas celui de la liberté. Nos paysans français n'en comprendraient pas les meilleures traductions, fussent-elles de l'université. Mais un sauvage du Canada les entendrait fort bien, et mieux que beaucoup de professeurs d'éloquence. C'est le ton de l'ame de celui qui écoute, qui donne l'intelligence du langage de celui qui parle. On avait proposé, je crois sous Louis XIV, de bâtir une ville où l'on n'aurait parlé que latin, ce qui eût abrégé infiniment l'étude de cette langue ; mais sans doute l'université n'y aurait pas trouvé son compte. Quoi qu'il en soit, je suis bien sûr qu'il ne faudrait pas plus de deux ans pour apprendre le latin par l'usage, aux enfants de l'école de la patrie, sur-tout si dans les lectures où ils assisteraient, on leur donnait des extraits de la vie des grands hommes français et romains, bien écrits en latin, et ensuite bien expliqués.

A la troisième époque de l'éducation, à-peu-près dans l'âge où les passions prennent l'essor, je leur en montrerais le doux et pur langage dans les Églogues et les Géorgiques de Virgile, la philosophie dans quelques odes d'Horace, et des tableaux de leur corruption dans Tacite et dans Suétone. J'achèverais la peinture des hideux excès où elles plongent l'homme, dans quelque historien du bas Empire. Je leur ferais remarquer comme les talents, le goût, les lumières et l'éloquence tombèrent à-la-fois chez les anciens avec les mœurs et la vertu. Je me garderais bien de les fatiguer sur ces lectures ; je ne leur en montrerais que les morceaux les plus piquants, afin de leur faire naître le désir d'en connaître le reste. Mon but ne serait pas de leur faire faire un cours de Virgile, d'Horace ou de Tacite, mais un véritable cours d'humanités, en réunissant dans leurs études ce que les hommes de génie ont pensé de plus propre à perfectionner la nature humaine. Je leur ferais apprendre également, par l'usage, la langue grecque, qui est sur le point d'être bientôt entièrement inconnue chez nous. Je leur ferais connaître Homère, *principium sapientiæ et fons,* dit Horace avec tant de raison; Hérodote, le père de l'histoire; quelques maximes du livre sublime de Marc-Aurèle. Je leur ferais sentir comme dans tous les temps, les talents, les vertus, les grands hommes et les républiques fleurirent avec la confiance dans la Providence divine. Mais pour donner plus de poids à ces éternelles vérités, j'y entremêlerais les études ravissantes de la nature, dont ils n'auraient vu que de faibles esquisses dans les plus grands écrivains.

Je leur ferais remarquer la disposition de ce globe suspendu d'une manière incompréhensible sur le néant, parcouru et navigué par une infinité de nations; je leur ferais observer dans chaque climat les principales plantes qui sont utiles à la vie humaine, les animaux qui se rapportent à ces plantes et à leur territoire, sans s'étendre au-delà; ensuite les hommes, seuls de tous les êtres sensibles, dispersés par-tout pour s'aider mutuellement, et pour recueillir à-la-fois toutes les productions de la nature. Je leur ferais voir que les intérêts des princes ne sont pas autres que ceux du genre humain, et que ceux de chaque peuple ne diffèrent point de ceux de leurs princes. Je leur parlerais des diverses lois qui gouvernent les nations; je leur apprendrais celles de leur propre pays, qui sont ignorées de la plupart des citoyens. Je leur donnerais une idée des principales religions qui divisent la terre ; et je leur ferais connaître combien la chrétienne est préférable à toutes nos lois politiques, et convenable au bonheur du genre humain. Je leur ferais sentir que c'est elle qui empêche les divers états de la société de se briser les uns contre les autres, et qui leur donne des forces égales sous des poids inégaux. De ces considérations sublimes, s'allumerait dans ces jeunes cœurs, l'amour de la patrie, qui s'enflammerait par le spectacle de ses malheurs mêmes.

J'entremêlerais ces spéculations touchantes d'exercices utiles, agréables, et convenables à la fougue de leur âge. Je leur ferais apprendre à nager, non pas tant pour leur apprendre à se tirer eux-mêmes du péril, s'ils venaient à faire quelque naufrage, que pour porter du secours à ceux qui peuvent se trouver dans le même cas. Quelque utilité particulière qu'ils puissent tirer de leurs études, je ne leur proposerais jamais d'autre but que le bien d'autrui. Ils y feraient de grands progrès, quand ils n'en recueilleraient d'autre fruit que la concorde et l'amour de la patrie. Dans la belle saison, quand la moisson est faite, vers le commencement de septembre, je les mènerais à la campagne, divisés sous plusieurs drapeaux. Je leur donnerais une image de la guerre. Je les ferais coucher sur l'herbe, à l'ombre des forêts : là, ils prépareraient eux-mêmes leurs aliments; ils apprendraient à défendre et à attaquer un poste, à passer une rivière à la nage; ils s'exerceraient à faire usage des armes à feu, et à exécuter en même temps des manœuvres prises de la tactique des Grecs, qui sont nos maîtres presque en tout genre. Je ferais tomber, par ces exercices militaires, le goût de l'escrime, qui ne rend les soldats redoutables qu'aux citoyens, inutile et nuisible à la guerre, réprouvé par tous les grands capitaines, et dérogeant au courage, disait Philopémen. « En mon enfance, » dit Michel Montaigne, la noblesse fuyait la réputation de bien escrimer, comme injurieuse, » et se dérobait pour l'apprendre, comme métier de subtilité; dérogeant à la vraie et naïve » vertu.[*] » Cet art, né dans la même société, de la haine des classes inférieures contre les supérieures qui les oppriment, nous est venu de l'Italie, où il a perdu l'art militaire. C'est lui qui nourrit parmi nous l'esprit des duels. Cet esprit

---

[*] Essais de Michel Montaigne, liv. II, chap. XXVII.

n'est pas venu des peuples du Nord, comme l'ont dit tant d'écrivains. Les duels sont très-rares en Prusse et en Russie ; ils sont tout-à-fait inconnus aux sauvages du Nord : leur origine vient de l'Italie, comme on en peut juger par les fameux livres d'escrime et par les termes de cet art, qui sont italiens, comme tierce, quarte : il s'est naturalisé chez nous par la faiblesse et la corruption de beaucoup de femmes qui sont bien aises de trouver un spadassin dans un amant. C'est sans doute à ces causes morales qu'il faut attribuer cette étrange contradiction de notre gouvernement, qui défend le duel, et qui permet en même temps l'exercice public d'un art qui n'apprend rien autre chose qu'à se battre en duel.[24] Les élèves de la patrie auraient une autre idée du courage ; et dans le cours de leurs études, ils feraient un cours de la vie humaine, où ils apprendraient comment ils doivent un jour se comporter envers les citoyens et envers l'ennemi.

Le temps de la jeunesse se passerait agréablement et utilement dans un si grand nombre d'occupations. Les esprits et les corps se développeraient à-la-fois. Les talents naturels, souvent inconnus dans la plupart des hommes, se manifesteraient à la vue des différents objets qui leur seraient présentés. Plus d'un Achille sentirait, à la vue d'une épée, son sang s'enflammer ; plus d'un Vaucanson, à l'aspect d'une machine, méditerait d'organiser le bronze ou le bois. Toutes ces connaissances, dira-t-on, demandent un temps considérable; mais si on songe à celui qui est perdu dans nos colléges, par les répétitions ennuyeuses des leçons, par des décompositions et explications grammaticales de la langue latine, qui ne donnent pas seulement aux écoliers la facilité de la parler, et par les concours dangereux d'une vaine ambition, on ne saurait disconvenir que nous n'en fassions ici un meilleur usage. Les écoliers y barbouillent chaque jour autant de papier que des procureurs,[25] d'autant plus inutilement, que, graces à l'impression des livres dont ils copient les versions ou les thèmes, ils n'ont pas besoin de tout cet ennuyeux travail. Mais à quoi les régents eux-mêmes emploieraient-ils leur temps, si les écoliers ne perdaient le leur?

Dans les écoles de la patrie, tout se passerait à la manière académique des philosophes grecs. Les élèves y étudieraient tantôt assis, tantôt debout, tantôt à la campagne, tantôt dans l'amphithéâtre, ou dans le parc qui l'environnerait. Il n'y serait besoin ni de plumes, ni de papier, ni d'encre; chacun apporterait seulement avec lui le livre classique qui serait le sujet de la leçon. J'ai éprouvé bien des fois que l'on oublie ce qu'on écrit: ce que je mets sur le papier, je l'ôte de ma mémoire, et bientôt de mon souvenir; je m'en suis aperçu à des ouvrages entiers que j'avais mis au net, et qui me paraissaient aussi étrangers que s'ils eussent été faits d'une autre main que de la mienne. Il n'en est pas de même des impressions que nous laisse la conversation d'autrui, sur-tout quand elle est accompagnée d'un grand appareil. Le ton de voix, le geste, le respect dû à l'orateur, les réflexions de nos voisins, concourent à nous graver les paroles d'un discours, bien mieux que l'écriture. Je citerai encore, à cette occasion, l'autorité de Plutarque, ou plutôt celle de Lycurgue.

« Mais il faut bien noter que jamais Lycurgue
» ne voulut qu'il y eût pas une de ses lois mise
» par écrit; ains est expressément porté par l'une
» de ses ordonnances qu'il appelle rêtres, qu'il
» ne veut pas qu'il y en ait aucune écrite; car,
» quant à ce qui est de principale force et efficace
» pour rendre une cité heureuse et vertueuse, il
» estimait que cela devait être empreint, par la
» nourriture, ès cœurs et ès mœurs des hommes,
» pour y demeurer à jamais immuable. C'est la
» bonne volonté, qui est un lien plus fort que
» toute autre contrainte que l'on saurait donner
» aux hommes, qui fait que chacun d'eux se sert
» de loi à soi-même*. »

Les têtes de nos jeunes gens ne seraient donc pas fatiguées, dans les écoles de la patrie, d'une

---

*. Plutarque, Vie de Lycurgue.

vaine et babillarde science. Tantôt ils défendraient entre eux la cause d'un citoyen; tantôt ils porteraient leur jugement sur un événement public. Ils suivraient le procédé d'un art dans tout son cours. Leur éloquence serait une vraie éloquence, et leur savoir un vrai savoir. Ils ne s'occuperaient ni de sciences abstraites, ni de recherches vaines, qui sont communément des fruits de l'orgueil. Dans les études que je propose, tout nous ramène à la société, à la concorde, à la religion et à la nature.

Je n'ai pas besoin de dire que ces diverses écoles seraient décorées convenablement à leur usage, et que toutes serviraient dans leurs dehors, de promenoirs et d'asyles au peuple, surtout pendant les jours longs et tristes de l'hiver. Il y verrait chaque jour des spectacles plus propres à lui inspirer de la vertu ou de l'amour envers sa patrie; je ne dis pas que ceux des boulevards ou que les danses du Wauxhall, mais même que les tragédies de Corneille.

Il n'y aurait, parmi ces jeunes gens, ni récompense, ni punition, ni émulation, et partant point d'envie. La seule punition qu'on y exercerait, serait de bannir de l'assemblée celui qui la troublerait, seulement pour un temps proportionné à la faute du coupable : encore serait-ce plutôt un acte de police qu'une punition : car on n'attacherait à cet exil aucune espèce de honte.

Mais, si vous voulez vous former une idée d'une pareille assemblée, concevez, au lieu de nos jeunes gens de collége, pâles, méditatifs, jaloux, tremblants sur les succès de leurs infortunées compositions, des jeunes gens gais, contents, attirés par le plaisir dans de vastes salles circulaires, où s'élèvent çà et là les statues des hommes illustres de l'antiquité et de la patrie; voyez-les tous attentifs à la leçon du maître, s'aidant les uns les autres à la concevoir, à la retenir, et à répondre à ses questions imprévues. Celui-ci suggère tacitement une réponse à son voisin, cet autre excuse la négligence de son camarade absent. Représentez-vous le progrès rapide des études, éclaircies par des maîtres intelligents, et recueillies par des élèves qui s'entr'aident mutuellement à les retenir. Figurez-vous la science se répandant parmi eux comme une flamme dans un bûcher dont toutes les pièces sont bien ordonnées, se communiquant de l'une à l'autre, et les embrasant toutes à-la-fois. Voyez naître parmi eux, au lieu d'une vaine émulation, l'union, la bienveillance, l'amitié, pour une réponse suggérée à propos, pour une excuse donnée en faveur d'un absent par des camarades voisins, et pour d'autres services rendus. Le souvenir de ces liaisons du premier âge les rapprocherait encore dans le monde, malgré les préjugés de leurs conditions. C'est dans cet âge tendre que la reconnaissance et le ressentiment se gravent, pour toute la vie, aussi profondément que les éléments des sciences et de la religion. Il n'en est pas ainsi de nos colléges, où chaque écolier cherche à supplanter son voisin. Je me souviens qu'un jour de composition, je me trouvai fort embarrassé pour avoir oublié un auteur latin dont il fallait traduire une page ; un de mes voisins m'offrit obligeamment de me dicter la version qu'il en avait faite. J'acceptai son service, en le remerciant beaucoup. Je copiai donc sa version, à quelques changements de mots près, pour ne pas faire voir au régent qu'elle était la même que celle de mon voisin ; mais celle qu'il m'avait donnée, n'était qu'une fausse copie de la sienne, et remplie de contre-sens si extravagants, que le régent s'en étonna, et se douta d'abord qu'elle n'était pas mon ouvrage ; car j'étais assez bon écolier. Je n'ai pas perdu le souvenir de cette perfidie, quoique, en vérité, j'en aie oublié de plus cruelles depuis ce temps-là ; mais le premier âge de la vie humaine est l'âge des ressentiments et des reconnaissances ineffaçables. Je me rappelle des époques d'un temps encore plus éloigné. Lorsque j'allais en fourreau aux écoles, je perdais quelquefois mes livres par étourderie. J'avais une bonne, appelée Marie Talbot, qui m'en achetait de son argent, de peur que je ne fusse fouetté à l'école. Certes, le souvenir de ces petits services est resté si bien et si long-temps empreint dans mon cœur, que je puis dire que, ma mère exceptée, je n'ai eu personne dans le monde pour qui j'aie conservé une si forte et si durable affection. Cette bonne et pauvre fille est entrée souvent dans mes inutiles projets de fortune. Je comptais lui rendre avec usure, dans sa vieillesse, où elle était, pour ainsi dire, sans secours, les tendres soins qu'elle avait pris de mon enfance; mais à peine ai-je pu lui donner quelques marques bien faibles et bien légères de bonne volonté. Je rapporte ces ressouvenirs, dont chacun de mes lecteurs peut avoir, par-devers lui et dans sa propre enfance, des traits plus intéressants, pour prouver combien le premier âge serait naturellement la saison de la vertu et de la reconnaissance, s'il n'était pas souvent dépravé chez nous par le vice de nos institutions.

Mais, avant d'établir ces écoles de la patrie, on formerait des hommes pour y présider. On ne les choisirait pas parmi ceux qui sont les plus recommandés. Plus ils auraient de recommandations, plus ils seraient intrigants, et par conséquent moins ils auraient de vertu. On ne demanderait pas sur leur compte : Est-ce un bel-esprit, un homme brillant, un philosophe? Mais : Aime-t-il les enfants? est-ce un homme qui fréquente plus les malheureux que les grands?

est-ce un homme sensible? a-t-il de la vertu?. Ce serait avec des hommes de ce caractère-là qu'on formerait des maîtres de l'éducation publique.; encore je voudrais qu'on changeât cette qualification de maîtres et de docteurs, comme dure et orgueilleuse. Je voudrais que leurs titres signifiassent les amis de l'enfance, les pères de la patrie, et qu'on les exprimât par de beaux noms grecs, afin d'ajouter au respect de leurs fonctions le mystère de leurs titres. Leur état, destiné à former des citoyens à la nation, serait au moins aussi noble et aussi distingué que celui des écuyers qui dressent des chevaux chez les princes. Un magistrat titré présiderait tous les jours à chaque école. Il serait bien juste que les magistrats fissent dresser sous leurs yeux, à la justice et aux lois, les enfants qu'ils doivent un jour juger et régir comme hommes. Les enfants sont aussi de petits citoyens. Un grand seigneur des plus qualifiés aurait l'inspection générale de ces écoles de la patrie, sans contredit plus importante que celle des haras du royaume ; et afin que des gens de lettres, bassement flatteurs, ne fussent pas tentés d'insérer, dans les papiers publics, les jours où il DAIGNERAIT y faire sa visite, ce devoir sublime serait sans revenu, et ne lui vaudrait que l'honneur d'y présider.

Plût à Dieu que je pusse faire concourir l'éducation des femmes avec celle des hommes, comme à Sparte ! mais nos mœurs s'y opposent. Je ne crois pas cependant qu'il y eût aucun inconvénient à rassembler, dans le premier âge, les enfants des deux sexes. Leur société se prête des graces mutuelles : d'ailleurs, les premiers élémens de la vie civile, de la religion et de la vertu, sont les mêmes pour les uns et pour les autres. Cette première époque exceptée, les filles n'apprendraient rien de ce que doivent savoir les hommes, non pas pour l'ignorer toujours, mais afin de s'en instruire avec plus de plaisir, et de trouver un jour leurs maîtres dans leurs amants. Il y a cette différence morale de l'homme à la femme, que l'homme se doit à la patrie, et la femme au bonheur d'un seul homme. Une fille ne parviendra jamais à ce but, que par le goût des occupations de son sexe. On a beau la charger de toutes sortes de sciences, et en faire une philosophe ou une théologienne ; un mari n'aime point à trouver un rival ni un docteur dans sa femme. Les livres et les maîtres chez nous flétrissent de bonne heure, dans une jeune fille, l'ignorance virginale, cette fleur de l'ame, si charmante à cueillir pour un amant. Ils enlèvent aux époux les plus doux charmes de leur union, et ces communications d'une science amoureuse et d'une ignorance naïve, si propres à remplir les longs jours du mariage. Ils détruisent ces contrastes de caractère que la nature a établis entre les deux sexes, pour y faire naître la plus aimable des harmonies.

Ces contrastes naturels sont si nécessaires à l'amour, qu'il n'y a pas une seule femme célèbre par l'attachement qu'elle a inspiré à ses amants ou à son époux, qui ait dû son empire à d'autres attraits qu'aux amusements ou aux occupations de son sexe, depuis le siècle de Pénélope jusqu'au nôtre. Il y en a de tous les états et de tous les caractères, mais il n'y en a point de savantes. Celles qui ont été savantes, ont été presque toutes malheureuses en amours, depuis Sapho jusqu'à Christine, reine de Suède, et même plus près de nous. Ce serait donc auprès de sa mère, de son père, de ses frères et de ses sœurs, qu'une fille s'instruirait de ses devoirs futurs de mère et d'épouse. C'est dans la maison paternelle qu'elle apprendrait une multitude d'arts domestiques, ignorés aujourd'hui de nos filles bien élevées.

J'ai vanté plus d'une fois dans ces écrits, le bonheur de la Hollande ; mais comme je n'ai vu ce pays qu'en passant, j'en connais peu les mœurs domestiques. Je sais seulement que les femmes y sont sans cesse occupées du soin de leur ménage, et que la plus grande concorde règne dans les mariages. Mais j'ai vu à Berlin une image des charmes que ces mœurs, si méprisées parmi nous, peuvent répandre dans une maison. Un ami que la Providence m'avait ménagé dans cette ville où je ne connaissais personne, m'introduisit dans une société de demoiselles; car, en Prusse, ce n'est pas chez les femmes que se tiennent les assemblées, mais chez leurs filles. Cet usage s'observe dans toutes les familles qui n'ont point été corrompues par les mœurs de nos officiers français qui y furent prisonniers dans la dernière guerre. Il y est donc d'usage que les demoiselles de la même société s'invitent tour-à-tour à des assemblées qu'on appelle cafés. Pour l'ordinaire, c'est le jeudi. Elles se rendent avec leurs mères chez celle qui les a invitées. Celle-ci leur sert du café à la crême, avec toutes sortes de pâtisseries et de confitures faites de sa main. Elle leur présente, au milieu de l'hiver, des fruits de toutes espèces, conservés dans le sucre avec leurs couleurs, leur verdure et leurs parfums, en apparence aussi frais que s'ils étaient sur les arbres. Elle reçoit de ses compagnes mille compliments, qu'elle leur rend avec usure. Mais bientôt elle déploie d'autres talents. Tantôt elle déroule à leurs yeux sur une grande pièce de tapisserie à laquelle elle travaille jour et nuit, des forêts de saules toujours verts qu'elle a plantés elle-même, et des ruisseaux de moire qu'elle a fait couler avec son aiguille. Tantôt elle marie sa voix aux sons d'un clavecin, et semble réunir dans son appartement tous les oiseaux des bocages. Elle invite ses compagnes à chanter à leur tour. C'est alors que les éloges redoublent. Leurs mères, comblées de joie, s'applaudissent en secret, comme Niobé, des louanges données à leurs filles : *Pertentant gaudia pectus.* Quelques officiers en uniforme et en bottes, échappés furtivement de leurs exercices, viennent jouir parmi elles d'un instant de calme délicieux; et pendant que chacune d'elles espère trouver dans l'un d'eux son protecteur et son ami, chacun d'eux soupire après la compagne qui doit adoucir un jour, par le charme des talents domestiques, la rigueur des travaux militaires. Je n'ai point vu de pays où la jeunesse des deux sexes ait plus de mœurs, et où les mariages soient plus heureux.

Il n'est pas besoin d'aller chercher chez des étrangers des preuves du pouvoir de l'amour sur l'honnêteté des mœurs. J'attribue l'innocence de celles de nos paysans et la fidélité de leurs mariages, à ce qu'ils peuvent se livrer de très-bonne heure à cet honnête sentiment. C'est l'amour qui les rend contents de leur pénible sort; il suspend même les maux de l'esclavage. J'ai vu souvent à l'Ile-de-France des noirs, épuisés des fatigues du jour, se mettre en route à l'entrée de la nuit pour aller voir, à trois ou quatre lieues de là, leurs maîtresses. Ils leur donnent rendez-vous au milieu des bois, au pied de quelque rocher, où ils allument du feu; ils dansent avec elles une partie de la nuit au son de leur tamtam, et reviennent à leur travail avant le point du jour, contents, pleins de force, et aussi frais que ceux qui ont bien dormi : tant les affections morales, qui se combinent avec ce sentiment, ont de puissance sur l'organisation physique! La nuit de l'amant charme la journée de l'esclave.

Il y a dans l'Ecriture un exemple très-remarquable à ce sujet; c'est dans la Genèse : « Jacob, » y est-il dit, servit donc sept ans pour Rachel, » et ce temps ne lui paraissait que peu de jours : » tant l'affection qu'il avait pour elle était » grande! * » Je sais bien que nos politiques, qui ne connaissent que l'or et les titres, ne conçoivent rien à tout cela; mais je suis bien aise de leur dire qu'aucun homme n'a mieux connu les lois de la nature que les auteurs des livres saints, et que ce n'est que sur les lois de la nature qu'on peut établir celles des sociétés heureuses.

Je voudrais donc que nos jeunes gens pussent cultiver le sentiment de l'amour au milieu de leurs travaux, ainsi que Jacob. N'importe à quel âge : dès qu'on est capable de sentir, on est capable d'aimer. L'amour honnête suspend les peines, bannit l'ennui, détourne de la prostitution, des erreurs et des inquiétudes du célibat:

---

* Genèse, chap. XXIX, ⅴ 20.

il remplit la vie de mille perspectives délicieuses, en montrant dans l'avenir la plus fortunée des unions : il redouble, dans le cœur de deux jeunes amants, le goût de l'étude et celui des travaux domestiques. Quel plaisir pour un jeune homme, ravi de la science de ses maîtres, d'en répéter les leçons à la beauté qu'il aime! Quelle joie pour une fille jeune et timide, de se voir distinguée au milieu de ses compagnes, et d'entendre relever par son amant le prix et les graces de sa propre industrie! Un jeune homme, destiné à réprimer un jour sur un tribunal l'injustice des hommes, est enchanté, au milieu du dédale des lois, de voir sa maîtresse broder pour lui les fleurs qui doivent décorer l'asyle de leur union, et lui donner une image des beautés de la nature, dont de tristes honneurs doivent le priver toute sa vie. Un autre, qui doit porter le feu de la guerre au bout du monde, s'attache à l'ame sensible de son amie, et se flatte que les maux qu'il fera au genre humain, seront réparés par le bien qu'elle fera aux malheureux. Les amitiés redoublent dans chaque maison; de l'ami au frère qui l'introduit, et du frère à la sœur. Les familles se rapprochent. Les jeunes gens forment leurs mœurs ; et les heureuses perspectives dont ils flattent leur union, les soutiennent dans l'amour de leurs devoirs et de la vertu. Qui sait si ces choix libres, ces liaisons tendres et pures ne fixeraient pas cet esprit volage qu'on croit naturel aux femmes? Elles respecteraient des nœuds qu'elles auraient elles-mêmes formés. Si, étant femmes, elles cherchent à plaire à tous, c'est peut-être parce qu'étant filles, il ne leur est pas permis d'en aimer un seul.

Si on peut espérer une révolution heureuse dans la patrie, ce n'est qu'en rappelant les femmes aux mœurs domestiques. Quelles que soient les satyres qu'on ait écrites sur leur compte, elles sont moins coupables que les hommes. Elles n'ont guère de vices que ceux que nous leur donnons, et nous en avons beaucoup qu'elles n'ont pas. Quant à ceux qui leur sont propres, on peut dire qu'ils ont retardé notre ruine, en compensant les vices de notre constitution politique. On n'imagine pas ce que serait devenue notre société livrée à toutes les inconséquences de notre éducation, à tous les préjugés de nos conditions et aux ambitions de chaque parti, si les femmes ne nous avaient croisés en chemin. Notre histoire ne présente que des débats de moines contre moines, de docteurs contre docteurs, de grands contre grands, de nobles contre vilains; pendant que des politiques rusés s'emparent peu-à-peu de nos possessions. Sans les femmes, tous ces partis auraient fait à la fin un désert de l'état, et mené jusqu'au dernier du peuple à la boucherie, ou au marché, comme on le conseillait il y a quelques années. Il y a eu des siècles où nous aurions été tous cordeliers, naissant et mourant avec le cordon de Saint-François; d'autres, tous chevaliers errants, courant par monts et par vaux la lance à la main; d'autres, tous pénitents, parcourant les villes en procession et en nous flagellant; d'autres, *quisquis* ou *quamquam* de l'université. Les femmes, jetées hors de leur état naturel par nos mœurs injustes, renversent tout, se moquent de tout; détruisent tout, les grandes fortunes, les prétentions de l'orgueil et les préjugés de l'opinion. Les femmes n'ont qu'une passion qui est l'amour, et cette passion n'a qu'un objet; tandis que les hommes rapportent tout à l'ambition qui en a des milliers. Quels que soient les désordres des femmes, elles sont toujours plus près de la nature que nous, parce que leur passion dominante les en rapproche sans cesse, et que la nôtre au contraire nous en écarte. Un bourgeois de province, et même de Paris, caresse à peine ses enfants quand ils sont un peu grands; mais il s'incline profondément devant ceux des étrangers, s'ils sont riches ou de qualité. Sa femme, au contraire, les juge à la figure; s'ils sont laids, elle n'en tient compte, mais elle caressera l'enfant d'un paysan s'il est beau : elle portera plus de respect à un homme du peuple à cheveux blancs et à tête vénérable, qu'à un conseiller sans barbe. Les femmes ne voient que les avantages naturels;

et les hommes que ceux de la fortune. Ainsi, les femmes, au milieu de leurs désordres, nous ramènent encore à la nature, pendant qu'au milieu de notre prétendue sagesse, nous tendons sans cesse à nous en éloigner.

Je conviens, cependant, qu'elles n'ont empêché le malheur général, qu'en causant parmi nous une infinité de maux particuliers. Hélas! ainsi que nous, elles ne trouveront le bonheur que dans la vertu. Dans tout pays où la vertu ne règne plus, elles sont très-malheureuses. Elles étaient autrefois très-heureuses dans les vertueuses républiques de la Grèce et de l'Italie, elles y décidaient du sort des états : aujourd'hui, esclaves dans ces mêmes lieux, la plupart d'entre elles sont obligées de se prostituer pour vivre. Les nôtres ne doivent pas désespérer de nous, elles ont sur l'homme un empire inaliénable [26]. Nous ne les connaissons que sous le nom de sexe, auquel nous avons donné le nom de beau par excellence; mais combien d'autres épithètes plus touchantes pourrions-nous y ajouter, telles que celles de nourricier et de consolateur ! Ce sont elles qui nous reçoivent en entrant dans la vie, et qui nous ferment les yeux à la mort. Ce n'est point à la beauté, c'est à la religion que nos femmes doivent leur principale puissance; le même Français qui soupire à Paris aux pieds de sa maîtresse, la tient dans les fers et sous les fouets à Saint-Domingue. Notre religion seule a envisagé l'union conjugale dans l'ordre naturel ; elle seule de toutes les religions de la terre, présente la femme à l'homme comme une compagne : les autres la lui abandonnent comme une esclave. Ce n'est qu'à la religion que nos femmes doivent la liberté dont elles jouissent en Europe ; et c'est de la liberté des femmes que s'est ensuivie celle des peuples, et la proscription d'une multitude d'usages inhumains répandus dans toutes les parties du monde, tels que l'esclavage, les sérails et les eunuques. O sexe charmant ! c'est dans vos vertus qu'est votre puissance. Sauvez la patrie, en rappelant par le spectacle de vos doux travaux, vos amants et vos époux à l'amour des mœurs domestiques : vous rendrez toute la société à ses devoirs, si chacune de vous ramène un seul homme à l'ordre naturel. N'enviez point à l'homme son autorité, ses magistratures, ses talents, sa vaine gloire ; mais, au milieu de votre faiblesse, entourées de vos laines et de vos soies, bénissez l'Auteur de la nature, de n'avoir donné qu'à vous de pouvoir être toujours bonnes et bienfaisantes.

RÉCAPITULATION.

J'ai présenté, dès le commencement de cet ouvrage, les différentes routes de la nature, que je me proposais de parcourir pour me former une idée de l'ordre qui gouverne le monde. J'ai exposé d'abord les objections qu'on a faites dans tous les temps contre la Providence; je les ai présentées règne par règne, ce qui m'a donné occasion, en les réfutant, d'exposer des vues nouvelles sur la disposition et l'usage des différentes parties de ce globe : ainsi j'ai rapporté la direction des chaînes de montagnes sur les continents, aux vents réguliers qui soufflent sur l'Océan; la position des îles, au confluent de ses courants ou de ceux des fleuves; l'entretien des volcans, aux dépôts bitumineux de ses rivages; les courants de la mer et les mouvements des marées, aux effusions alternatives des glaces polaires. Après cela, j'ai réfuté, par ordre, les autres objections faites sur le règne végétal et animal, en faisant voir que ces règnes n'étaient pas plus gouvernés par des lois mécaniques que le règne fossile. J'ai démontré ensuite que la plupart des maux du genre humain naissaient du vice de nos institutions politiques, et non pas de la nature; que l'homme était le seul être abandonné à sa propre providence, par quelque punition originelle; mais que cette même Divinité qui l'avait livré à ses lumières, veillait encore sur ses destinées; qu'elle faisait rejaillir sur les chefs des nations les maux dont ils opprimaient les faibles et les petits; et j'ai démontré l'action d'une Providence divine, par les malheurs mêmes du genre humain. Tel a été le sujet de mon premier volume.

J'ai commencé le second volume par attaquer les principes de nos sciences, en faisant voir qu'elles nous égarent, ou par la hardiesse de ces mêmes principes au moyen desquels elles remontent à la nature des éléments qui leur échappent, ou par la faiblesse de leurs méthodes, qui ne saisit à-la-fois qu'une loi de la nature, à cause de l'imbécillité de notre esprit et de la vanité de notre éducation, qui nous fait prendre pour des routes uniques, les petits sentiers où nous marchons. C'est ainsi que les sciences naturelles, et même les sciences politiques qui en sont les résultats, s'étant séparées parmi nous les unes des autres, chacune d'elles a fait, si j'ose dire, un cul-de-sac du chemin par où elle était entrée. C'est ainsi que les causes physiques nous ont ôté, à la longue, la vue des fins intellectuelles dans l'ordre de la nature, comme les causes financières nous ont enlevé les espérances de la vertu et de la religion dans l'ordre social.

J'ai cherché ensuite une faculté plus propre à découvrir la vérité, que notre raison, qui n'est d'ailleurs que notre intérêt personnel. J'ai cru la trouver dans cet instinct sublime, appelé le *sentiment*, qui est en nous l'expression des lois naturelles, et qui est invariable chez toutes les nations. J'ai observé, par son moyen, les lois de la nature, non en remontant à leurs principes, qui ne sont connus que de Dieu, mais en descendant à leurs résultats, qui sont à l'usage des hommes. J'ai eu le bonheur, par cette route, d'apercevoir quelques principes des convenances et des harmonies qui gouvernent le monde. Je ne doute pas que ce ne soit par cette même route, que les anciens Égyptiens se rendirent si célèbres dans les connaissances naturelles, qu'ils ont portées incomparablement plus loin que nous. Ils étudiaient la nature dans la nature même, et non par parcelles et avec des machines. Ils en formèrent une science merveilleuse, et fameuse par toute la terre, sous le nom de magie. Les éléments de cette science sont maintenant inconnus, et il n'en est resté que le nom, qu'on donne aujourd'hui aux opérations les plus stupides où puissent porter l'erreur et la dépravation du cœur humain. Il n'en était pas ainsi de la magie des anciens Égyptiens, célébrée par les auteurs les plus respectables de l'antiquité, et même par les livres saints. Ce furent ces principes de convenance et d'harmonie, que Pythagore puisa chez eux, qu'il apporta en Europe, et qui y devinrent les sources de plusieurs branches de philosophie, et même des arts, qui ne commencèrent qu'alors à y fleurir; car les arts ne sont que des imitations des procédés de la nature. Quoique mon insuffisance soit très-grande, ces principes harmoniques sont si lumineux, qu'ils m'ont présenté, non-seulement des dispositions du globe tout-à-fait nouvelles ; mais ils m'ont donné encore les moyens de reconnaître les caractères des plantes à leur premier aspect, et de dire : Celle-ci est de montagne, et cette autre est de rivage. J'ai démontré par eux l'usage des feuilles des plantes, et déterminé par les formes nautiques ou volatiles de leurs graines, les rapports qu'elles ont avec les lieux où elles sont destinées à naître. J'ai observé que les corolles de leurs fleurs avaient des rapports positifs ou négatifs avec les rayons du soleil, suivant les latitudes et les points d'élévation où elles doivent s'épanouir. J'ai remarqué ensuite les contrastes charmants de leurs feuilles, de leurs fleurs, de leurs fruits, et de leurs tiges, avec le sol et le ciel où elles naissent, et ceux qu'elles forment de genre à genre, étant pour ainsi dire groupées deux à deux : enfin j'ai indiqué les relations qu'elles ont avec les animaux et les hommes ; en sorte que j'ose dire avoir démontré qu'il n'y a pas une seule nuance de couleur jetée au hasard dans la nature. J'ai donné, par ces vues, le moyen de former des chapitres complets d'histoire naturelle, en montrant que chaque plante était le centre de l'existence d'une infinité d'animaux, qui ont avec elle des convenances qui nous sont encore inconnues. On pourrait étendre, sans doute, leurs harmonies plus loin ;

car beaucoup de plantes semblent avoir des relations, non-seulement avec le soleil, mais avec diverses constellations. Ce n'est pas toujours telle hauteur du soleil sur l'horizon qui les met en végétation. Il y a telle plante qui fleurit au printemps, qui ne développerait pas la plus petite feuille en automne, quoiqu'elle éprouve alors le même degré de chaleur. Il en est de même de leurs semences, qui germent et poussent dans une saison et non dans l'autre, quoiqu'elles aient la même température. Ces relations célestes étaient connues de l'ancienne philosophie des Égyptiens et de Pythagore. On en trouve beaucoup d'observations dans Pline, lorsqu'il dit, par exemple, que vers le lever de la Poussinière, les oliviers et les vignes conçoivent leur fruit; et d'après Virgile, que le froment doit se semer après la retraite de cette constellation, et les lentilles à celle du Bouvier; que les roseaux et les saussaies doivent se planter lorsque l'étoile de la Lyre se couche. C'est d'après ces relations, dont les causes nous sont inconnues, que Linnæus avait formé avec les fleurs des plantes, un almanach botanique, dont Pline a présenté la première idée aux laboureurs de son temps *. Mais nous avons indiqué des harmonies végétales encore plus touchantes, en faisant voir

* Voyez Pline, Histoire naturelle, liv. XVIII, chap. XXVIII.

que le temps du développement de chaque plante, de sa floraison et de la maturité de ses fruits, était lié avec les développements et les besoins des animaux, et sur-tout avec ceux de l'homme. Il n'y en a point qui n'ait avec nous des relations d'utilité directe ou indirecte : mais cette immense et mystérieuse partie de l'histoire humaine, ne sera peut-être jamais connue que des anges.

Mon troisième volume présente l'application de ces principes harmoniques à la nature même de l'homme. J'y ai fait voir qu'il était formé de deux puissances, l'une physique et l'autre intellectuelle, qui l'affectent perpétuellement de deux sentiments contraires, dont l'un est celui de sa misère, et l'autre celui de son excellence. J'ai démontré que ces deux puissances étaient très-heureusement satisfaites dans les diverses périodes des passions, des âges et des occupations auxquelles la nature a destiné l'homme, comme l'agriculture, le mariage, l'établissement de la postérité, la religion. Je me suis arrêté principalement sur les affections de la puissance intellectuelle, en faisant voir que tout ce qui nous paraissait délicieux et ravissant dans nos plaisirs, naissait du sentiment de l'infini, ou de quelque autre attribut de la Divinité, qui se montrait à nous à l'extrémité de nos perspectives. J'ai démontré, au contraire, que la source de nos maux et de nos erreurs venait de ce que, dans l'état social, nous croisons souvent ces sentiments naturels par les préjugés de l'éducation et de la société ; en sorte que nous portons souvent le sentiment de l'infini sur les objets passagers de ce monde, et celui de notre misère et de notre faiblesse, sur les plans immortels de la nature. Je n'ai fait qu'effleurer cette riche et sublime matière ; mais j'ose dire que par cette seule route, j'ai prouvé suffisamment la nécessité de la vertu, et que j'en ai indiqué la véritable source, non où nos philosophes modernes la cherchent, c'est-à-dire, dans nos institutions politiques, qui lui sont souvent contraires, mais dans l'état naturel de l'homme, et dans son propre cœur.

J'ai appliqué ensuite, de mon mieux, l'action de ces deux puissances au bonheur de la société, en faisant voir d'abord que la plupart de nos maux ne sont que des réactions sociales, qui ont toutes, pour origine principale, les grandes propriétés en emplois, en honneurs, en argent et en terre. J'ai prouvé que ces grandes propriétés produisaient l'indigence physique et morale d'une nation ; que cette indigence engendrait, à son tour, une foule d'hommes corrompus, qui employaient toutes les ressources de la ruse et de l'industrie, pour faire rendre aux riches la portion de leur nécessaire ; que le célibat et les inquiétudes qui l'accompagnent, étaient, dans un grand nombre de citoyens, des effets de cet état de pénurie et d'angoisse où ils se trouvaient réduits ; et que leur célibat produisait, par contre-coup, la prostitution des filles du monde, parce que tout homme qui se prive du mariage de gré ou de force, voue une fille au célibat ou à la prostitution. Cet effet résulte nécessairement d'une des lois harmoniques de la nature, puisque chaque homme vient au monde et en sort avec sa femme, ou, ce qui est la même chose, les mâles naissent et meurent en nombre égal aux femelles, dans l'espèce humaine. J'ai tiré de ces principes, plusieurs conséquences importantes.

J'ai démontré, enfin, qu'une partie de nos maladies physiques et morales, venait des châtiments, des récompenses et de la vanité de notre éducation.

J'ai hasardé différentes vues, pour fournir au peuple des moyens abondants de subsistance et de population, et pour ranimer chez lui l'esprit de religion et de patriotisme, en lui présentant quelques perspectives de l'infini, sans lesquelles le bonheur d'une nation, comme celui d'un particulier, est nul et bientôt épuisé, quand on le composerait, d'ailleurs, des plans les plus avantageux de finance, de commerce et d'agriculture. Il faut pourvoir, à-la-fois, à l'homme, comme animal, et comme être intellectuel. J'ai terminé ces différents projets, par présenter l'esquisse d'une éducation nationale, sans laquelle il ne peut y avoir aucune espèce de législation ni de patriotisme durable. J'ai tâché d'y développer à-la-fois, les deux puissances physique et intellectuelle de l'homme, et de les diriger vers la patrie et la religion.

Sans doute je me serai souvent égaré dans des routes si nouvelles et si étendues. J'aurai été bien des fois au-dessous de mon sujet, par la coupe de mes plans, par mon inexpérience, par l'embarras même de mon style; mais, je le répète, pourvu que mes idées en fassent naître de meilleures à d'autres, je suis content. Cependant, si le malheur est le chemin de la vérité, je n'ai pas manqué de moyens pour me diriger vers elle. Les désordres dont j'ai été souvent le témoin et la victime, m'ont fait naître des idées d'ordre. J'ai trouvé quelquefois sur ma route, des grands accrédités, et des hommes appartenants à des corps respectables, qui avaient toujours à la bouche les mots de patrie et d'humanité. Je me suis approché d'eux pour m'éclairer de leurs lumières, et pour me mettre sous la protection de leurs vertus; mais je n'ai trouvé que des intrigants, qui n'avaient d'autre objet que leur fortune personnelle, et qui m'ont bientôt persécuté, parce qu'ils ont vu que je n'étais propre à être ni l'agent de leurs plaisirs, ni la trompette de leur ambition. Je me suis alors rangé du côté de leurs ennemis, croyant que j'y trouverais l'amour de la vérité et du bien public; mais, quelque variés que soient nos sectes, nos partis et nos corps, j'ai rencontré par-tout les mêmes hommes, couverts seulement d'habits différents. Quand les uns et les autres ont vu que je refusais d'être leur sectateur, ils m'ont calomnié à la manière perfide de ce siècle, c'est-à-dire, en faisant mon éloge. On vante beaucoup le temps où nous vivons; mais, si nous avons sur le trône un prince rival de Marc-Aurèle, notre siècle est l'émule de celui de Tibère.

Si je mettais au jour les mémoires de ma vie,[27] je ne voudrais pas d'autres preuves du mépris que mérite la gloire de ce monde, que de montrer à découvert ceux qui en sont les objets. Pendant que sans nuire à personne, après une infinité de voyages, de services et de travaux infructueux, je préparais, dans la solitude, ces derniers fruits de mon expérience et de mes veilles, mes ennemis secrets, c'est-à-dire, les hommes dont je n'ai pas voulu être le partisan, m'ont fait retrancher un bienfait que je devais, chaque année, à la bienfaisance du prince. C'était le seul moyen que j'eusse de subsister et d'aider ma famille. A cette catastrophe, se sont joints des altérations de santé et des maux domestiques inénarrables. Je me suis donc hâté de cueillir le fruit, encore vert, de l'arbre que je cultivais avec tant de constance, avant qu'il fût renversé par les tempêtes.

Mais je ne veux de mal à aucun de mes persécuteurs. Si je suis forcé un jour, à cet égard, de parler de leur conduite secrète envers moi, ce ne sera que pour justifier la mienne. Je leur ai, d'ailleurs, obligation. Leurs persécutions ont causé mon repos. Je dois à leur ambition dédaigneuse, une liberté préférable à leur grandeur. C'est à eux que je dois les études délicieuses auxquelles je me suis livré. La Providence ne m'a point abandonné comme eux. Elle m'a suscité des amis qui m'ont servi, dans le temps, auprès de mon prince ; et elle m'en suscitera d'autres auprès de lui, lorsqu'il sera nécessaire. Si j'avais eu en Dieu la confiance que j'ai donnée aux hommes, j'aurais été toujours tranquille ; les preuves de sa providence à mon égard dans le passé, devaient me rassurer pour l'avenir. Mais, par un vice de mon éducation, les opinions des hommes ont encore trop d'empire sur moi. Ce sont leurs craintes, et non les miennes, qui me troublent. Cependant, je me dis quelquefois à moi-même : Pourquoi vous embarrassez-vous de l'avenir ? Avant de venir au monde, vous êtes-vous inquiété de quelle manière s'assembleraient vos membres, et se développeraient vos nerfs et vos os ? Quand vous êtes venu ensuite à la lumière, avez-vous étudié l'optique, pour savoir comment vous apercevriez les objets ; et l'anatomie, pour apprendre à mouvoir votre corps, et pour lui donner de l'accroissement? Ces opérations de la nature, bien supérieures à celles des hommes, se sont faites en vous à votre insu, sans que vous vous en soyez mêlé. Si vous ne vous êtes pas inquiété du naître, pourquoi du vivre, et pourquoi du mourir? N'êtes-vous pas toujours dans la même main?

Cependant, d'autres sentiments naturels m'ont attristé. Par exemple, de n'avoir pas acquis, après tant de courses et de services, seulement un petit lieu agreste, où j'eusse pu, au sein du repos, mettre en ordre mes observations sur la nature, qui sont les seules qui m'aient paru aimables et intéressantes sous le soleil. Un autre regret encore plus vif, est de n'avoir pas attaché à mon sort une compagne simple, douce, sensible et pieuse, qui bien mieux que la philosophie, eût adouci mes peines, et qui, en me donnant des enfants semblables à elle, m'eût laissé une postérité plus chère qu'une vaine réputation. J'avais trouvé cet asyle et ce rare bonheur en Russie, au milieu d'un service honorable; mais j'ai renoncé à tous ces avantages, pour chercher, à l'instigation de nos ministres, de l'emploi dans ma patrie, où je n'avais rien de semblable à prétendre. Cependant, je puis dire que mes études particulières ont réparé la première privation, en me donnant de jouir, non-seulement d'un petit coin de terre, mais de toutes les harmonies répandues dans le grand jardin de la nature. Une épouse estimable ne peut pas être aussi aisément remplacée ; mais si je peux me flatter que cet ouvrage contribue à multiplier les mariages, à les rendre plus heureux, et à adoucir l'éducation des enfants, je croirai perpétuer en eux ma famille, et je considérerai les femmes et les enfants de ma patrie, comme m'appartenant en quelque chose.

Il n'y a de durable que la vertu. La beauté du corps passe vite ; la fortune inspire de vains désirs ; la grandeur fatigue ; la réputation est inconstante ; le talent, et le génie même, s'affaiblissent : mais la vertu est toujours belle, toujours variée, toujours égale et toujours forte, parce qu'elle est résignée à tous les événements, aux privations comme aux jouissances, à la mort comme à la vie.

Heureux donc, et mille fois heureux si j'ai pu contribuer à réparer quelques-uns des maux de ma patrie, et à lui ouvrir quelque nouvelle perspective de bonheur ! Heureux si j'ai pu, d'une part, essuyer les larmes de quelque infortuné, et ramener, de l'autre, ces hommes égarés par la volupté, à la Divinité vers laquelle la nature, le temps, nos propres misères, et nos affections secrètes, nous entraînent avec tant de rapidité !

Il me semble qu'il se prépare pour nous quelque révolution favorable. Si elle arrive, on en sera redevable aux lettres : elles ne mènent aujourd'hui à rien ceux qui les cultivent parmi nous; cependant elles régissent tout. Je ne parle pas de l'influence qu'elles ont par toute la terre, gouvernée par des livres. L'Asie est régie par les maximes de Confucius, les Koran, les Beth, les Védam, etc.; mais, en Europe, ce fut Orphée qui, le premier, rassembla ses habitants, et qui les tira de la barbarie par ses poésies divines. Ensuite le génie d'Homère fit naître les législations et les religions de la Grèce : il anima Alexandre, et le porta à la conquête de l'Asie. Il influa sur les Romains, qui cherchèrent, dans ses poésies sublimes, la généalogie du fondateur et des souverains de leur empire, comme les Grecs y avaient cherché les origines de leurs républiques et de leurs lois. Son ombre auguste préside encore à la poésie, aux arts libéraux, aux académies et aux monuments de l'Europe : tant ont de pouvoir sur l'esprit humain les perspectives de la Divinité que ce grand génie lui a présentées ! Ainsi la parole qui créa le monde, le gouverne encore; mais quand elle fut descendue elle-même du ciel, et qu'elle eut montré aux hommes la route du bonheur dans la seule vertu, une lumière plus pure que celle qui avait brillé sur les îles de la Grèce, éclaira les forêts des Gaules. Les sauvages qui les habitaient, auraient été les plus heureux des hommes, s'ils eussent été libres; mais ils avaient des tyrans, et ces tyrans les replongèrent dans une barbarie sacrée, en leur présentant des fantômes d'autant plus effrayants, que les objets de leur confiance étaient devenus ceux de leur terreur. C'en était fait du bonheur des peuples, et même de la religion, lorsque deux hommes de lettres, Rabelais et Michel Cervantes, s'élevèrent, l'un en France, et l'autre en Espagne, et ébranlèrent à-la-fois le pouvoir monacal [28] et celui de la chevalerie. Pour renverser ces deux colosses, ils n'employèrent d'autres armes que le ridicule, ce contraste naturel de la terreur humaine. Semblables aux enfants, les peuples rirent et se rassurèrent : ils n'avaient plus d'autres impulsions vers le bonheur que celles que leurs princes voulaient leur donner, si leurs princes alors avaient été capables d'en avoir. Le Télémaque parut, et ce livre rappela l'Europe aux harmonies de la nature. Il produisit une grande révolution dans la politique. Il ramena les peuples et les rois aux arts utiles, au commerce, à l'agriculture, et surtout au sentiment de la Divinité. Cet ouvrage réunit à l'imagination d'Homère la sagesse de Confucius. Il fut traduit dans toutes les langues de l'Europe. Ce n'est pas en France où il a été le plus admiré ; il y a des provinces en Angleterre où on y apprend encore à lire aux enfants. Quand les Anglais entrèrent dans le Cambrésis, avec l'armée des alliés, ils voulurent en enlever l'auteur, qui y vivait loin de la cour, pour lui donner, dans leur camp, une fête militaire ; mais sa modestie se refusa à ce triomphe : il se cacha. Je n'ajouterai qu'un trait à son éloge ; ce fut le seul homme vivant dont Louis XIV fut jaloux : et il avait raison de l'être ; car, pendant qu'il cherchait à se faire craindre et admirer de l'Europe par ses armées, ses conquêtes, ses fêtes, ses bâtiments et son faste, Fénélon s'en faisait adorer avec un livre.[29]

Plusieurs gens de lettres, inspirés par son génie, ont changé parmi nous l'esprit du gouvernement et les mœurs. C'est à leurs écrits que nous sommes redevables de la destruction de plusieurs coutumes barbares, telles que de condamner à mort pour crime prétendu de sortilége, d'appliquer indifféremment tous les criminels à la question, les restes de l'esclavage féodal, l'usage de porter des épées dans le sein des villes et de la paix, etc.…. C'est à eux qu'on doit le retour des goûts et des devoirs de la nature, ou du moins leurs images. Ils ont rendu à plusieurs enfants les mamelles de leurs mères, et aux riches le goût de la campagne, qui les porte aujourd'hui à quitter le centre des villes pour en habiter les faubourgs. Ils ont inspiré à toute la nation celui de l'agriculture, qui est dégénéré, à l'ordinaire, en fanatisme, dès qu'il est devenu un esprit de corps. Ce sont eux qui ont ramené la noblesse vers le peuple, dont elle s'était déjà rapprochée, à la vérité, par ses alliances avec la finance ; ils l'ont rappelée à ses devoirs par ceux de l'humanité. Ils ont dirigé toutes les puissances de l'état, et même les femmes, vers les objets patriotiques, en les couvrant d'agréments et de fleurs.

O hommes de lettres ! sans vous, l'homme riche n'aurait aucune jouissance intellectuelle ; son opulence et ses dignités lui seraient à charge. Vous seuls nous rappelez les droits de l'homme et de la Divinité. Par-tout où vous paraissez, dans le militaire, dans le clergé, dans les lois, dans les arts, l'intelligence divine se montre, et le cœur humain soupire. Vous êtes à-la-fois les yeux et la lumière des nations. Nous serions peut-être maintenant bien près du bonheur, si plusieurs d'entre vous, voulant plaire à la multitude, ne l'eussent égarée en flattant ses passions, et en prenant leur voix trompeuse pour celle de la nature humaine.

Voyez comme ces passions vous ont égarés vous-mêmes, pour vous être trop approchés des hommes ! C'est dans la solitude, et réunis entre vous, que vos talents se communiquent des lumières mutuelles. Souvenez-vous des temps où les La Fontaine, les Boileau, les Racine, les Molière vivaient entre eux. Quel est aujourd'hui votre sort ? Ce monde, dont vous flattez les passions, vous arme les uns contre les autres. Il vous livre à la gloire, comme les Romains livraient des malheureux aux bêtes. Vos lices saintes sont devenues des arènes de gladiateurs. Vous êtes, sans vous en douter, les instruments de l'ambition des corps. C'est par vos talents que leurs chefs se procurent des dignités et des richesses ; tandis que vous restez dans l'obscurité et l'indigence. Songez à la gloire des gens de lettres, chez les peuples qui sortaient de la barbarie : ils présentèrent la vertu aux nations, et ils en furent les dieux. Songez à leur avilissement chez les peuples tombés dans la corruption : ils en flattèrent les passions, et ils en furent les victimes. Dans la décadence de l'empire romain, les lettres ne devinrent plus le partage que de quelques Grecs affranchis. Laissez courir la foule sur les pas des riches et des voluptueux. Que vous proposez-vous dans la sainte carrière des lettres, sinon de marcher sous la protection de Minerve ? Quel respect le monde aurait-il pour vous, si vous n'étiez couverts de son égide sacrée ? Il vous foulerait aux pieds. Laissez-le tromper ses adorateurs ; mettez votre confiance dans le ciel, dont les secours viendront vous chercher par-tout où vous serez.

Un jour la vigne, en pleurant, se plaignait au ciel de l'injustice de son sort. Elle enviait celui du roseau. « Je suis plantée, disait-elle, dans des
» rochers arides, et je suis obligée de produire
» des fruits pleins de jus ; tandis qu'au bas de
» cette vallée, le roseau, qui ne porte qu'une

» bourre sèche, croît à son aise sur le bord
» des eaux. » Une voix lui répondit du ciel :
« O vigne ! ne vous plaignez pas de votre des-
» tinée. L'automne viendra, le roseau périra
» sans honneur sur le bord des marais ; mais les
» pluies du ciel iront vous chercher dans la
» montagne, et votre jus mûri dans les rochers,
» servira un jour à consoler les hommes, et à
» réjouir les dieux. »

Nous avons encore un grand espoir de réforme dans l'affection que nous portons à nos rois. Chez nous, l'amour de la patrie n'est que l'amour du prince. C'est le seul lien qui nous réunisse, et qui, plus d'une fois, nous a empêchés de nous séparer. D'un autre côté, les peuples sont les véritables monuments des rois. Tous ces monuments de pierre, dont tant de princes croient éterniser leur mémoire, ne servent souvent qu'à la faire détester. Pline dit que les Égyptiens de son temps maudissaient la mémoire des rois d'Égypte, qui avaient bâti les pyramides ; encore avaient-ils oublié leurs noms. Les Égyptiens de nos jours disent que c'est le diable qui les a faites, sans doute par le sentiment des peines que ces travaux ont coûté aux hommes. Notre peuple attribue souvent la même origine à nos anciens ponts et aux grands chemins, taillés dans des rochers qui sont à la hauteur des nues. On a beau frapper pour lui des médailles, il n'entend rien à leurs emblèmes ni à leurs inscriptions. Mais c'est le cœur des hommes qu'il faut empreindre par des bienfaits; le timbre en est ineffaçable. Le peuple a perdu la mémoire de ses monarques qui ont présidé à des conciles; mais il chérit encore celle de ceux qui ont soupé chez des meuniers.

Le peuple n'affectionne dans son prince qu'une seule qualité, c'est sa popularité: car c'est d'elle que découlent toutes les vertus dont il a besoin. Un acte de justice, rendu à l'imprévu et sans faste, à une pauvre veuve, à un charbonnier, le remplit d'admiration et de joie. Il regarde son prince comme un Dieu, dont la providence veille par-tout; et il a raison: car un seul événement de cette nature, qui arrive bien à propos, tient tous les oppresseurs en crainte, et tous les opprimés en espérance. Aujourd'hui la vénalité et l'orgueil ont élevé entre le peuple et le roi mille murs impénétrables, d'or, de fer et de plomb. Le peuple ne peut plus aller vers son prince, mais le prince peut encore descendre vers son peuple. On a rempli à ce sujet nos rois de frayeurs et de préjugés. Cependant il est très-remarquable que, dans ce grand nombre de princes de toutes les nations qui ont été les victimes de diverses factions, pas un seul n'a péri, faisant le bien, allant à pied et *incognito*; mais tous ou dans leurs carrosses, ou à table au sein des plaisirs, ou dans leur cour au milieu de leurs gardes et au centre de leur puissance.

Nous voyons de nos jours l'empereur et le roi de Prusse parcourir en simple voiture, avec un ou deux domestiques et sans gardes, leurs états dispersés, quoique remplis en partie d'étrangers et de peuples conquis. Les grands hommes et les princes les plus illustres de l'antiquité, tels que Scipion, Germanicus, Marc-Aurèle, voyageaient sans suite, à cheval, et souvent à pied. Combien de provinces de son royaume n'a pas parcourues ainsi, dans un siècle de troubles et de factions, notre grand Henri IV!

Un roi dans ses états, doit être comme le soleil sur la terre, où il n'y a pas une seule petite plante qui ne reçoive à son tour l'influence de ses rayons. De combien de grandes vérités nos rois sont privés par les préjugés des courtisans! Combien ils perdent de plaisirs par leur vie sédentaire! Je ne parle pas de ceux de la grandeur, lorsqu'ils voient à leur approche les peuples accourir en foule sur les chemins, les remparts des villes s'enflammer du tonnerre de l'artillerie, et les escadres sortant de leurs ports couvrir la mer de pavillons et de feux. Je les crois las des plaisirs de la gloire. Mais je les crois sensibles à ceux de l'humanité, dont on les prive perpétuellement. On les force toujours d'être rois, on ne leur permet jamais d'être hommes. Quel plaisir pour eux de voiler leur grandeur comme des dieux, et d'apparaître au milieu d'une famille vertueuse, comme Jupiter chez Philémon et Baucis ! Combien peu il leur faudrait pour faire chaque jour des heureux ! Souvent ce qu'ils donnent à une seule famille de courtisans, suffirait pour faire le bonheur d'une province. Souvent leur simple apparition y remplirait d'effroi tous les tyrans, et en consolerait les malheureux. On les croirait par-tout, quand on ne les saurait nulle part. Un ami fidèle, quelques serviteurs robustes suffiraient pour rapprocher d'eux tous les agréments des voyages, et pour en écarter tous les inconvénients.

Ils sont les maîtres de varier les saisons à leur gré, sans sortir du royaume, et d'étendre leurs plaisirs aussi loin que leur puissance. Au lieu d'habiter des maisons de campagne sur les bords de la Seine, ou au milieu des roches de Fontainebleau, ils en peuvent avoir sur les bords de l'Océan et au pied des Pyrénées. Il ne tient qu'à eux de passer les ardeurs brûlantes de l'été au sein des montagnes du Dauphiné, entourées d'un horizon de neige ; l'hiver en Provence, sous des oliviers et des chênes verts ; l'automne, dans les prairies toujours vertes et sous les pommiers de la riche Normandie. Ils verraient aborder sur les rivages de la France, des gens de mer de toutes les nations, des Anglais, des Espagnols, des Suédois, des Hollandais, des Italiens, vivant tous avec les costumes et les mœurs de leurs pays. Nos rois ont, dans leurs palais, des comédies, des bibliothèques, des serres, des cabinets d'histoire naturelle; mais toutes ces collections ne sont que de vaines images des hommes et de la nature. Ils n'ont pas de jardins plus dignes d'eux que leurs royaumes, ni de bibliothèques plus instructives que leurs peuples.

Ah ! si un seul homme peut être sur la terre l'espoir du genre humain, c'est un roi de France. Il règne sur son peuple par l'affection, son peuple sur l'Europe par les mœurs, l'Europe sur le reste du monde par la puissance. Rien ne l'empêche de faire le bien quand il lui plaît. Il peut, malgré la vénalité des emplois, humilier le vice superbe, et élever l'humble vertu. Il peut encore descendre vers ses sujets, ou les faire monter vers lui. Beaucoup de rois se sont repentis d'avoir mis leur confiance dans des trésors, dans des alliés, dans des corps et dans des grands; mais aucun de s'être fié à son peuple et à Dieu. Ainsi ont régné les populaires Charles v et les saint Louis. Ainsi vous aurez régné un jour, ô Louis xvi ! Vous avez, dès vos premiers pas au trône, donné des lois pour le rétablissement des mœurs; et ce qui était plus difficile, vous en avez montré l'exemple au milieu d'une cour française. Vous avez détruit les restes de l'esclavage féodal, adouci le sort des malheureux prisonniers ainsi que les punitions militaires et civiles, donné aux habitants de quelques provinces la liberté de répartir entre eux les impositions nationales, remis à la nation les droits de votre avénement à la couronne, assuré aux pauvres matelots une portion des fruits de la guerre, et rendu aux gens de lettres le privilége naturel de recueillir ceux de leurs veilles. Tandis que, d'une main, vous aidiez les infortunés de la nation ; de l'autre, vous éleviez des statues à ses hommes célèbres dans les siècles passés, et vous secouriez les Américains opprimés. Quelques hommes sages qui vous environnent, et ce qui est encore plus puissant que leur sagesse, les charmes et la sensibilité de votre auguste épouse, vous ont rendu le chemin de la vertu facile. Ô grand roi ! si vous marchez avec constance dans les rudes sentiers de la vertu, votre nom sera un jour invoqué par les malheureux de toutes les nations. Il présidera à leurs destinées pendant la vie même de leurs propres souverains. Ils le présenteront comme une barrière à leurs tyrans, et comme un modèle à leurs bons rois. Il sera révéré du couchant à l'aurore, comme celui des Titus et des Antonins. Lorsqu'aucun peuple vivant ne subsistera plus, votre nom vivra encore, et fleurira d'une gloire toujours nouvelle. La majesté des siècles ajoutera à sa vénération, et la postérité la plus reculée nous enviera le bonheur d'avoir vécu sous vos lois. Je ne suis rien, Sire. J'ai pu être la victime des maux publics, et en ignorer les causes. J'ai pu parler des moyens d'y remédier, sans connaître la puissance et les ressources des grands rois. Mais si vous nous rendez meilleurs et plus heureux, les Tacites futurs étudieront, d'après vous, l'art de réformer et de gouverner les hommes dans un siècle difficile. D'autres Fénélons parleront un jour de la France sous votre règne, comme de l'heureuse Égypte sous celui de Sésostris. Pendant que vous recevrez alors sur la terre les hommages invariables des hommes, vous serez leur médiateur auprès de la Divinité, dont vous aurez été parmi nous la plus vive image. Ah! s'il était possible que nous perdissions le sentiment de son existence par la corruption de ceux qui nous doivent l'exemple, par le désordre de nos passions, par l'égarement de nos propres lumières, par les maux multipliés de l'humanité; O roi! il vous serait encore glorieux de conserver l'amour de l'ordre au milieu du désordre général. Les peuples livrés à des tyrans sans frein, se réfugieraient en foule au pied de votre trône, et viendraient chercher en vous le Dieu qu'ils n'apercevraient plus dans la nature.

FIN DES ÉTUDES DE LA NATURE.

NOTES DE L'AUTEUR.

¹ PAGE 13.

ÉCOUTEZ la raison, disent sans cesse nos philosophes moralistes. Mais comment ne voient-ils pas qu'ils nous livrent à notre plus grande ennemie? Est-ce que chaque passion n'a pas sa raison?

² PAGE 14.

C'est faute d'avoir observé ces deux puissances, que tant d'ouvrages vantés, faits sur l'homme, ont un coloris faux. Tantôt leurs auteurs nous le représentent comme un objet métaphysique; vous croiriez que les besoins physiques, qui ébranlent même les Saints, ne sont que de faibles accessoires de la vie humaine: ils la composent uniquement de monades, d'abstractions et de moralités. Tantôt ils ne voient dans l'homme qu'un animal, et ne distinguent en lui que les sens les plus grossiers. Ils ne l'étudient que le scalpel à la main et quand il est mort, c'est-à-dire, quand il n'est plus homme. D'autres ne le connaissent que comme un individu politique: ils ne l'aperçoivent que par les convenances de l'ambition. Ce n'est point un homme qui les intéresse; c'est un Français, un Anglais, un prélat, un gentilhomme. De tous les écrivains, je ne connais qu'Homère qui ait peint l'homme en entier: les autres, et je parle des meilleurs, n'en présentent que des squelettes. L'Iliade d'Homère est, à mon avis, la peinture de tout l'homme, comme elle est celle de toute la nature. Toutes les passions y sont avec leurs contrastes et leurs nuances, les plus intellectuelles et les plus grossières. Achille chante les dieux sur sa lyre, et fait cuire un gigot de mouton dans une marmite. Ce dernier trait a fort scandalisé nos écrivains de théâtre, qui se composent des héros artificiels qui se dissimulent leurs premiers besoins, comme leurs auteurs eux-mêmes dissimulent les leurs à la société. On trouve toutes les passions de l'homme dans l'Iliade : la colère furieuse dans Achille; l'ambition superbe dans Agamemnon ; la valeur patriotique dans Hector ; dans Nestor, la froide sagesse; dans Ulysse, la prudence rusée; la calomnie dans Thersite ; la volupté dans Pâris; l'amour infidèle dans Hélène; l'amour conjugal dans Andromaque; l'amour paternel dans Priam ; l'amitié dans Patrocle, etc.... avec une multitude de nuances intermédiaires de ces passions, telles que le courage téméraire de Diomède et celui d'Ajax, qui osent combattre les dieux mêmes : puis des oppositions de site et de fortune qui détachent ces caractères, comme des noces et des fêtes champêtres sur le terrible bouclier d'Achille, les remords dans Hélène et l'inquiétude dans Andromaque; la fuite d'Hector près de périr au pied des murs de sa ville, à la vue de son peuple dont il est l'unique défenseur; et les objets paisibles qu'elle lui présente dans ces terribles moments, tels que ce bosquet d'arbres, et cette fontaine où les filles de Troie allaient laver leurs robes, et aimaient à se rassembler dans des temps plus heureux.

Ce divin génie ayant réparti à chacun de ses héros une passion principale du cœur humain, et l'ayant mise en action dans les phases les plus remarquables de la vie, a distribué de même les attributs de Dieu à plusieurs divinités, et leur a assigné les différents règnes de la nature; à Neptune, la mer ; à Pluton, les enfers ; à Junon, l'air ; à Vulcain, le feu ; à Diane, les forêts ; à Pan, les troupeaux ; enfin, les Nymphes, les Naïades et jusqu'aux Heures, ont toutes quelque département sur la terre. Il n'y a pas une fleur qui n'y soit dans le gouvernement de quelque divinité. C'est ainsi qu'il a rendu l'habitation de l'homme céleste. Son ouvrage est la plus sublime des Encyclopédies. Tous les caractères en sont si bien dans le cœur humain et dans la nature, que les noms dont il les a désignés sont devenus immortels. Joignez à la majesté de ses plans une vérité d'expression qui ne vient pas uniquement de la beauté de sa langue, comme le prétendent les grammairiens, mais de l'étendue de ses observations naturelles. C'est ainsi, par exemple, qu'il appelle la mer *pourprée* au moment où le soleil se couche, parce qu'alors les reflets du soleil à l'horizon la rendent de cette couleur, ainsi que je l'ai moi-même remarqué. Virgile, qui l'a imité en tout, est plein de ces beautés d'observation, dont nos commentateurs ne s'occupent guère. Par exemple, dans les Géorgiques, Virgile donne au printemps l'épithète de *rougissant; vere rubenti*, dit-il. Comme ses traducteurs et ses commentateurs n'y ont point fait attention, ainsi qu'à bien d'autres, j'ai cru long-temps qu'elle n'était là que pour fournir la mesure du vers ; mais ayant remarqué, au commencement du printemps, que les scions et les bourgeons de la plupart des arbres devenaient tout rouges avant de jeter leurs feuilles, j'ai alors compris quel était le moment de la saison que Virgile désignait par *vere rubenti*.

3 PAGE 25.

Quand on a perdu cette première des harmonies, toutes les autres le sont. C'est une chose digne de remarque, que tous les ouvrages des athées sont arides et secs. Ils vous étonnent quelquefois, mais jamais ils ne vous touchent. Ils ne vous présentent que des caricatures ou des idées gigantesques. Il n'y a ni ordre, ni proportion, ni sensibilité. Je n'en excepte que le poëme de Lucrèce. Mais cette exception, comme je l'ai dit, confirme mon observation ; car quand ce poëte a voulu plaire, il a été obligé de faire intervenir la Divinité, ainsi qu'on le voit dans son exorde, où il débute par cette belle apostrophe, *Alma Venus*. Par-tout ailleurs où il explique la physique d'Épicure, il est d'une sécheresse insupportable.

4 PAGE 27.

On peut rapporter à ces deux instincts toutes les sensations de la vie, qui semblent souvent se contredire. Par exemple, si l'habitude et la nouveauté nous paraissent agréables, c'est que l'habitude nous rassure sur nos relations physiques qui sont toujours les mêmes, et la nouveauté promet de nouveaux points de vue à notre instinct divin, qui veut toujours étendre ses jouissances.

5 PAGE 33.

Il y a dans nos campagnes des filles plus respectables qu'Ariane, dont nos historiens, qui parlent tant de vertu, ne s'occupent guère. Une personne de ma connaissance vit un dimanche, à la porte de l'église d'un village, une fille toute seule qui priait Dieu pendant qu'on chantait vêpres. Comme il séjourna quelque temps dans ce lieu, il observa, les dimanches suivants, que cette même fille n'entrait point dans l'église pendant l'office. Frappé de cette singularité, il en demanda la cause aux autres paysannes, qui lui répondirent que c'était sans doute sa volonté de s'arrêter à la porte, puisque rien ne l'empêchait d'entrer, et qu'elles l'en avaient souvent pressée inutilement. Enfin, voulant en savoir la raison, il s'adressa à la fille même, dont la conduite lui paraissait si extraordinaire. D'abord, elle parut troublée; mais s'étant bientôt rassurée, elle lui dit : « Monsieur, j'avais un amant pour lequel j'eus
» une faiblesse; je devins grosse, et mon amant étant tombé
» malade, mourut sans m'avoir épousée. J'ai désiré que mon
» exil de l'église servît toute ma vie d'expiation à ma faute,
» et d'exemple à mes compagnes. »

6 PAGE 64.

Un curé de village des environs de Paris, près de Dravet, a

éprouvé, dans son enfance, une cruauté non moins grande, de la part de ses parents. Il fut châtré par son père qui était chirurgien; et il l'a nourri dans sa vieillesse, malgré sa barbarie. Je crois que l'un et l'autre sont encore vivants.

Son père le destinait à en faire un musicien pour la chapelle du Roi, à l'instar de ceux qui viennent de l'Italie, où règne la coutume abominable de châtrer des enfants pour en faire des musiciens.

7 PAGE 65.

J'ai ouï dire que Poutavéri, cet Indien de Taïti qui a été amené à Paris il y a quelques années, ayant vu au Jardin du Roi le mûrier à papier, dont l'écorce sert dans son pays à faire des étoffes, les larmes lui vinrent aux yeux, et qu'en le saisissant dans ses bras, il s'écria : *O arbre de mon pays!* Je voudrais qu'on essayât si, en donnant à un oiseau étranger, comme à un perroquet, un fruit de son pays qu'il n'aurait pas vu depuis long-temps, il témoignerait à sa vue quelque émotion extraordinaire. Quoique les sensations physiques nous attachent fortement à la patrie, il n'y a que les sentiments moraux qui leur donnent une grande intensité. Le temps qui affaiblit les premières, ne fait qu'accroître ceux-ci. C'est pourquoi la vénération pour un monument est toujours proportionnée à son antiquité ou à sa distance; et voilà pourquoi Tacite a dit : *major è longinquo reverentia.*

8 PAGE 72.

Voilà pourquoi nous n'admirons que ce qui est rare. S'il apparaissait sur l'horizon de Paris, une de ces parélies si communes au Spitzberg, tout le peuple sortirait dans les rues pour l'admirer. Ce n'est cependant qu'une réflexion du disque du soleil dans les nuages; et personne ne s'arrête pour admirer le soleil lui-même, parce que le soleil est trop connu.

C'est le mystère qui fait un des charmes de la religion. Ceux qui y veulent une démonstration géométrique, ne connaissent ni les lois de la nature, ni les besoins du cœur humain.

9 PAGE 92.

Nos artistes font verser des larmes à des statues de marbre auprès des tombeaux des grands. Il faut bien y faire pleurer des statues, quand les hommes n'y pleurent pas. J'ai vu plusieurs enterrements de gens riches; j'y ai vu bien rarement quelqu'un verser des larmes, si ce n'est parfois quelque vieux domestique qui se trouvait peut-être sans ressource. Il y a quelque temps que, passant par une rue assez déserte du faubourg Saint-Marceau, je vis un cercueil à l'entrée d'une petite maison. Il y avait auprès de ce cercueil une femme à genoux, qui priait Dieu, et qui paraissait absorbée dans le chagrin. Cette femme ayant aperçu au bout de la rue les prêtres qui venaient faire la levée du corps, se leva et s'enfuit, en se mettant les deux mains sur les yeux, et en jetant des cris lamentables. Des voisins voulurent l'arrêter pour la consoler, mais ce fut en vain. Comme elle passa auprès de moi, je lui demandai si elle regrettait sa fille ou sa mère. « Hélas ! mon » sieur, me dit-elle tout en pleurs, je regrette une dame qui » me faisait gagner ma pauvre vie; elle me faisait aller en jour- » née. » Je m'informai des voisins quelle était cette dame bienfaisante : c'était la femme d'un petit menuisier. Gens riches, quel usage faites-vous donc des richesses pendant votre vie, puisque personne ne pleure à votre mort ?

10 PAGE 100.

C'est par l'influence sublime de cette passion, que les Thébains formèrent un bataillon de héros, appelé la bande sacrée ; ils périrent tous ensemble à la bataille de Chéronée. On les trouva couchés tous sur la même ligne, l'estomac percé de grands coups de piques, et le visage tourné vers l'ennemi. Ce spectacle tira des larmes des yeux de Philippe même, leur vainqueur. Lycurgue avait employé aussi le pouvoir de l'amour dans l'éducation des Spartiates, et il en fit un des grands soutiens de sa république. Mais, comme le contre-poids animal de ce sentiment céleste ne se trouvait plus dans l'objet aimé, il jeta quelquefois les Grecs dans des désordres qu'on leur a justement reprochés. Leurs législateurs ne jugèrent les femmes que propres à donner des enfants; ils ne virent pas qu'en favorisant l'amour entre les hommes, ils affaiblissaient celui qui devait réunir les sexes, et que pour resserrer les liens de leur politique, ils rompaient ceux de la nature.

La république de Lycurgue avait encore d'autres défauts naturels, entr'autres l'esclavage des Ilotes. Ces deux points exceptés, je le regarde comme le plus sublime génie qui ait existé; encore peut-on l'excuser, par les obstacles de toute espèce qu'il rencontra dans l'établissement de ses lois.

Il y a dans les harmonies des différents âges de la vie humaine de si doux rapports, de la faiblesse des enfants à la force de leurs parents, du courage et de l'amour entre les jeunes gens des deux sexes, à la vertu et à la religion des vieillards sans passions, que je m'étonne qu'on n'ait pas présenté au moins un tableau d'une société humaine, concordante ainsi avec tous les besoins de la vie et les lois de la nature. Il y en a quelques essais dans le Télémaque, entr'autres dans les mœurs des peuples de la Bœtique; mais ils ne sont qu'indiqués. Je crois qu'une pareille société, ainsi liée dans toutes ses parties, atteindrait au plus grand degré de bonheur social où puisse parvenir la nature humaine sur la terre, et serait inébranlable à tous les orages de la politique. Loin de craindre ses voisins, elle en ferait la conquête sans armes, comme l'ancienne Chine, par le seul spectacle de sa félicité et par l'influence de ses vertus. J'avais eu dessein d'étendre cette idée, à l'instigation de

J. J. Rousseau, en faisant l'histoire d'un peuple de la Grèce, bien connu des poëtes, parce qu'il a vécu suivant la nature, et par cette raison, presque ignoré de nos écrivains politiques ; mais le temps ne m'a permis que d'en ébaucher le plan, et d'en achever tout au plus le premier livre.

¹¹ PAGE 130.

Il est impossible d'avoir de la vertu sans religion. Je ne parle pas des vertus de théâtre qui nous attirent les approbations du public, par des moyens souvent si méprisables, qu'on peut bien les regarder comme des vices. Les païens eux-mêmes les ont tournées en ridicule. Voyez ce qu'en dit Marc-Aurèle. J'entends par vertu, le bien qu'on fait aux hommes sans espoir de récompense de leur part, et souvent aux dépens de sa fortune, et même de sa réputation. Analysez tous ceux dont les traits vous ont paru frappants ; il n'y en a aucun qui ne vous montre la Divinité, éloignée ou présente. J'en citerai un peu connu, et, par son obscurité même, bien loyal.

Dans la dernière guerre d'Allemagne, un capitaine de cavalerie est commandé pour aller au fourrage. Il part à la tête de sa compagnie, et se rend dans le quartier qui lui était assigné. C'était un vallon solitaire, où on ne voyait guère que des bois. Il y aperçoit une pauvre cabane ; il y frappe ; il en sort un vieux hernouten à barbe blanche. « Mon père, lui dit l'officier, » montrez-moi un champ où je puisse faire fourrager mes ca- » valiers. — Tout-à-l'heure, » reprit l'hernouten. Ce bon homme se met à leur tête, et remonte avec eux le vallon. Après un quart-d'heure de marche, ils trouvent un beau champ d'orge : « Voilà ce qu'il nous faut, dit le capitaine. — Attendez un mo- » ment, lui dit son conducteur, vous serez content. » Ils continuent à marcher, et ils arrivent, à un quart de lieue plus loin, à un autre champ d'orge. La troupe aussitôt met pied à terre, fauche le grain, le met en trousse et remonte à cheval. L'offi-

cier de cavalerie dit alors à son guide : « Mon père, vous nous
» avez fait aller trop loin sans nécessité ; le premier champ va-
» lait mieux que celui-ci. — Cela est vrai, monsieur, reprit
» le bon vieillard, mais il n'était pas à moi. »

Ce trait va au cœur. Je défie un athée d'en faire un semblable. J'observerai que les hernoutens sont une espèce de quakers, répandus dans quelques cantons de l'Allemagne. Quelques théologiens ont écrit que les hérétiques n'étaient pas capables de vertu, et que leur vertu était sans mérite. Comme je ne suis pas théologien, je ne m'engagerai point dans cette discussion métaphysique, quoique j'eusse à opposer à leur opinion le sentiment de saint Jérôme, et même celui de saint Pierre, par rapport aux païens, lorsque celui-ci dit au centenier Corneille : « En vérité, je vois bien que Dieu n'a point d'égard
» aux diverses conditions des personnes, mais qu'en toute
» nation, celui qui le craint, et dont les œuvres sont justes,
» lui est agréable. * » Mais je voudrais bien savoir ce que ces théologiens pensent de la charité du Samaritain qui était un schismatique. Il me semble qu'ils n'ont rien à objecter au jugement de Jésus-Christ. Comme la simplicité et la profondeur de ses réponses divines, font un contraste admirable avec la mauvaise foi et les subtilités des docteurs de ce temps-là, je vais rapporter ce trait de l'Évangile tout entier.

« Alors un docteur de la loi se levant, lui dit pour le tenter :
» Maître, que faut-il que je fasse pour posséder la vie éter-
» nelle ? Jésus lui répondit : Qu'y a-t-il d'écrit dans la loi ?
» qu'y lisez-vous ? Il lui répondit : Vous aimerez le Seigneur
» votre Dieu, de tout votre cœur, de toute votre ame, de
» toutes vos forces et de tout votre esprit, et votre prochain
» comme vous-même. Jésus lui dit : Vous avez très-bien ré-
» pondu ; faites cela et vous vivrez. Mais cet homme voulant
» faire paraître qu'il était juste, dit à Jésus : Et qui est mon

---

* Actes des Apôtres, chap. x, ⁊ 34 et 35.

» prochain? Et Jésus prenant la parole, lui dit : Un homme
» qui descendait de Jérusalem à Jéricho, tomba entre les mains
» des voleurs qui le dépouillèrent, le couvrirent de plaies et
» s'en allèrent, le laissant à demi mort. Il arriva ensuite qu'un
» prêtre descendit par le même chemin, lequel l'ayant aperçu,
» passa outre. Un lévite qui vint aussi au même lieu, l'ayant
» considéré, passa outre encore. Mais un Samaritain passant
» son chemin, vint à l'endroit où était cet homme, et l'ayant
» vu, il en fut touché de compassion. Il s'approcha donc de
» lui, il versa de l'huile et du vin dans ses plaies et les banda;
» et l'ayant mis sur son cheval, il l'amena dans l'hôtellerie et
» eut soin de lui. Le lendemain, il tira deux deniers qu'il donna
» à l'hôte, et lui dit : Ayez bien soin de cet homme; et tout
» ce que vous dépenserez de plus, je vous le rendrai à mon re-
» tour. Lequel de ces trois vous semble-t-il avoir été le prochain
» de celui qui tomba entre les mains des voleurs? Le docteur lui
» répondit : Celui qui a exercé la miséricorde envers lui.
» Allez donc, lui dit Jésus, et faites de même. »

Je me garderai bien d'ajouter ici aucune réflexion. J'observerai seulement que l'action du Samaritain est bien supérieure à
celle de l'hernouten; car, quoique le second fasse un plus
grand sacrifice, il y est en quelque sorte déterminé par la force :
il fallait qu'il y eût un champ fourragé. Mais le Samaritain obéit
entièrement aux impulsions de l'humanité. Son action est libre
et sa charité gratuite. Ce trait, comme tous ceux de l'Évangile,
renferme en peu de mots une foule d'instructions lumineuses
sur le second de nos devoirs. Il serait impossible de les remplacer par d'autres, imaginés même à plaisir. Pesez toutes les
circonstances de la charité inquiète du Samaritain. Il panse les
plaies d'un malheureux; il le met sur son propre cheval; il expose sa vie en s'arrêtant et allant à pied dans un lieu fréquenté
par les voleurs. Il pourvoit ensuite dans l'hôtellerie, aux besoins tant présents que futurs de cet infortuné, et il continue sa
route sans rien attendre de sa reconnaissance.

12 PAGE 133.

Plutarque remarque qu'Alexandre ne se livra au désordre qui souilla la fin de son auguste carrière, que parce qu'il se crut abandonné des dieux. Non-seulement ce sentiment cause nos maux, quand il disparaît de nos plaisirs ; mais quand, par l'effet de nos passions ou de nos institutions qui pervertissent les lois naturelles, il se porte sur nos maux mêmes. Ainsi, par exemple, quand après avoir donné des lois mécaniques aux opérations de notre ame, nous venons à porter sur nos maux physiques et passagers le sentiment de l'infini ; c'est alors que, par une juste réaction, notre misère devient insupportable. Je n'ai esquissé que faiblement l'action des deux principes de l'homme ; mais à quelque sensation de douleur ou de plaisir qu'on veuille les appliquer, on sentira la différence de leur nature et leur réaction perpétuelle.

A propos d'Alexandre abandonné des dieux, je serais surpris que l'expression de cette situation n'eût pas inspiré le génie de quelque artiste de la Grèce. Voici ce que je trouve à ce sujet dans Addisson : « Il y a dans la même galerie (à Florence) un beau buste d'Alexandre-le-Grand, le visage
» tourné vers le ciel, avec un certain air noble de chagrin
» et de déplaisir. J'ai vu deux ou trois anciens bustes d'A-
» lexandre, du même air et de la même posture ; et je suis
» porté à croire que le sculpteur avait dans l'esprit, ou le
» conquérant pleurant pour de nouveaux mondes, ou quel-
» ques autres circonstances semblables de son histoire.* » Je pense que la circonstance de l'histoire d'Alexandre, à laquelle il faut rapporter ces bustes, est celle où il se plaint aux dieux de l'avoir abandonné. Je ne doute pas qu'elle n'eût fixé l'excellent jugement d'Addisson, s'il se fût rappelé l'observation de Plutarque.

* Addisson, Voyage d'Italie, tome IV de Misson., page 293 et 294.

13 PAGE 156.

Je cite beaucoup de livres de voyages, parce que ce sont ceux que j'aime et que j'estime le plus de la littérature moderne. J'ai beaucoup voyagé, et je puis assurer que je les ai trouvés presque toujours d'accord sur les productions et les mœurs de chaque pays, quand ils n'y portent pas l'esprit de leur nation ou de leur parti. (Il en faut excepter un petit nombre dont le ton romancier frappe d'abord.) Tout le monde les décrie, et tout le monde les consulte. C'est chez eux que puisent sans cesse les géographes, les physiciens, les naturalistes, les navigateurs, les commerçants, les écrivains politiques, les philosophes, les compilateurs en tout genre, les historiens des nations étrangères, et même ceux de notre pays, quand ils veulent connaître la vérité.

14 PAGE 165.

Il y a bien d'autres raisons qui motiveraient la nécessité d'un ministre de l'agriculture. Les canaux d'arrosages absorbés par le luxe des seigneurs, ou par le commerce des villes; les mares et les voiries qui empoisonnent les villages, et entretiennent des foyers perpétuels d'épidémies; la sûreté des grands chemins; la police de leurs auberges; les milices et les corvées des paysans; les injustices qu'ils éprouvent, sans qu'ils osent quelquefois se plaindre, lui offriraient une multitude d'établissements utiles à faire, ou d'abus à réformer. Je sais que la plupart de ces fonctions sont réparties dans divers départements; mais elles ne peuvent avoir d'harmonie et d'ensemble, que lorsqu'elles seront réunies sur une même tête.

15 PAGE 193.

A Dieu ne plaise que je veuille exciter notre peuple à haïr les Anglais, si dignes aujourd'hui de toute notre estime! Mais comme leurs écrivains, et même leur gouvernement, se sont permis plus d'une fois de nous rendre odieux sur les théâtres de leur nation, j'ai voulu leur montrer qu'il nous était bien aisé d'user de représailles. Puisse plutôt le génie de Fénélon, dont ils font tant de cas qu'un de leurs plus aimables beaux-esprits, le lord Littleton, l'a mis au-dessus de celui de Platon, réunir un jour nos cœurs et nos esprits!

16 PAGE 196.

Je voudrais aussi qu'on embarquât les femmes des marins avec leurs maris; elles empêcheraient sur les vaisseaux des désordres de plus d'un genre. D'ailleurs, elles y trouveraient beaucoup d'occupations convenables à leur sexe; telles que de préparer à manger, de laver le linge, de raccommoder les voiles, etc.... Elles suppléeraient souvent aux travaux de l'équipage. Elles résistent mieux que les hommes au scorbut et à plusieurs maladies. Le projet d'embarquer des femmes paraîtra sans doute extraordinaire à ceux qui ne savent pas qu'il y a au moins dix mille femmes qui naviguent sur les vaisseaux caboteurs des Hollandais, qui travaillent en bas à la manœuvre, et tiennent le gouvernail aussi bien que des hommes. Une jolie femme ferait sans doute naître des désordres dans un vaisseau français; mais des femmes de cette nature, robustes et laborieuses, sont propres, au contraire, à y détruire ceux qui n'y sont que trop fréquents.

17 PAGE 202.

On pourrait affaiblir dans la plupart des citoyens la soif de l'or et du luxe, en leur présentant un grand nombre de ces perspectives politiques. Elles font le charme des petites conditions en leur présentant les attraits de l'infini, dont le sentiment est naturel au cœur humain, comme nous l'avons vu. C'est par elles que les artisans et les petits marchands sont attachés avec beaucoup plus de force, par de modiques profits, à leurs petits états remplis d'espérances, que les riches et les grands ne le sont à des conditions dont ils voient le terme. Il se passe dans la tête des petits, ce qui se passait dans la tête de la laitière de la fable : Avec ce lait, j'aurai des œufs; avec ces œufs, des poussins; avec ces poussins, des poulets; avec des poulets, un agneau, etc.... Le plaisir qu'ils éprouvent dans ces progressions sans fin, est le charme qui les soutient dans leurs travaux; et il est si réel, que lorsqu'ils viennent à faire fortune et à vivre en bourgeois aisés, leur santé s'altère, et la plupart d'entr'eux finissent par mourir de mélancolie et d'ennui. Politiques modernes, rapprochez-vous donc de la nature! Ce n'est point des flûtes d'or et d'argent que se tirent les plus douces harmonies, mais de celles qui se font avec des roseaux.

[18] PAGE 211.

En général, les cultivateurs sont d'honnêtes gens. Les plantes portent avec elles leur théologie. J'ai cependant rencontré un jour un moissonneur athée. Il est vrai qu'il n'avait pas pris ses opinions dans les campagnes, mais dans des livres. Il paraissait fort content de ses lumières. Je lui dis en le quittant : « Vous voilà bien avancé d'avoir employé les recherches de » votre raison à vous rendre misérable! »

Dans les exemples hypothétiques que je rapporte ci-dessous, il n'y a guère de mon invention que le bien que je n'ai pas fait.

[19] PAGE 249.

Et comme les emploient les Sauvages. Les voyageurs sont fort étonnés lorsqu'ils voient au Pérou les monuments des anciens Incas, formés de grandes pierres irrégulières qui se joignent parfaitement. Leur construction présente d'abord deux grandes difficultés. Comment les Indiens ont-ils transporté ces grandes pierres, et comment sont-ils venus à bout de les faire accorder d'une manière si parfaite, malgré leur irrégularité? Nos savants ont d'abord supposé des machines pour les transporter, comme s'il fallait des machines plus puissantes que les bras de tout un peuple qui travaille de concert. Ils ont dit ensuite que les Indiens leur donnaient ces formes irrégulières à force de travail et d'attention. C'est se moquer du monde. Ne leur était-il pas beaucoup plus aisé de les tailler régulièrement qu'irrégulièrement? J'ai été moi-même long-temps embarrassé à me résoudre ce problème. Enfin, ayant lu dans les mémoires de dom Ulloa, et aussi dans quelques autres voyageurs, qu'on trouve en plusieurs endroits du Pérou, des lits de pierre à la surface de la terre, qui sont remplis de fentes et de crevasses, j'ai compris aussitôt l'industrie des anciens Péruviens. Ils ne faisaient autre chose que d'enlever par pièces ces lits horizontaux des carrières, et de les placer perpendiculairement, en en rapprochant les morceaux les uns des autres. Ils avaient ainsi un mur tout fait, qui ne leur coûtait rien à tailler. L'esprit naturel a des ressources très-simples et fort supérieures à celles de nos arts. Par exemple, les Sauvages du Canada n'avaient point de marmites de fer avant l'arrivée des Européens. Ils étaient venus à bout d'y suppléer, en creusant avec le feu le tronc d'un arbre. Mais comment s'y prenaient-ils pour y faire bouillir des bœufs entiers, comme ils faisaient? Je l'ai donné à deviner à plus d'un homme, soi-disant de génie, qui ne l'a su trouver. Pour moi, j'avoue que je ne pouvais pas imaginer qu'il fût possible de faire bouillir de l'eau dans des marmites de bois, qui contenaient souvent plusieurs muids. Il n'y avait cependant rien de si aisé pour les Sauvages; ils faisaient rougir des cailloux au feu, et ils les jetaient dans l'eau de la marmite, jusqu'à ce qu'elle fut bouillante. *Voyez* Champlain.

[20] PAGE 251.

Les arbres sont, par leur durée, les vrais monuments des nations, et ils en sont encore le calendrier par les différents temps où ils poussent leurs feuilles, leurs fleurs et leurs fruits. Les Sauvages n'en ont point d'autre, et nos paysans mêmes s'en servent fréquemment. Je rencontrai un jour, vers la fin de l'été, une jeune paysanne qui pleurait en cherchant son mouchoir qu'elle avait perdu sur le grand chemin. « Était-il beau votre » mouchoir? lui demandai-je. — Monsieur, me dit-elle, il » était tout neuf; je l'avais acheté aux fèves. » J'ai pensé plus d'une fois que, si nos époques historiques, si vantées, étaient datées de celles de la nature, il n'en faudrait pas davantage pour les couvrir d'injustice et de ridicule. Si on lisait, par exemple, dans nos histoires, qu'un prince fit massacrer une partie de ses sujets, pour se rendre le ciel favorable, précisément dans la saison où son royaume était couvert de moissons; qu'on y datât nos batailles sanglantes et nos bombardements de villes, de la floraison des violettes, des premiers laitages, de la tonte des brebis; il ne faudrait pas d'autre contraste pour en rendre la lecture abominable. D'un autre côté, ces dates ajouteraient des graces immortelles aux actions des bons princes, et confondraient leurs bienfaits avec ceux du ciel.

21 PAGE 274.

Pour moi, je verrais le monument de cet homme-là, ne fût-ce qu'une tuile, avec plus de respect que les superbes mausolées qu'on a élevés en plusieurs endroits de l'Europe et de l'Amérique, à la gloire des cruels conquérants du Mexique et du Pérou. Plus d'un historien a fait leur éloge, mais la Providence divine en a fait justice. Ils ont tous péri de mort violente, et la plupart par la main du bourreau.

22 PAGE 311.

J'attribue à ce genre de châtiment, non-seulement la corruption physique et morale des enfants, et de plusieurs ordres

de moines, mais même de la nation. Vous ne sauriez faire un pas dans les rues, que vous n'entendiez les bonnes et les mères dire à leurs enfants : *Je vous fouetterai*. Je n'ai point été en Angleterre, mais j'étais persuadé que la férocité qu'on attribue aux Anglais, devait venir d'une pareille cause. J'ai ouï dire en effet, que ce genre de punition était plus cruel et plus fréquent chez eux que chez nous. Voyez ce que disent à ce sujet les illustres auteurs du *Spectateur*; ouvrage qui a, sans contredit, contribué à adoucir leurs mœurs et les nôtres. Ils reprochent à la noblesse anglaise, de permettre qu'on imprime ce caractère d'infamie à ses enfants. Voyez les lettres LI et LII du tome septième. Voici comment se termine la LIe : « Je ne voudrais
» pas qu'on inférât de ce que je viens de dire, que nos savants,
» tant d'église que de robe, qui ont été fouettés à l'école, ne
» sont pas des hommes d'un caractère noble et généreux; mais je
» suis bien sûr que leur caractère serait plus généreux et plus
» noble, s'ils n'avaient jamais souffert une pareille infamie. »

Le gouvernement doit proscrire ce genre de châtiment, non-seulement dans les écoles publiques, comme a fait la Russie, mais dans les couvents, sur les vaisseaux, chez les particuliers, dans les pensions; il corrompt à-la-fois les pères, les mères, les précepteurs et les enfants. J'en pourrais citer des réactions terribles, si la pudeur me le permettait. N'est-il pas bien étonnant que des hommes, au demeurant bien composés à l'extérieur, posent pour base d'une éducation chrétienne la douceur, l'humanité, la chasteté; et punissent les timides et innocents enfants du plus cruel et du plus obscène de tous les supplices? Nos gens de lettres, qui ont réformé tant d'abus depuis un siècle, n'ont pas attaqué celui-ci comme il le mérite; ils ne s'occupent pas assez des malheurs de la génération future. Ce serait une question de droit intéressante à traiter, savoir, si l'état peut laisser le droit d'infliger l'infamie, à des hommes qui n'ont pas droit de vie et de mort. Il est certain que l'infamie d'un citoyen a des réactions plus dangereuses sur la société, que sa propre mort. Ce n'est rien, dit-on, ce ne sont que des enfants; mais c'est parce que ce sont des enfants, que toute ame généreuse doit les protéger, et parce que tout enfant misérable, devient un homme méchant.

Au reste, il s'en faut bien que ce que j'ai dit sur les maîtres en général, ait été dans l'intention de les rendre odieux: Je veux les avertir seulement que ces châtiments, dont ils ont emprunté l'usage des Grecs corrompus du Bas-Empire, influent beaucoup plus qu'ils ne pensent sur la haine que leur porte, ainsi qu'aux autres ministres de la religion, tant moines qu'ecclésiastiques, le peuple plus éclairé qu'autrefois. Dans le fond, les maîtres traitent leurs élèves comme ils ont été traités eux-mêmes. Ce sont des malheureux qui forment d'autres malheureux, souvent sans s'en douter. Tout ce que je prétends établir ici, c'est que l'homme a été abandonné à sa propre providence; que tous les maux qu'il fait à ses semblables rejaillissent sur lui tôt ou tard. Cette réaction est le seul contre-poids qui puisse le ramener à l'humanité. Toutes les sciences sont encore dans l'enfance; mais celle de rendre les hommes heureux n'est pas encore au jour, même à la Chine, dont la politique est si supérieure à la nôtre.

23 PAGE 320.

Il y a un grand caractère dans les ouvrages de la Divinité. Non-seulement ils sont parfaits, mais ils vont toujours en croissant de perfection. Nous avons dit quelque chose de cette loi, en parlant des harmonies des plantes. Un jeune plant vaut mieux que la graine qui l'a produit; un arbre en fleurs et en fruits, mieux qu'un jeune plant; enfin, un arbre n'est jamais plus beau que quand, devenu vieux, il est entouré d'une forêt de jeunes arbres sortis de ses semences. Il en est de même de l'homme. L'état d'un embryon vaut mieux que celui du néant; celui de l'enfance, que l'état d'embryon. L'adolescence est préférable à l'enfance, et la jeunesse, saison des amours, l'emporte sur l'adolescence. L'homme dans l'âge viril, chef d'une famille, est préférable à un jeune homme. La vieillesse qui l'entoure d'une postérité nombreuse, qui, par son expérience, l'admet aux conseils des nations, qui ne suspend en lui l'empire des passions que pour donner plus de pouvoir à celui de sa raison; la vieillesse qui semble le mettre au rang des dieux, par les espérances multipliées que lui ont données l'exercice de la vertu et les lois de la Providence, vaut mieux que tous les âges de la vie. Je voudrais qu'il en fût ainsi de l'âge de la France, et que le siècle de Louis XVI surpassât en bonheur tous ceux qui l'ont précédé.

24 PAGE 340.

Les maîtres en fait d'armes disent que leur art développe le corps, et apprend à marcher. Autant en disent du leur les maîtres à danser. La preuve qu'ils se trompent, c'est qu'on les connaît d'abord les uns et les autres à l'affectation de leur démarche. Un citoyen ne doit avoir ni l'attitude ni les mouvements d'un gladiateur ou d'un sybarite. Mais si l'art de l'escrime est nécessaire, on devrait permettre le duel publiquement, afin de tirer les honnêtes gens de la cruelle alternative de se déshonorer également en manquant aux lois de l'état et de la religion, ou en les observant. En vérité, les méchants sont parmi nous bien à leur aise.

25 PAGE 341.

Je suis persuadé que si ce plan d'éducation, tout informe qu'il est, était adopté, un des plus grands obstacles à la refonte universelle de notre savoir et de nos mœurs, ne serait, ni les régents, ni les institutions collégiales, ni les priviléges de l'université, ni les bonnets de docteur. Ce seraient les marchands de papier, qui verraient tomber par là une de leurs plus grandes branches de commerce. Il y aurait pour les priviléges des maîtres, d'heureuses et de glorieuses compensations; mais une objection d'argent, dans ce siècle vénal, me semble sans réponse.

26 PAGE 356.

Il est digne de remarque, que la plupart des noms des objets de la nature, de la morale et de la métaphysique, sont féminins, sur-tout dans la langue française. Il serait assez curieux de rechercher si les noms masculins ont été donnés par les femmes, et les noms féminins par les hommes, aux choses qui servent plus particulièrement aux usages de chaque sexe; ou si les premiers ont été faits du genre masculin, parce qu'ils présentaient des caractères de force et de puissance, et les seconds du genre féminin, parce qu'ils offraient des caractères de graces et d'agrémens. Je crois que les hommes ayant nommé en général les objets de la nature, leur ont prodigué les noms féminins, par ce penchant secret qui les attire vers le sexe : c'est ce qu'on peut remarquer aux noms que portent les constellations célestes, les quatre parties du monde, la plupart des fleuves, des royaumes, des fruits, des arbres, des vertus, etc.

27 PAGE 367.

Au fond, ce serait bien peu de chose, sans doute; mais quelque solitaire que soit aujourd'hui ma vie, elle a été mêlée à de grandes révolutions. J'ai donné, à l'occasion de la Pologne, un mémoire fort détaillé au bureau des affaires étrangères, où je prédisais son partage par ses voisins, plusieurs années avant qu'il ait été effectué. Je me suis trompé seulement, en ce que j'avais compté que les puissances co-partageantes la prendraient tout entière; et je m'étonne encore de ce qu'elles ne l'ont pas fait. Au reste, ce mémoire n'a été utile ni à ce pays, ni à moi-même, quoique j'y eusse couru de grands risques, en me jetant, au sortir du service de Russie, dans le parti des républicains polonais, que la France et l'Autriche protégeaient. J'y fus fait prisonnier en 1765, lorsque j'allais, avec l'agrément de l'ambassadeur de l'Empire et du ministre de France à Varsovie, me jeter dans l'armée du prince Radzivill. Ce malheur m'arriva à trois milles de Varsovie, par l'indiscrétion de mon guide. Je fus ramené dans cette ville, mis en prison, et menacé d'être livré aux Russes, du service desquels je sortais, si je n'avouais que l'ambassadeur de Vienne et le ministre de France avaient concouru à me faire faire cette démarche. Quoique j'eusse tout à redouter de la part des Russes, et que j'eusse pu envelopper dans ma disgrace deux personnes illustres par leurs emplois, et la rendre, par conséquent, plus éclatante, je persistai à la prendre entièrement sur mon compte. Je disculpai aussi de mon mieux mon guide, à qui j'avais donné le temps de brûler les lettres dont il était porteur, en m'opposant, le pistolet à la main, aux Hullans, qui vinrent nous surprendre la nuit dans la maison de poste où nous fîmes notre premier campement, au milieu des bois. Je n'ai eu aucune sorte de récompense pour ces deux genres de service, qui m'ont coûté beaucoup de temps et d'argent. Il n'y a pas même long-temps que j'étais encore redevable d'une partie des frais de mon voyage à M. Hennin, mon ami, qui était alors ministre de France à Varsovie, qui est aujourd'hui premier commis des affaires étrangères à Versailles, et qui s'est donné, à ce sujet, bien des peines inutiles. Sans doute, si M. le comte de Vergennes eût été dans ce temps-là ministre des affaires étrangères, j'eusse été convenablement récompensé, puisqu'il m'a accordé quelques légères gratifications. Cependant, je suis encore redevable, à cette occasion, de plus de quatre mille livres à plusieurs amis en Russie, en Pologne et en Allemagne.

Je n'ai pas été plus heureux à l'Ile-de-France, où j'ai été envoyé capitaine ingénieur de la colonie; car j'ai d'abord été persécuté par les ingénieurs ordinaires qui y étaient, parce que je n'étais pas de leur corps. On m'avait fait passer dans ce pays pour y faire fortune; et je m'y serais considérablement endetté, si je n'y avais pas vécu d'herbes. Je ne parlerai pas de tous les maux particuliers que j'y ai éprouvés. Je dirai seulement que je cherchai à m'en distraire, en m'occupant de ceux qui affligeaient l'île en général. C'est dans la seule vue d'y remédier, que je publiai, à mon retour en 1773, mon Voyage de l'Ile-de-France. Je crus d'abord rendre un service essentiel à ma patrie, en faisant voir que cette île que l'on remplissait de troupes, n'était propre en aucune manière à être l'entrepôt ni la citadelle de notre commerce des Indes, dont elle est éloignée de quinze cents lieues. Ce que j'ai prouvé même par les événements des guerres précédentes, où Pondichéri nous a été toujours enlevé, quoique l'Ile-de-France fût pleine de soldats. La guerre dernière a confirmé de nouveau la vérité de mes observations. Pour ces services, ainsi que pour plusieurs autres, je n'ai reçu d'autres récompenses que des persécutions indirectes, et des calomnies de la part des habitants de cette île, à qui j'ai reproché leur barbarie pour leurs esclaves. Je n'ai pas même été dédommagé suffisamment d'une espèce de naufrage que j'éprouvai à mon retour à l'Ile-de-Bourbon, ni de la modicité de mes appointements, qui n'allaient pas à la moitié de ceux des ingénieurs ordinaires de mon grade. Je suis bien sûr que sous un ministre de la marine, aussi éclairé et aussi équitable que M. le maréchal de Castries, j'aurais recueilli quelques fruits de mes veilles et de mes services.

28 PAGE 372.

A Dieu ne plaise que je veuille parler des véritables religieux! Quand ils n'auraient d'autre mérite dans cette vie que de la passer sans faire de mal, ils seraient respectables aux yeux même de l'incrédulité. Il ne s'agit point ici des hommes vraiment pieux, qui ont quitté le monde pour embrasser, sans obstacle, l'esprit de la religion; mais de ceux qui se revêtent d'un habit consacré par la religion, pour se procurer des richesses et des honneurs dans le monde; de ceux contre lesquels saint Jérôme a tant crié en vain, et qui ont vérifié sa prophétie dans la Palestine et dans l'Egypte, en décréditant la religion par leurs mœurs, leur avarice, et leur ambition.

29 PAGE 373.

On a beau comparer Bossuet et Fénélon : je ne suis pas capable d'apprécier leur mérite; mais le second me paraît bien préférable à son rival. Il a rempli, ce me semble, les deux points de la loi : IL A AIMÉ DIEU ET LES HOMMES.

On ne sera pas fâché de savoir ce que pensait à son sujet Jean-Jacques Rousseau. Un jour étant allé, avec lui, me promener au mont Valérien, quand nous fûmes parvenus au sommet de la montagne, nous formâmes le projet de demander à dîner à ses ermites pour notre argent. Nous arrivâmes chez eux un peu avant qu'ils se missent à table, et pendant qu'ils étaient à l'église, Jean-Jacques Rousseau me proposa d'y entrer, et d'y faire notre prière. Les ermites récitaient alors les litanies de la Providence, qui sont très-belles. Après que nous eûmes prié Dieu dans une petite chapelle, et que les ermites se furent acheminés à leur réfectoire, J.-J. me dit avec attendrissement : « Maintenant j'éprouve ce qui est dit dans l'Evangile : *Quand* » *plusieurs d'entre vous seront rassemblés en mon nom, je* » *me trouverai au milieu d'eux.* Il y a ici un sentiment de » paix et de bonheur qui pénètre l'ame. » Je lui répondis : « Si » Fénélon vivait, vous seriez catholique. » Il me repartit, hors de lui et les larmes aux yeux : « Oh! si Fénélon vivait, » je chercherais à être son laquais pour mériter d'être son » valet de chambre. »

Ayant trouvé, il y a quelque temps, sur le Pont-Neuf, une de ces petites urnes de trois ou quatre sous, que vendent les Italiens dans les rues, l'idée me vint d'en ériger dans ma solitude un monument à la mémoire de J. J. et de Fénélon, à la manière de ceux que les Chinois élèvent à celle de Confucius. Comme il y a deux petits écussons sur cette urne, j'écrivis sur l'un ces mots, J.-J. ROUSSEAU ; et sur l'autre, F. FÉNELON. Je la posai ensuite à six pieds de hauteur dans un angle de mon cabinet, et je plaçai auprès d'elle cette inscription.

D. M.

> A la gloire durable et pure
> De ceux dont le génie éclaira les vertus,
> Combattit à-la-fois l'erreur et les abus,
> Et tenta d'amener leur siècle à la nature.
> Aux Jean-Jacques Rousseaux, aux François Fénélons,
>   J'ai dédié ce monument d'argile,
>   Que j'ai consacré par leurs noms,
> Plus augustes que ceux de César et d'Achille.
> Ils ne sont point fameux par nos malheurs :
>   Ils n'ont point, pauvres laboureurs,
>   Ravi vos bœufs, ni vos javelles;
> Bergères, vos amants; nourrissons, vos mamelles;
>   Rois, les états où vous régnez :
>   Mais vous les comblerez de gloire,
>   Si vous donnez à leur mémoire
>   Les pleurs qu'ils vous ont épargnés.

FIN DES NOTES DES ÉTUDES.

EXPLICATION DES FIGURES.

FRONTISPICE.

PLANCHE 1ère.

Le frontispice représente une solitude dans les montagnes de l'île de Samos. On a tâché, malgré la petitesse du champ, d'y exprimer quelques harmonies élémentaires particulières aux îles et aux montagnes élevées. Des tourbillons de sable formés par les vents sur les rivages de l'île, et des nuages pompés par le soleil au sein de la mer, se dirigent vers les sommets des montagnes qui les arrêtent par leurs attractions fossiles et hydrauliques. On voit sur le devant du paysage quelques arbres qui se plaisent dans les latitudes froides et humides, entre autres, le sapin et le bouleau. Ces deux genres d'arbres que l'on y rencontre presque toujours ensemble, présentent différents contrastes dans leurs couleurs, leurs formes, leurs ports, et dans les animaux qu'ils nourrissent. Le sapin élève dans les airs sa pyramide aux feuilles roides, filiformes, et d'une verdure sombre; et le bouleau lui oppose sa masse en forme de pyramide renversée, aux feuilles mobiles, arrondies et d'une verdure tendre. Des écureuils se jouent dans les rameaux du sapin, et la femelle d'un coq de bruyère fait son nid dans la mousse qui couvre ses racines. Au contraire, des castors ont construit leurs loges au pied du bouleau; et un oiseau de l'espèce de ceux qui mangent des bourgeons, voltige autour de ses branches. Le sapin porte son quadrupède dans ses rameaux, et le bouleau nourrit le sien sur ses racines. Les habitudes de leurs oiseaux sont également opposées. Cependant, il y a entre tous ces animaux la plus grande harmonie. Un chien regarde paisiblement leurs occupations; et exprime, par le repos de son attitude, la paix profonde qui règne parmi les habitants de ce désert.

A l'entrée d'une grotte pratiquée dans les flancs de la montagne, on voit un homme occupé à sculpter une statue de Minerve dans le tronc d'un arbre. La figure de cette déesse, symbole de la sagesse divine, et la matière dont elle est faite, caractérisent ici l'intelligence suprême qui se manifeste dans l'harmonie des végétaux. Ce philosophe est Philoclès.*

HÉMISPHÈRE ATLANTIQUE.

PLANCHE IIe, TOME Ier, PAGE 168.

On voit l'hémisphère Atlantique avec ses sources, ses glaces, son canal, ses courants et ses marées dans les mois de janvier et de février.

Quoique je sois obligé de répéter ici quelques observations que j'ai déja placées dans le texte, je vais y en joindre quelques autres, dignes, j'ose dire, de toute l'attention du lecteur.

Observez d'abord que le globe de la terre n'est pas figuré ici à la manière des géographes, qui le représentent en creux dans leurs mappemondes, afin d'en faire apercevoir les parties fuyantes sur une grande échelle. Leur projection nous donne une idée fausse de la terre, en nous montrant les parties fuyantes de sa circonférence comme les plus larges, et au contraire, les parties saillantes du milieu, comme les plus étroites. Ce n'est point un globe convexe qu'ils nous présentent, c'est un globe

---

* Voyez son histoire dans Télémaque, liv. XIII et XIV.

concave. On l'a figuré ici tel qu'on l'apercevrait dans le ciel, du côté de l'océan Atlantique et dans notre hiver.

On y distingue les sources de l'océan Atlantique, qui sortent l'été du pôle nord; son canal, formé par les parties saillantes et rentrantes des deux continents, et son embouchure comprise entre le cap Horn et le cap de Bonne-Espérance, par laquelle cet océan se décharge, pendant l'été, dans la mer des Indes.

Le côté opposé de cet hémisphère, quoique encore peu connu, présenterait, ainsi que celui-ci, un canal fluviatile avec tous les mêmes accessoires, sources, glaces, courants et marées, formé, non pas par des continents, mais par des projections d'îles et de hauts fonds qui dirigent, pendant notre hiver, dans la mer des Indes, le cours des effusions polaires australes. Quelque intéressantes que soient ces nouvelles projections du globe, il ne m'a pas été possible de faire les frais nécessaires pour les faire graver; car il eût été encore convenable de présenter l'un et l'autre hémisphère dans son été et dans son hiver, afin qu'on pût voir leurs différents courants dans chaque saison ; et de montrer les pôles mêmes à vue d'oiseau, aussi en hiver et en été, afin de présenter l'étendue des coupoles de glaces qui les couvrent, et les courants qui en sortent dans les diverses saisons de l'année. Ces différentes coupes eussent exigé au moins huit planches d'une échelle plus grande que celle-ci, pour développer sensiblement les harmonies de cette seule partie de mes Études de la Nature. D'ailleurs cette augmentation des cartes eût entraîné des mémoires plus détaillés sur les distributions du globe, dont je n'ai voulu parler dans cet ouvrage qu'en hors-d'œuvre.

Le simple aspect de l'hémisphère Atlantique, aux mois de janvier et de février, suffira pour l'intelligence de ce que nous avons dit sur les glaces polaires et sur leurs effusions périodiques. Nous parlerons successivement de ses sources, de ses glaces, de son canal, de ses courants, de ses marées, et même de son embouchure.

Les sources de l'océan Atlantique sont, en été, au pôle septentrional. Elles sont situées dans la Mer-Baltique, les baies d'Hudson et de Bafin, au détroit de Waigats, etc. On peut remarquer sur un globe en relief, que ces sources, qui forment la naissance du canal Atlantique, tournent autour du pôle, en formant le limaçon, à-peu-près comme celles d'une rivière serpentent autour de la montagne d'où elles descendent ; en sorte qu'elles rassemblent, dans cette partie, toutes les décharges des fleuves du Nord, et qu'elles en portent les eaux dans l'océan Atlantique. Je présume de là qu'il y a à proportion bien moins d'effusions polaires dans la partie de la mer du Sud qui lui est opposée. Nous verrons encore que la nature a fait ressortir au canal Atlantique, les extrémités des deux courants généraux des pôles, qui viennent y aboutir après avoir fait le tour du globe; et c'est par opposition aux sources dont ces courants partent, que je donne aux extrémités de leurs cours le nom d'embouchure. Ne nous occupons maintenant que de leurs sources. On conçoit que les eaux de ces sources doivent couler vers la Ligne, où elles vont remplacer celles que le soleil y évapore chaque jour; mais elles ont de plus une élévation qui facilite leur cours. Non-seulement les glaces d'où elles sortent, sont fort élevées sur l'hémisphère; mais les pôles ont eux-mêmes une élévation de sol qui est considérable. Je m'appuie dans cette assertion, en premier lieu, des observations de Tycho-Brahé et de Képler, qui ont vu l'ombre de la terre ovale sur les pôles, dans des éclipses centrales de lune, et de l'autorité de Cassini, qui donne cinquante lieues de plus à l'axe de la terre qu'à ses diamètres. En second lieu, j'ai pour moi des expériences authentiques, recueillies par l'Académie des Sciences, et dont on n'a plus parlé dès que l'opinion de l'aplatissement de la terre aux pôles a prévalu. Par exemple, on sait qu'à mesure qu'on s'élève sur une montagne, le mercure baisse dans le baromètre : or, le mercure baisse dans le baromètre à mesure qu'on avance vers le nord. Il descend dans nos climats d'environ une ligne, si on s'élève à onze toises. Suivant l'Histoire de l'Académie des Sciences (1712, page 4), le poids d'une ligne de mercure y équivaut à Paris, à 10 toises 5 pieds, tandis qu'il ne faut s'élever en Suède, qu'à 10 toises un pied 6 pouces 4 lignes, pour le faire baisser d'une ligne. L'atmosphère de Suède a donc moins de hauteur que celle de Paris, et par conséquent le terrain de Suède est plus élevé.

On peut encore joindre à ces observations celles des navigateurs du Nord, qui ont vu le soleil d'autant plus élevé sur l'horizon, qu'ils se sont plus approchés du pôle. On ne peut attribuer ces effets d'optique aux simples lois de la réfraction de l'atmosphère. Selon l'académicien Bouguer,* « La réfraction élève les astres en apparence ; » et on sait par une infinité d'observations certaines, que » lorsqu'ils nous paraissent à l'horizon, ils sont réellement » 33 ou 34 minutes au-dessous.... Dans les régions où l'air » est plus dense, les réfractions doivent y être un peu plus » fortes ; et elles sont aussi, toutes choses d'ailleurs égales, » un peu plus grandes en hiver qu'en été. On peut, dans » l'usage de la navigation, n'avoir point d'égard à cette » différence, et se servir toujours de la petite table qu'on » voit ici à côté. » En effet, on voit dans cet endroit de son livre, une petite table où il place la plus grande réfraction du soleil à l'horizon, à 34 minutes pour tous les climats du monde. Mais comment est-il arrivé que

---

* Traité de la Navigation, liv. IV, chap. III, sect. III.

Barents ait vu le soleil sur l'horizon de la Nouvelle-Zemble, le 24 janvier, dans le signe du Verseau, par les 5 degrés 25 minutes, tandis qu'il aurait dû y être par les 16 degrés 27 minutes, pour être aperçu par les 76 degrés de latitude septentrionale où se trouvait Barents? La réfraction du soleil sur l'horizon, était donc de près de 2 degrés et demi, c'est-à-dire plus de quatre fois aussi grande que Bouguer ne la suppose, puisqu'il ne lui donne que 34 minutes à-peu-près pour tous les climats. A la vérité, Barents fut fort étonné de voir le soleil quinze jours plus tôt qu'il ne l'attendait, et il ne s'assura bien positivement qu'il était au 24 janvier, qu'en observant, cette même nuit, la conjonction de la lune et de Jupiter, annoncée pour Venise à une heure après minuit, dans les éphémérides de Joseph Scala, et qui eût lieu pour la Nouvelle-Zemble, cette même nuit, à six heures du matin, dans le signe du Taureau; ce qui lui donna à-la-fois la longitude de sa hutte dans la Nouvelle-Zemble, et la certitude qu'il était au 24 janvier. Une réfraction de 2 degrés et demi, est certainement bien considérable. On peut, ce me semble, en attribuer la moitié à l'élévation apparente du soleil, dans l'atmosphère très-réfractaire de la Nouvelle-Zemble, et l'autre moitié à l'élévation réelle de l'observateur sur l'horizon du pôle. Ainsi, Barents aperçut de la Nouvelle-Zemble le soleil à l'équateur, comme un homme le voit plus tôt du sommet d'une montagne que de sa base. C'est d'ailleurs, un principe, sans exception, des lois harmoniques de l'univers, que la nature ne se propose aucune fin, qu'elle n'y fasse concourir tous les éléments à-la-fois. Nous en avons montré un grand nombre de preuves dans le cours de cet Ouvrage. Ainsi la nature, ayant voulu dédommager les pôles de l'absence du soleil, fait passer la lune vers le pôle que le soleil abandonne; elle cristallise et réduit en neiges brillantes les eaux qui le couvrent;

elle rend son atmosphère plus réfractaire, afin de lui enlever plus tard et de lui rendre plus tôt la présence du soleil : on en doit conclure encore qu'elle a alongé les pôles mêmes de la terre, afin de les faire participer plus longtemps aux influences de l'astre du jour.

A la vérité, des académiciens célèbres ont posé pour principe fondamental, que la terre était aplatie aux pôles. Voici ce que dit à ce sujet le même académicien que nous venons de citer, qui fut employé avec eux à mesurer, près de l'équateur, un degré du méridien, qu'ils trouvèrent de 56,748 toises : « Mais, dit-il, ce qui est bien digne » d'attention, les degrés terrestres ne se sont pas trouvés » de même longueur dans les autres régions où on a fait » des opérations semblables, et la différence est trop grande » pour qu'on puisse l'attribuer aux erreurs inévitables des » observations. Le degré sous le cercle polaire, s'est trouvé » de 57,422 toises. Ainsi, il faut absolument que la terre » ne soit pas parfaitement ronde, et qu'elle soit plus haute » vers l'équateur que vers les pôles, conformément à ce » que nous indiquent d'autres expériences, dont il n'est » pas nécessaire de parler ici. La courbure de la terre est » plus subite vers l'équateur, dans le sens nord et sud, » puisque les degrés y sont plus petits : et la terre au contraire est plus plate vers les pôles, puisque les degrés y » sont plus grands.[*] »

J'avoue que je tire une conséquence tout-à-fait contraire des observations de ces académiciens. Je conclus que la terre est alongée aux pôles, précisément parce que les degrés du méridien y sont plus grands que sous l'équateur. Voici ma démonstration. Si on plaçait un degré du méridien au cercle polaire sur un degré du même méridien, à l'équateur, le premier degré qui est de 57,422 toises,

[*] Bouguer, Traité de la Navigation, liv. II, chap. XIV, art. XXIX.

surpasserait le second qui est de 56,748 t. de 674 toises, d'après les opérations des académiciens. Par conséquent, si on mettait l'arc entier du méridien qui couronne le cercle polaire, et qui est de 47 degrés, sur un arc de 47 degrés du même méridien près de l'équateur, il y produirait un renflement considérable, puisque ses degrés sont plus grands. Cet arc polaire du méridien ne pourrait pas s'étendre en longueur sur l'arc équinoxial du même méridien, puisqu'il a le même nombre de degrés, et par conséquent une corde de la même étendue. S'il s'étendait en longueur, en surpassant le second de 674 toises par degré, il est évident qu'il sortirait, à l'extrémité de ses 47 degrés, de la circonférence de la terre, qu'il n'appartiendrait plus au cercle où il est tracé, et qu'il formerait, en le plaçant sur un des pôles, une espèce de champignon aplati, qui déborderait le globe tout autour. Pour rendre la chose encore plus sensible, supposons toujours que le profil de la terre aux pôles, soit un arc de cercle de 47 degrés. N'est-il pas vrai que si vous tracez une courbe au-dedans de cet arc, comme font les académiciens qui aplatissent la terre aux pôles, elle sera moins grande que cet arc, puisqu'elle y sera contenue ; et que plus cette courbe sera aplatie, moins elle sera grande, puisqu'elle approchera de plus en plus de la corde de cet arc, c'est-à-dire, de la ligne droite? Par conséquent, les 47 degrés ou partitions de cette courbe intérieure, seront, chacun en particulier, comme ils le sont ensemble, plus petits que les 47 degrés de l'arc de cercle environnant. Mais, puisque les degrés de la courbe polaire, sont au contraire plus grands que ceux d'un arc de cercle, il faut que la courbe entière soit aussi plus étendue qu'un arc de cercle : or, elle ne peut être plus étendue, qu'en la supposant plus renflée et circonscrite à cet arc; par conséquent, la courbe polaire forme une ellipse alongée.

DES FIGURES. 415.

J'ai fait graver ici une figure du globe, pour rendre l'erreur de nos astronomes sensible aux yeux.

Pôle arctique.

[Figure: Cercle polaire arctique AKC ; Tropique du Cancer ; Équateur (G) ; Tropique du Capricorne ; Cercle polaire Antarctique ; points D, E, F à droite ; points i, x, h, B en haut]

Pôle antarctique.

Soit x l'arc inconnu du méridien compris au-dessus du cercle polaire arctique AKC ; et soit DEF l'arc du même méridien compris entre les tropiques. Ces deux arcs sont, comme l'on sait, chacun de 47 degrés. Mais, quoiqu'ils aient chacun un angle de la même ouverture AGC et DGF, ils n'ont pas chacun un arc du même développement: car, suivant nos astronomes, un degré du méridien au cercle polaire est plus grand de 674 toises qu'un degré du même méridien près de l'équateur. Il s'ensuit donc que l'arc polaire inconnu x de 47 degrés, surpasse en étendue l'arc équinoxial DEF qui est aussi de 47 degrés, de 47 fois 674 toises, qui équivalent à 31,678 toises, ou à douze lieues deux tiers. Or il s'agit maintenant de savoir si cet arc polaire inconnu x, est renfermé au dedans du cercle comme A h C, ou s'il se confond avec lui comme ABC, ou s'il sort de sa circonférence comme A i C.

L'arc polaire inconnu x ne peut pas être renfermé au dedans du globe comme AhC, ainsi que le prétendent nos astronomes qui l'y supposent aplati; car s'il y était renfermé, il serait évidemment plus petit que l'arc sphérique ABC qui l'environne, suivant cet axiome, que le contenu est plus petit que le contenant; et plus cet arc A h C serait aplati, et moins il aurait d'étendue, puisqu'il approcherait de plus en plus de sa corde ou de la ligne droite A K C.

D'un autre côté, cet arc polaire x ne peut pas se confondre avec l'arc sphérique ABC, puisqu'il surpasse celui-ci de douze lieues deux tiers. Il appartient donc à une courbe qui sort de la circonférence du globe, telle que A i C. Donc le globe de la terre est alongé aux pôles, puisque les degrés y sont plus grands qu'à l'équateur. Donc nos astronomes se sont trompés en concluant de la grandeur de ces degrés, qu'il y était aplati.

Je terminerai cette démonstration par une image plus triviale, mais aussi sensible. Si vous divisiez les deux circonférences d'un œuf en largeur et en longueur, chacune en 360 degrés, concluriez-vous que cet œuf serait aplati vers ses extrémités, parce que les degrés de sa circonférence en longueur, seraient plus grands que les degrés de sa circonférence en largeur? Ce qu'il y a de singulier, c'est que les académiciens se servent à-peu-près de la même figure, pour tirer des résultats contraires. Ils représentent le globe de la terre comme un fromage de Hollande. Ils supposent que le globe est fort élevé sur l'équateur. « La » courbure de la terre, dit Bouguer (*ubi suprà*), est plus » subite vers l'équateur dans le sens nord et sud, puisque » les degrés y sont plus petits; et la terre au contraire est » plus plate vers les pôles, puisque les degrés y sont plus

» grands. On croyait que l'équateur n'était distingué que
» par la plus grande rapidité du mouvement qui se fait en
» vingt-quatre heures; mais il est marqué d'une manière
» bien plus réelle par une élévation continue, qui doit
» être d'environ six lieues marines et demie tout autour de
» la terre, et par-tout à une égale distance des deux pôles. »

Nous venons de voir l'étrange conséquence qui résulte à-la-fois de l'aplatissement de la terre aux pôles, et de la grandeur des degrés du méridien dans cette partie, qui donne nécessairement au cercle polaire une saillie hors de sa circonférence : celles qu'on peut tirer de l'élévation et de la courbure plus subite de l'équateur, ne seraient pas moins extraordinaires. C'est que, si l'une et l'autre existaient, il n'y aurait point de mers sous l'équateur, parce qu'elles seraient alors déterminées, par l'élévation de six lieues et demie, et par la courbure plus subite de cette partie de la terre, à s'en éloigner; et par la pesanteur, à s'écouler vers les pôles aplatis, plus voisins du centre, et à y rétablir le segment sphérique que les académiciens en retranchent. Ainsi, dans cette hypothèse, les mers couvriraient les pôles, et y seraient d'une grande profondeur, tandis qu'il n'y aurait que des continents très-élevés sous la Ligne. Or la géographie démontre le contraire; car c'est dans le voisinage de la Ligne que se trouvent les plus grandes mers, et quantité de terres qui ne sont qu'à leur niveau; et, au contraire, les terres élevées et les hauts-fonds de la mer sont très-fréquents, sur-tout vers le pôle septentrional.

Parlons maintenant des glaces polaires. Quoiqu'elles soient représentées ici précisément dans les parties fuyantes et les moins visibles du globe, il est aisé de juger de leur étendue considérable par l'arc du méridien qui les embrasse. Au pôle austral, où elles sont en moindre quantité, puisqu'elles y ont éprouvé toutes les ardeurs de l'été de cet hémisphère, elles s'étendent encore depuis ce pôle jusqu'au 70ᵉ degré sud au moins. Elles y forment donc une coupole d'un arc de plus de 40 degrés, qui, à vingt-cinq lieues au moins le degré (puisque les degrés dans cette partie sont plus grands que vers l'équateur, suivant les expériences des académiciens), donne une amplitude de plus de mille vingt lieues, ou une circonférence de plus de trois mille. On ne peut douter de ces dimensions, car elles sont prises d'après les dernières expériences du capitaine Cook, qui en a fait le tour, au milieu de leur été. Les glaces du pôle nord sont beaucoup plus étendues, parce qu'elles sont représentées dans leur hiver. On a exprimé aux unes et aux autres une crête de vingt-cinq lieues environ d'élévation aux pôles. Je ne répéterai point ici ce que j'ai dit sur les hauteurs de celles qu'on trouve flottantes aux extrémités de leurs coupoles, qui ont jusqu'à douze et quinze cents pieds d'élévation. J'avais envie de faire représenter autour de ces glaces une espèce d'auréole ou aurore boréale, qui aurait fait sentir leur étendue circulaire, et eût ajouté à l'effet pittoresque du globe, en rendant ses pôles rayonnants; car le pôle austral a aussi des aurores nocturnes, ainsi que Cook l'a observé; et il paraît que ces aurores doivent leur origine aux glaces. Mais M. Moreau le jeune, qui a dessiné les planches de cet ouvrage, et particulièrement celle-ci, avec toute l'intelligence et la complaisance qui lui sont propres, m'a fait sentir qu'il n'y avait pas assez de champ dans la carte. Il a d'ailleurs rendu ces glaces polaires assez lumineuses pour les faire distinguer, sans faire disparaître les contours des îles et des continents qu'elles couvrent.

Quant au canal Atlantique, on y reconnaît évidemment les parties saillantes et rentrantes des deux continents, en correspondance les unes avec les autres. Si vous y joignez la sinuosité de sa source au nord, qui semble tourner en limaçon autour de notre pôle, et son embouchure large et divergente, formée par le cap Horn, d'une part, et par le cap de Bonne-Espérance, de l'autre, par laquelle il se décharge pendant six mois dans l'océan Indien, comme nous l'allons voir; vous y reconnaîtrez toutes les proportions d'un canal fluviatile. Quant à sa pente, à partir du pôle pour se rendre jusque dans la mer du Sud, par le cap de Bonne-Espérance, je la crois, comme je l'ai dit dans le texte, à-peu-près la même que celle du cours de l'Amazone.

Considérons maintenant le cours des effusions polaires, produites par l'action du soleil sur les glaces des pôles. Il sort, chaque année, un courant général de celui que le soleil échauffe; et comme le soleil les visite alternativement, il s'ensuit qu'il y a deux courants généraux opposés, qui communiquent aux mers leurs mouvements de circulation, et qui sont connus aux Indes sous le nom de mousson orientale et occidentale, ou d'hiver et d'été.

Ceci posé, examinons les effusions du pôle austral, qui est représenté ici dans son été. Le courant général qui en sort, se divise en deux branches, dont l'une s'engage dans l'océan Atlantique, et pénètre jusqu'à son extrémité septentrionale. Lorsque cette branche vient à passer entre la partie saillante de l'Afrique et de l'Amérique, comme elle se trouve resserrée en passant d'un espace plus large dans un plus étroit, elle forme sur leurs côtes deux contre-courants ou remoux qui vont en sens contraire. L'un de ces contre-courants va à l'est le long des côtes de Guinée, jusqu'au quatrième degré sud, suivant le témoignage de Dampier. L'autre part du cap Saint-Augustin, va au sud-ouest le long des côtes du Brésil, jusqu'au détroit de Le Maire inclusivement. Cet effet est la suite d'une loi hydraulique dont les effets sont communs; c'est que toutes les fois qu'un courant passe d'un canal large dans un plus étroit, il forme sur ses côtés deux contre-courants. C'est ce qu'on peut vérifier dans le cours des ruisseaux, au passage de l'eau d'une rivière sous les arches près de la tête d'un pont, etc. Ainsi, le courant porte à l'est le long des côtes de Guinée, et au sud-ouest le long des côtes du Brésil, dans l'été du pôle austral. Mais au milieu de l'océan Atlantique, et au-delà du détroit des deux continents, il porte au nord dans tout son cours, et s'avance jusqu'aux extrémités septentrionales de l'Europe et de l'Amérique, en nous apportant, deux fois par jour, le long de nos côtes, les marées du midi, qui sont des effusions semi-journalières des deux côtés du pôle austral.

L'autre branche qui part du pôle austral, prend à l'ouest du cap Horn, s'engage dans la mer du Sud, produit dans la mer des Indes la mousson de l'est, qui arrive aux Indes dans notre hiver; et après avoir fait le tour du globe par l'occident, vient à l'orient se réunir, par le cap de Bonne-Espérance, au courant général qui entre dans l'océan Atlantique. On peut suivre en partie sur la carte ce courant général du pôle austral avec ses deux branches principales, ses contre-courants et ses marées, aux flèches qui indiquent ses mouvements directs, obliques, et rétrogrades.

Six mois après, c'est-à-dire, dans notre été, à commencer vers la fin de mars, lorsque le soleil à la Ligne abandonne le pôle austral, et vient échauffer le pôle septentrional, les effusions du pôle austral s'arrêtent; celles du nôtre commencent à couler, et les courants de l'Océan changent dans toutes les latitudes. Le courant général des mers part alors de notre pôle, et se divise, comme celui du pôle austral, en deux branches. La première de ces branches tire ses sources du Waigats, de la baie d'Hudson, etc. qui coulent alors dans certains détroits, avec la rapidité d'une écluse, et produisent au nord des marées qui viennent du nord, de l'orient et de l'occident, au grand étonnement de Linschoten, d'Ellis, et des autres navigateurs, accoutumés à les voir venir du midi sur les côtes de l'Europe. Ce courant, formé par la fusion de la plupart des glaces du nord de l'Amérique, de l'Europe et de l'Asie, qui ont alors près de six mille lieues de circonférence, descend par l'océan Atlantique, passe la Ligne, et se trouvant resserré au même détroit de la Guinée et du Brésil, il forme sur ses côtés deux contre-courants latéraux qui remontent au nord, comme ceux formés six mois auparavant par le courant du pôle austral remontaient au midi. Ces contre-courants nous donnent, sur les côtes de l'Europe, les marées qui paraissent toujours venir directement du midi, quoique alors elles viennent en effet du nord.

La branche qui les produit, s'avance ensuite vers le sud, double le cap de Bonne-Espérance, prend son cours vers l'orient, forme aux Indes la mousson occidentale; et après avoir circuit le globe jusque dans la mer du Sud, elle passe au cap Horn, remonte le long de la côte du Brésil, et y produit un courant qui se termine au cap Saint-Augustin, et qui est opposé au courant principal qui descend du nord.

L'autre branche du courant qui descend en été de notre pôle, de l'autre côté de notre hémisphère, s'écoule par le détroit appelé détroit du Nord, situé entre l'extrémité la plus orientale de l'Asie et la plus occidentale de l'Amérique. Elle descend dans la mer du Sud, où elle vient se réunir à la première branche, qui forme alors, comme nous l'avons dit, la mousson occidentale de cette mer. D'ailleurs, cette branche du détroit du Nord, reçoit bien moins d'effusions glaciales que celle de l'océan Atlantique, parce que les baies profondes qui sont aux sources de cet océan, et les contours de ces mêmes sources qui entourent le pôle en spirale, reçoivent, comme nous l'avons dit, la plus grande partie des effusions glaciales du pôle septentrional, et les versent dans l'océan Atlantique.

Ainsi, l'Océan parcourt, deux fois dans un an, le globe

en spirales opposées, en partant alternativement de chaque pôle, et décrit sur la terre, pour ainsi dire, la même route que le soleil dans les cieux.

J'ose dire que cette théorie est si lumineuse, qu'on peut éclaircir par elle une multitude de difficultés qui jettent beaucoup d'obscurité dans les journaux des voyageurs. Froger, par exemple, dit qu'au Brésil les courants vont du côté du soleil, c'est-à-dire qu'ils vont au nord, quand il est dans les signes septentrionaux, et au sud quand il est dans les signes méridionaux. On ne peut certainement expliquer cet effet versatile par la pression ou l'attraction du soleil et de la lune entre les tropiques, puisque ces astres n'en sortent point, et qu'ils vont toujours du même côté, c'est-à-dire, d'orient en occident; mais c'est que, lorsque ce courant du Brésil va au sud dans notre hiver, il est le contre-courant du courant général du pôle austral, qui va alors au nord; et lorsque ce courant du Brésil va au nord dans notre été, il est l'extrémité de ce même courant général, qui revient par le cap Horn. La même chose n'arrive pas à celui du golfe de Guinée qui est vis-à-vis, et qui court toujours à l'est, quoiqu'il soit précisément dans le même cas; car, dans notre hiver, ce courant du golfe de Guinée est l'extrémité du courant général du pôle austral qui revient par le cap de Bonne-Espérance, et qui porte au nord dans cette saison le long des côtes de l'Afrique, depuis le trentième degré de latitude sud, jusqu'au quatrième de la même latitude, suivant le témoignage de Dampier. Mais cette extrémité du courant général qui porte au nord, et qui part alors du quatrième degré sud, pour se joindre au courant général, n'entre point dans le golfe de Guinée, à cause du grand enfoncement de ce golfe; de sorte que, dans cette partie-là seulement, la mer court toujours à l'est, suivant l'observation de tous les navigateurs de l'Afrique.

J'appuierai les principes de cette théorie, par des faits attestés des marins les plus accrédités. Voici ce que dit Dampier des courants de l'Océan, dans son Traité des Vents, pag. 386 et 387.

« Au reste, il est certain que par-tout les courants changent
» leur cours à certains temps de l'année : dans les Indes
» orientales, ils courent de l'est à l'ouest une partie de
» l'année, et de l'ouest à l'est l'autre partie. Dans les Indes
» occidentales et dans la Guinée, ils ne changent qu'envi-
» ron la pleine lune. Mais il faut entendre ceci des parties
» de la mer qui ne sont pas éloignées des côtes : ce n'est
» pas qu'il n'y ait aussi des courants d'une force extra-
» ordinaire dans le grand Océan, qui ne suivent pas ces
» règles ; mais cela n'est pas commun.

» Dans la côte de Guinée, le courant se porte est, hor-
» mis en pleine lune ou environ. Mais au midi de la Ligne,
» depuis Loango jusqu'au 25 ou 30ᵉ degré, il court avec
» le vent du sud au nord, hormis vers la pleine lune.

» A l'est du cap de Bonne-Espérance, depuis le 30ᵉ de-
» gré jusqu'au 24ᵉ dans la bande du sud, le courant se
» porte à l'est, depuis mai jusqu'au mois d'octobre ; et le
» vent est pour lors ouest-sud-ouest, ou sud-ouest ; mais
» depuis octobre jusqu'en mai, lorsque le vent est entre
» est-nord-est, et est-sud-est, le courant se porte à l'ouest ;
» et cela s'entend de cinq ou six lieues de terre, jusqu'à
» cinquante ou environ : car à cinq lieues de terre, on n'a
» point le courant, mais on a la marée ; et au-delà de cin-
» quante lieues de terre, le courant cesse tout-à-fait, ou
» il est imperceptible.

» Dans la côte des Indes au nord de la Ligne, le courant
» court avec la mousson. Mais il ne change pas tout-à-fait
» sitôt, quelquefois de trois semaines ou davantage ; après
» cela, il ne change point jusqu'à ce que la mousson soit
» fixée du côté contraire. Par exemple, la mousson d'ouest

» commence au milieu d'avril, mais le courant ne change
» qu'au commencement de mai; et la mousson d'est com-
» mence au milieu de septembre ou environ, mais le cou-
» rant ne change qu'au mois d'octobre. »

Dampier semble attribuer la cause de ces courants aux vents qu'il appelle moussons. Mais ce n'est pas ici le lieu de m'occuper de la cause de la révolution atmosphérique, qui toutefois dépend aussi des pôles, dont les atmosphères sont plus ou moins dilatées en hiver et en été, et dont les révolutions doivent précéder celles de l'Océan. Je ne ferai attention qu'au retardement du courant occidental, qui n'arrive aux Indes qu'au mois de mai, pour prouver que c'est le même qui part de notre pôle au mois de mars, et qui arrive sur différentes plages des Indes à des époques proportionnées à la distance du point d'où il part.

Ce courant donc arrive vers le mois d'avril au cap de Bonne-Espérance, et c'est lui qui rend le passage du cap si difficile aux vaisseaux qui reviennent des Indes en été. Je m'appuierai encore là-dessus de l'autorité de Dampier, dans son Voyage autour du monde, tome II, chap. XIV. C'était à son retour des Indes en Europe.

« Nous perdions le temps d'aller au Cap, que nous ne
» pouvions retrouver qu'au mois d'octobre ou de novembre,
» et nous étions alors à la fin de mars. En effet, ce n'est
» pas l'ordinaire d'aborder le Cap après le dixième de mai. »
Il y a plus, c'est que la compagnie de Hollande ne permet pas à ses vaisseaux d'y rester après le mois de mars, parce qu'alors il y règne des vents d'ouest, et une mer de l'ouest qui jette les vaisseaux en côte; d'où l'on voit que ce courant, qui vient de l'ouest en doublant ce cap, y arrive vers le mois d'avril.

Par le passage précédent de Dampier, nous avons vu que ce courant occidental arrivait sur les côtes de l'Inde vers la mi-mai : une autre autorité va nous prouver qu'il se rend vers la mi-juin à l'île de Tinian, qui est bien plus à l'orient. Je la tire du Voyage de l'amiral Anson, chap. xiv, année 1742, au sujet de l'île de Tinian. « Le seul ancrage » propre aux gros vaisseaux, est dans la partie de l'île au » sud-ouest. Le fond de cette rade est rempli de roches de » corail très-aiguës. L'ancrage en est dangereux, depuis » le milieu de juin jusqu'au milieu d'octobre, qui est la » saison des *moussons occidentales;* et le danger est en- » core augmenté par la rapidité extraordinaire du courant » de la marée qui *porte au sud-ouest,* entre cette île et » celle d'Agnigan. Durant les huit autres mois de l'année, » le temps y est constant. » Remarquez, en passant, que pendant que la mousson ou le courant vient de l'occident, la marée porte en sens contraire entre ces deux îles; ce qui confirme ce que nous avons dit, que les marées ne sont pour l'ordinaire que les contre-courants des courants généraux resserrés par des détroits.

Ainsi, l'on voit que ce courant, qui part de notre pôle en mars, arrive au cap de Bonne-Espérance en avril; sur les côtes de l'Inde, en mai; à l'île de Tinian, au milieu de juin; et qu'il trace autour du globe la ligne spirale que j'ai indiquée. On pourrait évaluer sa vitesse par le temps qu'il met à se rendre dans chacun de ces lieux et dans d'autres points de latitude, jusqu'à ce qu'il ait atteint le cap Horn, d'où il porte au nord jusqu'au cap Saint-Augustin, où il vient rencontrer le courant général Atlantique vers la fin de juillet. Mais le détail de tant de circonstances curieuses me menerait trop loin.

On ne peut attribuer en aucune façon les courants généraux de la mer des Indes qui, comme j'ai dit, se portent six mois vers l'orient et six mois vers l'occident, à l'attraction ou pression du soleil et de la lune entre les tropiques; car ces astres vont toujours du même côté, et leur action est la même en tout temps dans l'étendue de cette zone dont ils ne sortent point. De plus, si leur action en était la cause, lorsque le soleil est au nord de la Ligne, la mousson occidentale devrait se faire sentir aux Indes dès le mois de mars, puisque le soleil est alors presque au zénith de la mer des Indes; et cependant elle n'y arrive que six semaines après, c'est-à-dire, en mai : au contraire, lorsque le soleil est au sud de la Ligne, et le plus éloigné des mers de l'Inde, la mousson y arrive peu après l'équinoxe de septembre, c'est-à-dire, au mois d'octobre : d'où l'on voit que ces révolutions de l'océan Indien n'ont pas leurs foyers sous l'équateur, mais aux pôles, et que celle du mois de mars, qui vient du nord par l'ouest, met six semaines à se faire sentir aux Indes, à cause du grand détour qu'elle est obligée de faire au cap de Bonne-Espérance, et que celle du pôle sud au mois de septembre, y arrive beaucoup plus vite, parce qu'elle n'a point de détour à faire; et qu'enfin, l'époque de ces révolutions versatiles commence précisément aux équinoxes, c'est-à-dire, au moment où le soleil abandonne un pôle pour échauffer l'autre.

Il est donc évident que les courants semi-annuels et alternatifs de la mer des Indes, doivent leur origine à la fonte semi-annuelle et alternative des glaces du pôle nord et du pôle sud, et que leur direction d'orient en occident et d'occident en orient, est déterminée dans cette mer par la projection même du continent de l'Asie.

La mer Atlantique a pareillement deux courants semi-annuels et alternatifs, qui ont les mêmes origines, mais une direction naturelle du nord au midi et du midi au nord, quoiqu'un peu dévoyée de l'ouest à l'est et de l'est à l'ouest, par la projection même du canal Atlantique. Nos marins ne supposent dans ce canal qu'un seul courant perpétuel qui va toujours du midi au nord, dans notre hémisphère. Ils sont induits dans cette erreur par le cours des marées, qui en effet vont toujours au nord, le long de nos côtes et de celles de Bahama, et sur-tout par notre système astronomique qui attribue tous les mouvements de la mer à l'action de la lune entre les tropiques.

Que d'erreurs un seul préjugé peut introduire dans les éléments de nos connaissances! Il aveugle les hommes les plus éclairés, jusqu'au point de leur faire méconnaître l'évidence même, et rejeter, pendant une longue suite de siècles, les expériences de chaque année.

J'ai recueilli dans beaucoup de Voyages maritimes, et principalement dans ceux que le capitaine Cook a faits autour du monde, avec tant de sagacité et de lumières, une multitude d'observations nautiques qui prouvent que les courants de l'océan Atlantique sont alternatifs et semi-annuels, comme ceux de l'océan Indien. Cependant ceux mêmes qui les rapportent, pleins du préjugé que l'action de la lune entre les tropiques donne seule le mouvement aux mers, et ne pouvant faire accorder leurs courants avec le cours de cet astre, n'en ont conclu autre chose sinon qu'ils étaient naturellement irréguliers, et que leur cause était inexplicable. S'ils s'en étaient tenus à leur propre expérience, qui leur apprenait que ces courants changeaient deux fois par an; qu'ils allaient dans l'océan Indien, six mois avec le cours de la lune, et six mois à son opposite, et dans l'océan Atlantique, dans des directions qui n'avaient aucun rapport au cours de cet astre; qu'ils étaient bien plus rapides en approchant des pôles, qu'entre les tropiques sous la gravitation même de la lune; et enfin qu'ils divergeaient du pôle échauffé par le soleil vers celui qui en était abandonné; ils auraient alors rapporté les causes de ces variations à l'été et à l'hiver de chaque hémisphère; et ils auraient dissipé une partie de ce nuage d'erreurs, dont nos prétendues sciences ont voilé les opérations de la nature. Quoique ces observations nautiques soient décisives pour moi, puisqu'elles ont été faites par des partisans éclairés du système astronomique auquel elles sont absolument contraires, tandis qu'elles prouvent la vérité de ma théorie; cependant j'en citerai deux plus curieuses, plus authentiques et plus impartiales que toutes celles-là, parce qu'elles ont été recueillies par des hommes qui n'étant pas gens de mer, n'en ont eu ni les préjugés, ni les systèmes. L'une a pour garants tous les habitants d'un royaume, et l'autre une des époques les plus terribles de l'histoire navale des Européens; et toutes deux confirment admirablement une des plus agréables harmonies de l'histoire végétale de la nature, dont j'ai présenté les éléments dans l'émigration des plantes.

Par la première de ces observations, nous prouverons que le courant Atlantique vient en effet du sud et porte au nord, comme le croient les marins, mais dans notre hiver seulement. Ainsi il est produit dans cette direction par les effusions des glaces du pôle sud, qui, dans notre hiver, s'écoulent vers le nord, et non par l'action de la lune entre les tropiques, suivant nos astronomes; puisque, dans cette même saison, les navigateurs de l'hémisphère austral ont trouvé hors des tropiques ce même courant venant du sud, ce qui n'arriverait sûrement pas si ce courant était produit par l'action de la lune sur l'équateur; car, dans cette hypothèse, il fluerait en sens contraire dans l'hémisphère austral. Or c'est ce qui n'est pas, ainsi que je peux le prouver par les journaux d'Abel Tasman, de Dampier, de Fraisier, de Cook, etc., qui ont trouvé hors des tropiques même, dans l'hémisphère austral, ce courant venant du sud, mais pendant notre hiver seulement.

Par la seconde de ces observations, nous démontrerons que le courant Atlantique vient du nord et porte au sud dans notre hémisphère, contre l'opinion des marins, mais pendant l'été seulement. Ainsi il provient alors directement des effusions des glaces du pôle nord, qui, dans notre été, s'écoulent vers le sud; et il détruit évidemment, par cette direction vers l'équateur, la prétendue action de la lune entre les tropiques, qui, selon nos astronomes, fait fluer l'Océan vers les deux pôles.

La première de ces observations est rapportée par M. Thomas Pennant, savant naturaliste anglais, sans préjugé et sans système, du moins sur cet important objet. Elle est tirée de son Voyage en 1772, aux îles Hébrides, à l'ouest de l'Écosse.* « Mais, dit ce voyageur éclairé, ce
» qui est plus réel et plus digne d'attention, c'est qu'on
» trouve fréquemment ici (à l'île d'Ilay), sur les côtes de
» toutes les Hébrides et des Orcades, des graines de plantes
» qui croissent dans la Jamaïque et les îles voisines, telles
» que celles de *dolichos urens, guilandina bonduc,*
» *bonducetta, mimosa scandens* de Linnæus. Ces graines,
» qu'on nomme ici fèves des Moluques, croissent sur les
» bords des fleuves de la Jamaïque; et, de là, entraînées
» par les courants et les vents d'ouest, qui règnent les deux
» tiers de l'année dans cette partie de l'Atlantique, elles
» sont poussées jusque sur les rivages des Hébrides. La
» même chose arrive quelquefois à des tortues d'Amérique,
» qu'on prend vivantes sur ces côtes; et cela est mis hors
» de doute depuis qu'on a trouvé sur la côte de l'Écosse
» une partie du mât du *Tilbury,* vaisseau de guerre qui
» brûla près de la Jamaïque. »

M. Pennant a omis de dire dans quelle saison ces graines et ces tortues abordent sur les côtes occidentales de l'Écosse. Ces omissions de dates sont capitales, quoique très-communes dans la plupart des voyageurs, qui négligent souvent de marquer celles de leurs propres observations. Ce

* Imprimé à Genève en 1785, dans un recueil de Voyages aux montagnes et aux îles de l'Écosse, tome I, pages 216 et 217.

n'est cependant que par ces dates, qu'on peut entrevoir l'ensemble des harmonies de la nature. Que penser donc du goût de nos rédacteurs de Voyages, qui les retranchent comme des circonstances ennuyeuses et inutiles ? Toutefois il est aisé de voir ici que les graines des fleuves de la Jamaïque et les tortues de l'Amérique arrivent, en hiver, sur les côtes occidentales des Hébrides et des Orcades, puisqu'elles y sont poussées, suivant M. Pennant, par les vents et les courants de l'ouest, qui y règnent, dit-il, les deux tiers de l'année. Or on sait que les vents d'ouest y soufflent tout l'hiver ; ce qui est confirmé dans cette relation par son propre témoignage, et, dans le même recueil, par les autres voyageurs de l'Écosse. Après tout, ce ne sont pas les vents d'ouest qui entraînent ces graines et ces tortues si loin de la Jamaïque vers le nord. Les vents n'ont point de prise sur des corps à fleur d'eau, et certainement ceux de l'ouest ne peuvent les pousser au nord. Les courants de l'ouest ne pourraient même produire cet effet, car ils les charieraient à l'est; et comme la Jamaïque est par les 18 degrés nord, ces graines et ces tortues iraient aborder en Afrique à la même latitude, et non pas jusqu'au 59° degré nord dans les Hébrides et les Orcades, où elles attérissent en effet. Le courant qui les entraîne va donc directement au nord, en tirant un peu vers l'est, précisément comme le canal Atlantique lui-même dans cette partie. Ainsi les importantes observations des habitants de l'Écosse au sujet des graines de la Jamaïque, des tortues de l'Amérique, et d'une portion du mât du *Tilbury*, jetées sur leurs côtes, prouvent qu'en effet le courant Atlantique vient du sud et porte au nord, comme le croient d'ailleurs les marins; mais il n'a cette direction qu'en hiver : car nous allons démontrer, par une autre observation non moins curieuse, qu'en été et dans les mêmes latitudes, le courant Atlantique vient du nord et porte au sud, à l'opposite de la prétendue action de la lune entre les tropiques, et contre l'opinion des marins, ou plutôt sans qu'ils sachent là-dessus à quoi s'en tenir.

Nous avons déjà allégué les témoignages des plus fameux navigateurs du nord, qui attestent unanimement que le courant Atlantique vient du nord et porte au sud en été, dans son extrémité septentrionale : tels sont ceux d'Ellis, de Barents, de Linschoten, etc., qui ayant navigué en été aux environs du cercle polaire arctique, attestent que les courants et même les marées se dirigent vers le sud et descendent du nord, ou tout au plus du nord-ouest ou du nord-est, suivant le gisement des baies où ils ont pénétré. Nous avons encore rapporté, à l'appui de cette importante vérité, les témoignages des navigateurs de l'Amérique septentrionale, cités par Denys, gouverneur du Canada, qui attestent que les courants du nord amènent tous les ans, en été, vers le sud, de longs bancs de glaces flottantes, d'une élévation et d'une profondeur considérables, qui viennent s'échouer jusque sur le banc de Terre-Neuve. Et enfin nous avons cité l'observation de Christophe Colomb, qui, dans une latitude bien plus méridionale, près du tropique même du Cancer, éprouva, en septembre, que le milieu du canal Atlantique portait au sud, et par conséquent descendait du nord. Nous pourrions joindre à ces autorités celles d'une foule d'autres marins, qui n'ont eu égard qu'aux dérives de leurs vaisseaux, et ont reconnu, en été, l'existence de ce courant septentrional, sans oser l'admettre, ni opposer leur propre expérience à un système astronomique accrédité.

Mais pour ne rien omettre sur un objet si essentiel à la navigation et à l'étude de la nature, et pour lever toute espèce de doute sur l'existence de ce courant septentrional en été, nous nous arrêterons à une observation simple, mais liée à un événement très-connu dans l'histoire. Cette observation est d'autant moins suspecte, qu'elle est rapportée sans intention de favoriser aucun système, par un voyageur qui n'était ni homme de mer, ni naturaliste, et qui n'en tira d'autres conséquences que celles qui concernaient sa fortune et sa liberté. C'est celle de Souchu de Rennefort, secrétaire du conseil souverain de Madagascar, sortant des îles Açores le 20 juin 1666, lors de son retour en Europe.*

« Depuis 40 jusqu'à 43 degrés, dit-il, on vit des mâts
» rompus, des vergues et des hunes de vaisseaux, qui
» firent juger qu'il était arrivé un épouvantable débris. On
» appréhenda le choc de ces pièces dans la gorge de *la*
» *Vierge de Bon-Port*, vieux bâtiment pourri et facile à
» ouvrir. Il a été su depuis, que ce fracas venait du combat
» qui s'était donné entre les Français et les Hollandais
» d'une part, et les Anglais de l'autre. Ce qu'il eût été bon
» à ceux qui s'étaient embarqués de savoir plus tôt. »

En effet, le vaisseau de Rennefort où l'on ignorait que la France fût en guerre avec les Anglais, eût le malheur d'être pris et coulé à fond par une frégate anglaise, à la hauteur de Grenesey, dix-huit jours après cette observation, c'est-à-dire, le 8 juillet.

Cet épouvantable débris, dispersé sur la mer dans un espace de 3 degrés ou de 75 lieues, provenait du plus terrible combat qui se soit donné sur cet élément, entre les Anglais d'une part et les Hollandais de l'autre. Il commença le 11 juin et dura quatre jours. La flotte anglaise était composée de 85 vaisseaux de guerre, et la flotte hollandaise de 90, commandés par Ruyter. Il y avait à-peu-près de chaque côté 21 mille hommes et 4,500 pièces de canon. Les Anglais y perdirent 23 vaisseaux, dont la plupart furent brûlés ou coulés à fond, et les Hollandais 4 seulement; mais il n'y

---

* Histoire des Indes orientales, liv. III, chap. v.

eut guère de vaisseau qui n'y laissât ses mâts en tout ou en partie. Il y périt de part et d'autre à-peu-près 9 mille hommes. Les historiens de chaque nation élevèrent, suivant l'usage, la gloire de leur flotte jusqu'au ciel. Ce qu'il y a de certain, c'est que 9 mille corps d'hommes mutilés et demi-brûlés, abandonnés aux requins et aux chiens de mer, donnèrent aux monstres marins le spectacle d'une férocité qui n'a d'exemple que dans le genre humain; et que ce nombre prodigieux de hunes, de vergues et de mâts flottants, mêlés de pavillons à croix rouges et blanches, allèrent apprendre aux barbares de toutes les plages méridionales de l'océan Atlantique, comment les puissances qui vivent sous la loi de Jésus vident entre elles leurs différends.*

* Ces débris furent certainement portés plus loin que les Açores. Il est probable que dans cette saison, il en flotta une bonne partie jusque sur les côtes et les îles occidentales de l'Afrique. Or c'était précisément pour la traite des esclaves en Afrique, que l'Angleterre et la Hollande se faisaient la guerre. Ces puissances avaient commencé, dès l'année précédente, leurs hostilités sur les côtes de Guinée et dans les îles du cap Verd, à la ruine de ces pays. Je suppose donc que ces débris du combat d'Ostende vinrent passer à travers les îles du cap Verd, et près de celle de Saint-Jean, qui est si peu fréquentée des Européens, que les Portugais l'appellent Brava ou Sauvage. Ses bons et hospitaliers habitants, suivant l'Anglais Roberts, qui en fit une si douce expérience, sont si humbles, qu'ils regardent les hommes de leur couleur comme soumis par l'ordre de Dieu même au joug des blancs. Ils se confirment dans cette opinion en voyant la balance du commerce européen, dont un des bras ne présente à l'Europe que des biens, tandis que l'autre, chargé de maux, pèse sans cesse sur la malheureuse Afrique. Mais quand, du sommet de leurs rochers, à l'ombre de leurs cotonniers et de leurs bananiers, ils aperçurent, le long de leurs paisibles rivages, ce train effroyable de mâtures, de vergues, de galeries, de poupes, de proues à demi-brûlées, teintes de sang humain, et mêlées de pavillons européens, ils virent alors le fléau des maux de l'Afrique se relever et peser à son tour sur l'Europe; et à cette réaction de calamités, ils reconnurent

Ces débris, épars dans 75 lieues de mer, venaient de douze milles au nord-ouest d'Ostende, où se livra le combat naval; et ils étaient portés jusque sur les îles Açores d'où sortait le vaisseau de Rennefort quand il les rencontra.

sans doute qu'une justice universelle gouverne par des lois égales toutes les nations du monde.

Un roi de France, dit-on, faisait jeter à la rivière les corps des malfaiteurs, avec ces lugubres écriteaux : Laissez passer la justice du roi. Les Chinois et les Japonais punissent de la même manière les pirates qui infestent la navigation de leurs fleuves. Ainsi les débris de ces vaisseaux de guerre qui avaient tant de fois répandu la terreur dans l'océan Atlantique, étaient emportés par ses courants; et leurs grandes courbes noircies par le feu, rougies par le sang humain, et devenues le jouet des flots de l'Afrique, disaient bien mieux que des écriteaux aux habitants opprimés de ses rivages : O noirs ! voyez maintenant passer la gloire des blancs et la justice de Dieu.

Ce serait un calcul digne, je ne dis pas de nos politiques modernes, qui n'estiment plus dans le monde que l'or et la puissance, mais d'un ami de l'humanité, de rechercher si la traite des nègres n'a pas causé autant de maux à l'Europe qu'à l'Afrique, et quels sont les biens qu'elle a produits pour ces deux parties du monde.

Il faudrait d'abord mettre dans la balance des maux de l'Afrique, les guerres que ses puissances se font entre elles pour avoir des esclaves à vendre aux Européens; le despotisme barbare de ses rois, qui, pour remplir cet objet, livrent leurs propres sujets; le caractère dénaturé de leurs sujets, qui, à leur exemple, mènent quelquefois à ces marchés inhumains leurs femmes et leurs enfants; la plupart des contrées maritimes de l'Afrique, rendues désertes par l'émigration de leurs habitants emmenés en esclavage; la mortalité d'un grand nombre de ces misérables qui meurent dans leur passage en Amérique, par la mauvaise nourriture et le scorbut, les travaux excessifs, la disette d'aliments, les coups de fouet, et les supplices qu'ils éprouvent dans nos colonies, et qui les font périr la plupart de misère, de chagrin et de désespoir. Voilà sans doute bien des larmes et du sang répandu pour l'Afrique. Mais la balance des maux sera au moins égale pour l'Europe, si l'on met de son côté la navigation même de l'Afrique, dont le mauvais air emporte les équipages de nos vaisseaux tout entiers, ainsi que les garnisons de nos comptoirs en Afrique, par les dyssenteries, le scorbut, les fièvres pu-

Ostende est par le 51° degré nord, et les Açores par le 40° beaucoup à l'ouest. Les premiers de ces débris étaient partis du nord-ouest d'Ostende le 11 juin, date du commencement du combat, suivant la lettre de Ruyter et l'his-

trides, et sur-tout par celles de Guinée, qui tuent en trois jours l'homme le plus robuste. Ajoutez à ces maux physiques, les maladies morales de l'esclavage, qui détruisent dans nos colonies de l'Amérique les premiers sentiments de l'humanité, parce que là où il y a des esclaves il se forme des tyrans, et l'influence de cette dépravation morale sur l'Europe : joignez aux maux de cette partie du monde les ressources des travaux champêtres de l'Amérique enlevées à nos bourgeois et à nos propres paysans, dont un grand nombre chez nous languit de misère, faute d'occupations et de propriétés; les guerres que la traite des noirs fait naître entre les puissances maritimes de l'Europe; leurs comptoirs pris et repris; leurs batailles navales qui enlèvent des neuf mille hommes à-la-fois, sans ceux qui restent blessés pour toute leur vie; leurs guerres qui, comme une peste, se communiquent à l'intérieur de l'Europe par leurs alliances, et au reste du monde par leur commerce : on avouera que la balance des maux de l'Europe égale pour le moins celle des maux de l'Afrique. Quant à la balance des biens, elle se réduit de part et d'autre à fort peu de chose. On ne peut pas, en conscience, compter dans les biens que les habitants de l'Afrique tirent de la vente de leurs compatriotes, nos sabres de fer dont ils s'estropient, nos mauvais fusils dont ils se cassent la tête, et nos eaux-de-vie qui leur font perdre la raison et la santé : tout se réduit donc, à-peu-près, pour eux à des miroirs et à des sonnettes. Quant aux biens qui en reviennent à l'Europe, il y a le sucre, le café et le coton, que l'Amérique nous donne par le travail des esclaves nègres; mais ces produits bruts et informes ne peuvent entrer en aucune comparaison avec les fabriques perfectionnées et les récoltes en tout genre que tireraient de ces mêmes campagnes des cultivateurs européens libres, heureux et intelligents.

Il me semble que si cette balance de maux si pesants et de biens si légers était présentée aux puissances maritimes et chrétiennes de l'Europe, elles reconnaîtraient à la fin qu'il ne suffit pas d'avoir banni l'esclavage de leur propre territoire pour rendre leurs sujets heureux et industrieux; mais qu'il faut encore le proscrire de leurs colonies, pour le bonheur de ces mêmes sujets, pour celui du genre humain, et pour la gloire de la religion.

toire de France, et ils se trouvaient près des Açores au plus tard le 20 du même mois, comme on doit le conclure de la relation de Rennefort, quoique sans date journalière. Ainsi les courants du nord les avaient chariés, en neuf jours, à plus de 275 lieues au sud, sans compter le chemin considérable fait à l'ouest, ce qui fait beaucoup plus de 34 lieues par jour.

Ce n'était sûrement pas le vent qui chassait ces débris vers le sud-ouest avec tant de rapidité : celui qui régnait alors leur était contraire. Le vaisseau de Rennefort, qui venait à leur rencontre, n'avait éprouvé d'autre vent que celui qui le poussait vers le nord-est ; et Ruyter ne parle dans sa lettre que des vents du sud-ouest, qui soufflèrent pendant le combat. D'ailleurs, ainsi que nous l'avons dit, comment le vent aurait-il prise sur des corps à fleur d'eau ? Ils ne pouvaient pas être non plus chariés au sud par les marées, qui vont au nord sur nos côtes : c'était donc un courant direct du nord qui les entraînait au sud, malgré les marées mêmes, et un peu à l'ouest par la direction du canal Atlantique. Donc le courant Atlantique porte au sud en été, malgré la prétendue action de la lune entre les tropiques, et il ne doit son cours, dans cette saison, qu'à la fonte des glaces septentrionales.

Ces deux observations si authentiques confirment de plus que les îles sont aux extrémités des courants, ainsi que nous l'avons dit ailleurs. Linschoten, qui avait séjourné aux Açores, remarque que les débris de la plupart des naufrages dans l'océan Atlantique, sont jetés sur leurs côtes. Il en arrive de même sur celles des Bermudes, des Barbades, etc. Ces corps flottants sont portés à des distances prodigieuses, régulièrement et alternativement, comme les courants mêmes de la mer. Ainsi les graines de la Jamaïque sont chariées en hiver jusqu'aux Orcades, à plus de 1060 lieues du sud au nord, et à plus de 1800 lieues de distance, par le flux du pôle Sud; et sans doute les graines fluviatiles des Orcades sont portées en été sur les côtes de la Jamaïque, par le flux du pôle Nord. Ces mêmes correspondances doivent régner entre les végétaux de Hollande et des Açores. Je ne connais aucune des graines des fleuves de la Jamaïque; mais je suis bien sûr qu'elles ont les caractères nautiques que j'ai observés dans celles de toutes les plantes fluviatiles. Ainsi voici une nouvelle confirmation des harmonies végétales de la nature sur l'émigration des plantes. On peut appliquer celle-ci à l'émigration des poissons qui font de si longues traversées en pleine mer, guidés sans doute par les graines flottantes des plantes fluviatiles, pour lesquelles ils ont par-tout pays un goût de préférence, et que la nature fait croître sur les rivages pour servir particulièrement à leur nourriture.

Il me semble que les hommes pourraient, par le moyen des courants alternatifs des mers, entretenir parmi eux une correspondance régulière et sans frais, dans toutes les parties maritimes du globe. On pourrait peut-être exploiter par leur moyen, ces vastes forêts du nord de l'Amérique et de l'Europe, composées en grande partie de sapins qui pourrissent inutilement pour les hommes sur ces terres désertes. On les abandonnerait pendant l'été, en trains bien assemblés, d'abord aux courants des fleuves, puis à ceux de la mer, qui les apporteraient au moins jusqu'à la latitude de nos côtes dépouillées de bois, comme le cours du Rhin amène tous les ans en Hollande un train prodigieux de bois de chênes exploités dans les forêts de l'Allemagne. Les débris du combat naval d'Ostende, portés si rapidement jusqu'aux Açores, montrent l'étendue des ressources que la nature nous présente dans ce genre. La géographie peut aussi en tirer le plus grand parti. Christophe Colomb doit aux effets de ces courants la découverte de l'Amérique. Un simple roseau, d'une espèce étrangère, jeté sur les côtes occidentales des Açores, fit conclure à ce grand homme qu'il existait d'autres terres à l'occident. Il pensa encore à tirer parti des courants de la mer au retour de son premier voyage; car, étant sur le point de périr dans une tempête, au milieu de l'océan Atlantique, sans pouvoir apprendre à l'Europe, qui avait méprisé si long-temps ses services et ses lumières, qu'il avait enfin trouvé un nouveau monde, il renferma l'histoire de sa découverte dans un tonneau qu'il abandonna aux flots, espérant qu'elle arriverait tôt ou tard sur quelque rivage. Une simple bouteille de verre pouvait la conserver des siècles à la surface des mers, et la porter plus d'une fois d'un pôle à l'autre. Ce n'est point pour nos superbes et injustes savants, qui refusent de voir dans la nature ce qu'ils n'ont pas imaginé dans leur cabinet, que j'étends si loin l'application de ces harmonies pélagiennes; c'est pour vous, infortunés matelots. C'est de l'adoucissement de vos maux que j'attends un jour ma plus durable et plus noble récompense. Peut-être un jour quelqu'un de vous, naufragé dans une île déserte, chargera les courants de la mer d'annoncer la nouvelle de son désastre à quelque terre habitée, et d'en implorer du secours. Peut-être quelque Céix périssant dans les tempêtes du cap Horn leur confiera ses derniers adieux; et les flots de l'hémisphère austral les apporteront jusque sur les rivages de l'Europe, pour consoler quelque nouvelle Alcyone.

Après les faits que je viens de rapporter, on ne peut plus douter que l'océan Indien et l'océan Atlantique n'aient leurs sources dans les fontes semi-annuelles et alternatives des glaces du pôle Sud et du pôle Nord, puisqu'ils ont des courants semi-annuels et alternatifs concordants parfaitement à l'été et à l'hiver de chaque pôle. Ces courants, comme on peut bien le croire, ont plus de vitesse que les corps qui flottent à leur surface. Il se fait, aux équinoxes, une impulsion rétrogressive dans toute la masse de leurs eaux à-la-fois, ainsi qu'il appert, à ces époques, par l'agitation universelle de l'Océan dans toutes les latitudes. Ce bouleversement total et presque subit ne peut être opéré par l'attraction de la lune et du soleil, qui vont toujours du même côté, et qui sont constamment entre les tropiques : mais, ainsi que je l'ai répété plusieurs fois, il est produit par la chaleur du soleil qui passe alors presque subitement d'un pôle à l'autre, fond l'Océan glacé qui le couvre, donne, par les effusions de ses glaces, de nouvelles sources à l'Océan fluide, des directions opposées à ses courants, et renverse l'ancien équilibre de ses eaux.

On peut encore moins déduire, comme l'on fait, la cause des marées, de l'action du soleil et de la lune sur l'équateur; car, si cela était, elles devraient être plus considérables entre les tropiques, près du foyer de leurs mouvements, que par-tout ailleurs; et c'est ce qui n'est pas. Voyez ce que dit sur les marées de l'Inde, voisines de l'équateur, Dampier, dans son Traité des Vents, page 378.

« Depuis le cap Blanc sur les côtes de la mer du Sud au
» troisième degré, jusqu'au trentième degré de latitude
» méridionale, la mer ne flue et reflue qu'un pied et demi
» ou deux pieds.... Les marées dans les Indes orientales
» montent fort peu, et ne sont pas si régulières qu'ici,
» c'est-à-dire, en Europe; elles y sont tout au plus de
» quatre à cinq pieds, » dit-il ailleurs. Il rapporte ensuite que la plus grande marée qu'il éprouva sur les côtes de la Nouvelle-Hollande, n'arriva que trois jours après la pleine ou nouvelle lune.

La faiblesse et le retardement considérable de ces marées entre les tropiques, prouve donc évidemment que le foyer de leurs mouvements n'est point sous l'équateur; car s'il y était, les marées seraient terribles sur les côtes de l'Inde qui sont dans son voisinage, et qui lui sont parallèles : mais leur origine est près des pôles, où elles sont en effet de vingt à vingt-cinq pieds auprès du détroit de Magellan, suivant le chevalier Narbrough, et d'une hauteur aussi considérable à l'entrée de la baie d'Hudson, suivant Ellis.

Récapitulons. Les marées sont des effusions semi-journalières des glaces d'un pôle, comme les courants généraux de la mer en sont des effusions semi-annuelles. Il y a deux courants généraux opposés par an, parce que le soleil échauffe, tour-à-tour dans un an, l'hémisphère austral et le septentrional; et il y a deux marées par jour, parce que le soleil échauffe, tour-à-tour en vingt-quatre heures, la partie orientale et occidentale du pôle qui est en fusion. C'est le même effet que nous voyons arriver dans beaucoup de lacs voisins des montagnes à glaces, qui ont des courants et un flux et reflux, pendant le jour seulement. Mais il n'est pas douteux que, si le soleil échauffait pendant la nuit l'autre côté de ces montagnes, elles ne produisissent encore un autre flux et reflux dans leurs lacs, et par conséquent deux marées en vingt-quatre heures, comme l'Océan. Le retardement des marées de l'Océan, qui est de vingt-quatre minutes environ de l'une à l'autre, vient de ce que la coupole glaciale du pôle en fusion diminue chaque jour de diamètre. Ainsi le foyer des marées s'éloigne de plus en plus de nos côtes. Si leur intensité est telle, suivant Bouguer, que ce sont nos marées du soir qui sont les plus fortes en été; c'est qu'elles sont les effusions diurnes de notre pôle, arrivées pendant le jour d'une saison chaude. Si, dans cette saison, elles sont moins fortes le matin que le soir; c'est que ce sont les effusions nocturnes qui viennent de l'autre partie du pôle, et qui se déchargent dans les sources en spirale de l'océan Atlantique, mais en moindre quantité. Si, au contraire, au bout de six mois, les plus fortes marées, c'est-à-dire celles du soir, de-

viennent les plus faibles; et les plus faibles, c'est-à-dire celles du matin, deviennent les plus fortes: c'est qu'elles viennent alors de l'action du soleil sur le pôle austral, et que la cause étant opposée, les effets doivent l'être pareillement. Si les marées sont plus fortes un jour et demi ou deux jours après les pleines lunes, c'est que cet astre augmente par sa chaleur les effusions polaires, et par conséquent le volume d'eau de l'Océan. Non-seulement la lune a une chaleur qui évapore les eaux, comme on l'a observé dernièrement à Rome et à Paris, mais qui fond les glaces, ainsi que le rapporte Pline d'après les observations de l'antiquité. « La lune fait dégeler, résol-
» vant toutes glaces et gelées par l'humidité de son in-
» fluence ».* Si enfin les marées sont plus considérables aux équinoxes qu'aux solstices, c'est que, comme nous l'avons vu, c'est aux équinoxes qu'il y a le plus grand volume d'eau dans l'Océan, puisque la plus grande partie des glaces d'un des pôles est alors fondue, et que celles du pôle opposé commencent alors à fondre.

Il ne faut pas croire que chaque marée soit une effusion polaire du jour même : mais elle est un effet de cette suite d'effusions polaires qui se succèdent perpétuellement; en sorte que la marée qui arrive aujourd'hui sur nos côtes, est partie du pôle il y a peut-être six semaines; et son mouvement est entretenu par celles qui coulent chaque jour à sa suite. C'est ainsi que dans une file de billes placées sur un billard, la première qui reçoit une impulsion la communique à sa voisine, celle-ci à la suivante, et que la dernière seule se détache de la file avec ce qui reste de mouvement. Mais on doit admirer ici cette autre concordance qui règne entre les effets de la nature les plus éloignés : c'est que les marées du soir et du matin arrivent

---

* Histoire naturelle, liv. II, chap. ci.

sur nos côtes, comme si elles partaient dans le même jour de la partie supérieure et inférieure de notre hémisphère; et que les marées d'été sont précisément opposées à celles de l'hiver, comme les pôles mêmes d'où elles s'écoulent.

Je pourrais appuyer cette nouvelle théorie d'une multitude de faits, et l'appliquer à la plupart des phénomènes nautiques qu'on a regardés jusqu'ici comme inexplicables; mais le temps et l'espace qui me restent ne me le permettent pas. Il me suffit d'en avoir déduit les principaux mouvements de la mer. Il m'a fallu parcourir ce labyrinthe avec un travail dont le lecteur n'a pas d'idée. Je lui en ai montré l'entrée et la sortie, et je lui en présente le fil. Il pourra, sans doute, aller beaucoup plus loin sans mon secours. Je peux l'assurer, qu'en s'éclairant de ces principes dans la lecture des Journaux et des Voyages maritimes qui ont un peu d'exactitude dans les dates de leurs observations, tels que ceux d'Abel Tasman, de Hugues de Linschoten, du général Beaulieu, de Froger, de Fraisier, de Dampier, d'Ellis, etc., il verra un jour nouveau se répandre sur les endroits des Journaux de marine, qui sont, pour l'ordinaire, si arides et si obscurs.

Si le temps et mes moyens m'eussent permis de répandre sur cette partie toute la lumière dont elle est susceptible, j'ose me flatter que je l'eusse rendue bien autrement intéressante. J'eusse fait représenter sur deux grands globes solides, les deux courants généraux de la mer en hiver et en été, avec des flèches qui eussent exprimé les intervalles exacts d'une marée à l'autre; et leurs contre-courants latéraux au passage de tous les détroits, qui produisent, sur différents rivages, des contre-marées semi-diurnes, diurnes, hébdomadaires, lunaires, semi-annuelles. Ces contre-marées en eussent produit d'autres de retour au passage des îles; en sorte qu'on eût vu l'Océan comme un grand fleuve, partir de chaque pôle, circuler le globe, et former sur ses rivages une multitude de contre-courants et de contre-marées dépendantes toutes des effusions d'un seul pôle. Je me fusse servi pour cela des Journaux de marine les plus authentiques.

On eût vu alors évidemment que les baies des continents et même des îles, sont à l'abri des courants généraux ; et j'eusse fait voir, au contraire, que le cours et la direction de tous les fleuves sont ordonnés à ces courants et à ces marées de l'Océan, pour les accélérer en certains lieux, et les retarder en d'autres, comme le cours des ruisseaux et des rivières est ordonné lui-même au courant des fleuves, pour la même fin.

J'eusse fait plus : afin de bannir l'aridité de notre géographie, et de réunir les graces que se prêtent mutuellement tous les règnes de la nature, au lieu de flèches, j'y eusse représenté des figures plus analogues aux mers, et j'aurais ajouté de nouvelles preuves à la théorie de ces effusions polaires, en y représentant plusieurs espèces de poissons voyageurs, qui, à certaines époques de l'année, s'abandonnent à leurs courants pour passer d'un hémisphère dans l'autre. Ce qu'il y a de certain, c'est que le point principal de leur réunion, tant d'un pôle que de l'autre, est précisément au détroit formé par la Guinée et le Brésil, où nous avons dit que se formaient ces deux grands contre-courants latéraux qui retournent vers les pôles. C'est là le rendez-vous des poissons du pôle septentrional et du pôle austral. Les harengs, les baleines et les maquereaux, se trouvent en abondance en été sur ces rivages. Les baleines du Nord ont été si communes au Brésil autrefois, que, suivant le rapport des voyageurs, leur pêche y était affermée, et produisait un revenu considérable au roi de Portugal. Je ne sais pas ce qui en est à présent : peut-être le bruit de l'artillerie européenne les aura éloignées de ces côtes. On y pêchait aussi en quantité la morue connue dans toute l'Amérique sous le nom de morue du Brésil. D'un autre côté, suivant le Hollandais Bosman, qui nous a donné une très-bonne relation de la Guinée, les baleines de l'espèce de celles qu'on appelle *nord-caper*, capres du nord, abondent sur les côtes de Guinée. Il prétend qu'elles y viennent faire leurs petits. Artus nous a conservé une liste des poissons voyageurs qui apparaissent sur cette côte pendant les divers mois de l'année. Quoiqu'elle soit bien imparfaite, on y peut reconnaître les poissons particuliers à chaque pôle. Aux mois d'avril et de mai, c'est une espèce de raies, qui s'élève à la surface de l'eau; en juin et juillet, une sorte de harengs si nombreuse, que les Nègres, en jetant au milieu d'eux un simple plomb à l'extrémité d'une longue ligne environnée d'hameçons, en pêchent toujours plusieurs d'un seul coup. Pendant les mêmes mois, ils prennent beaucoup d'écrevisses de mer, semblables, dit Artus, à celles de Norwège. En septembre, on y voit arriver des espèces très-nombreuses de maquereaux. Il y paraît alors une espèce de mulet, qui, à l'opposé des autres poissons qui aiment le silence, accourt au bruit. Les Nègres profitent de cet instinct pour le prendre. Ils attachent à une pièce de bois hérissée d'hameçons, une sorte de cornet avec son battant; ils la jettent ainsi équipée à la mer, et le mouvement des flots agitant le cornet, produit un certain bruit qui attire ce poisson, qui, voulant mordre le morceau de bois, se prend ainsi de lui-même. Ainsi la bonne nature fournit aux pauvres Nègres des pêches proportionnées à leur industrie. Cette espèce de mulet paraît, par son instinct, destiné à voyager dans les mers et les saisons bruyantes, puisqu'il ne paraît qu'à l'équinoxe d'automne, à la révolution des saisons. Mais dans les mois d'octobre et de novembre, terrissent en abondance des poissons dont le nom et les mœurs sont inconnus à l'Europe, et qui semblent appartenir au pôle austral, dont les courants sont alors en activité. Tels sont, un brochet de mer ou bécune, dont les dents sont très-aiguës et la morsure fort dangereuse; une espèce de saumon à chair blanche, qui est de très-bon goût; un autre qu'il appelle l'étoile de mer; une espèce de chien marin qui a la tête très-grosse, et la gueule en forme de bassinoire : il est marqué sur le dos d'une croix : il y en a de si gros, qu'un seul fait la charge de deux et trois canots. En décembre, on voit une grande abondance de korkofedo ou lunes, qui paraissent aussi en juin. Le korkofedo semble régler sa marche sur les solstices. Il est aussi large que long : on le prend avec un morceau de canne à sucre attaché à un hameçon. Le goût de ce poisson pour la canne à sucre, est une autre preuve des harmonies établies entre les poissons et les végétaux. Enfin, dans les mois de janvier, février et mars, on voit sur la côte de Guinée une espèce de petits poissons à grands yeux, qu'Artus croit être l'*oculus* ou *piscis oculatus* de Pline. C'est encore un voyageur des mers bruyantes de l'équinoxe, car il saute et s'agite avec beaucoup de bruit.

Si le temps me l'eût permis, j'aurais étendu ces consonnances élémentaires aux divers habitants des départements de la mer. Nous eussions vu, par exemple, la cause du passage alternatif des tortues, qui se rendent chaque année, pendant six mois, dans certaines îles, et qu'on retrouve, six mois après, dans d'autres îles, à sept ou huit cents lieues de là, sans qu'on ait pu imaginer jusqu'ici comment ce lourd amphibie peut faire de si grands trajets vers des lieux qu'il n'aperçoit pas. Nous eussions vu leurs pesantes flottes se laisser aller presque sans mouvement, pendant la nuit, au courant général de l'Océan, côtoyer, à la clarté de la lune, les sombres promontoires des îles, et chercher dans leurs anses désertes quelques baies sablonneuses et tranquilles où elles puissent faire leur ponte, loin

du bruit. D'autres, comme les maquereaux, ne manquent pas d'arriver, dans les saisons accoutumées, sur d'autres rivages, avec les mêmes courants, puisqu'alors ils sont aveugles. « Lorsque les maquereaux viennent sur les côtes
» du Canada, dit Denis, ancien gouverneur de ce pays,
» ils ne voient goutte. Ils ont une maille sur les yeux qui
» ne leur tombe que vers la fin de juin, et pour lors ils
» voient, et se prennent à la ligne.* » Son témoignage est confirmé par d'autres voyageurs, quoiqu'il n'en eût pas besoin. D'autres poissons, comme les harengs, font étinceler au soleil leurs légions argentées sur les grèves septentrionales de l'Europe et de l'Amérique, ombragées de sapins, et s'avancent jusque sous les palmiers de la Ligne, en remontant le long des rivages contre les marées du midi, qui leur apportent sans cesse de nouvelles pâtures. D'autres, comme les thons, partent de la Ligne, voguent à la faveur de ces mêmes marées, et entrent au printemps dans la Méditerranée, dont ils font tout le tour; et quoiqu'ils ne laissent aucune trace sur leur chemin liquide, ils ne laissent pas de s'y reconnaître au milieu des nuits les plus obscures, à la lueur des feux phosphoriques qu'excitent leurs mouvements. C'est à ces mêmes lueurs qu'on aperçoit la nuit les tortues couleur d'ombre, sur la surface des eaux. On croirait que ces animaux entourés de lumière, ont des flambeaux attachés à leurs nageoires et à leurs queues. Ainsi les qualités phosphoriques de l'eau marine sont liées même aux voyages nocturnes des poissons.

C'est le soleil qui est le moteur de toutes ces harmonies. Parvenu à l'équinoxe, il abandonne un pôle à l'hiver, et il donne à l'autre le signal du printemps par les feux dont il l'environne. Le pôle échauffé verse de toutes parts des

* Histoire naturelle de l'Amérique septentrionale, chap. xi.

torrents d'eau et de glaces fondues dans l'Océan, à qui il donné de nouvelles sources. L'Océan change alors son cours; il entraîne dans son courant général la plupart des poissons du nord vers le midi, et par ses contre-courants latéraux, ceux du midi vers le nord. Il en attire d'autres jusque dans le continent, par les alluvions des terres que les fleuves charient : tels sont les poissons à écailles, comme les saumons qui aiment, en général, à remonter contre le cours des fleuves.

Ces légions flottantes sont accompagnées de cohortes innombrables d'oiseaux de marine, qui quittent leurs climats naturels et voltigent autour des poissons, pour vivre à leurs dépens : c'est alors qu'on voit aborder jusque sur les rivages septentrionaux les oiseaux de marine du midi, comme les pélicans, les flamants, les crabiers, les aigrettes ; et sur ceux du midi les oiseaux du nord, comme les lombs, les bourguemestres, les cormorans : c'est alors que les sables et les écueils les plus déserts sont habités, et que la nature présente de nouvelles harmonies sur tous les rivages.

Si les voyages des habitants de la mer eussent jeté de nouveaux jours sur les courants de l'Océan, ces courants eux-mêmes nous auraient donné des lumières sur les mœurs et sur les formes des poissons, qui nous paraissent si étranges. La plupart de ces poissons jettent leur frai en si grande abondance, que la mer en est quelquefois couverte dans des espaces de plusieurs lieues. Les courants emportent au loin ce frai; et pendant que les pères et les mères, sans souci, se livrent à l'amour sur les côtes de la Norwège, leur postérité vient quelquefois éclore sur celles de l'Afrique ou du Brésil. Nous eussions vu leurs catégories si variées, parfaitement configurées pour les différents sites de la mer : les uns, taillés en longues lames de sabres, comme le poisson de l'Afrique qui en porte le nom, se plaisent à pénétrer dans les passages les plus étroits des rochers, et à remonter contre les courants les plus rapides; d'autres, également aplatis, sont taillés en rond avec deux longues antennes qui partent de leur tête et se renversent en arrière, pour leur servir de gouvernail, comme les lunes argentées des Antilles. Ces lunes se jouent sans cesse au milieu des flots qui se brisent contre les rochers, sans que jamais on en voie une seule jetée sur le rivage. D'autres poissons triangulaires, et taillés comme des coffres dont ils portent le nom, s'avancent jusqu'au milieu des récifs dans des flaques où il n'y a presque pas d'eau, et font briller au sein des noirs rochers leurs robes bleues parsemées d'étoiles d'or. Pendant que les uns, toujours inquiets, furètent les plus petits recoins des rivages pour y chercher de la proie, d'autres, tranquilles sur leurs besoins, restent immobiles à postes fixes pour l'attendre. Les uns, encroûtés de lourdes maisons de pierre, pavent le sol des rivages, comme les casques, les lambis et les tuilées; d'autres, attachés par des fils à de petits cailloux, se tiennent à l'ancre à l'embouchure des fleuves, comme les moules; d'autres se collent les uns aux autres, comme les huîtres; d'autres se fixent comme des têtes de clous, aux rochers qu'ils lèchent, comme les lépas; d'autres s'enfouissent dans les sables, comme la harpe, la vis, le manche de couteau, et la plupart des coquillages dont les robes extérieures sont nettes et brillantes; d'autres, comme les homards et les crabes couverts de boucliers et de corselets, sont en embuscade entre les cailloux, où ils ne laissent apercevoir que l'extrémité de leurs antennes et de leurs grosses pinces........ S'il eût été en mon pouvoir, j'eusse étudié les contrastes que ces familles innombrables forment sur les vases et les rochers, où leurs écailles brillent des feux de l'aurore, et de l'éclat du pourpre et du lapis. J'aurais décrit ces campagnes pélagiennes, couvertes de plantes d'une variété infinie de

formes, qui ne reçoivent les rayons du soleil qu'à travers
les eaux. Leurs vallées mêmes où les courants s'écoulent
avec la rapidité des écluses, produisent des plantes élastiques et criblées de trous, telles que les feuilles du panache marin, au milieu desquelles les flots passent comme
à travers un tamis. J'aurais représenté leurs rochers qui
s'élèvent du fond de l'abyme comme des môles inébran-
lables, avec des flancs caverneux hérissés de madrépores
et tapissés de guirlandes mobiles de fucus, d'algues, de
varechs de toutes les couleurs, qui servent d'asyles et de
litières aux phoques et aux chevaux marins. Dans les tempêtes, leurs bases ténébreuses se couvrent de nuages d'une
lumière phosphorique; et des bruits ineffables qui sortent
de leurs anfractuosités, appellent à la proie les légions silencieuses des habitants des mers. J'eusse tâché de pénétrer dans ces palais des Néréides, d'en dévoiler les mystères encore inconnus aux hommes, et d'observer de loin
les pas de cette sagesse infinie qui s'est promenée sous les
flots; mais ces laborieuses et ravissantes recherches, si
utiles à nos pêches et si agréables à l'histoire naturelle,
sont au-dessus de la fortune et des travaux d'un solitaire.

J'ose me flatter toutefois que la nouvelle théorie que
j'ai présentée sur les causes des courants généraux et des
marées de l'Océan, pourra être utile à la navigation. Il
me semble qu'un vaisseau partant au mois de mars avec
le cours de nos effusions polaires, et tenant le milieu du
canal Atlantique, peut aller pendant l'été aux Indes orientales, toujours favorisé du courant. C'est ce que je pourrais prouver encore par l'expérience de plusieurs vaisseaux.
Il est vrai que, dans cette saison, qui est l'hiver de l'hémisphère austral, l'attérage au cap de Bonne-Espérance
est dangereux, parce que la mousson de l'Ouest qui y règne alors, y excite beaucoup de tempêtes, ainsi que sur
les côtes de l'Inde qui lui sont opposées; mais je crois qu'on

éviterait ces inconvénients, en s'élevant en latitude. Ce même vaisseau peut revenir des Indes orientales six mois après, pendant notre hiver, avec les effusions du pôle austral. Il se servira au contraire des contre-courants des courants généraux, ou de leurs marées latérales, pour aller ou revenir à contre-saison le long des continents. Il est facile de tirer de cette théorie d'autres lumières pour la navigation de toutes les mers : par exemple, on peut s'aider de ces courants pour la découverte des îles nouvelles ; car toute île est à l'extrémité ou au confluent d'un ou de plusieurs courants, comme tout volcan est situé dans leurs remoux.

Je termine ici ces vues nautiques, où il y a, sans doute, des négligences de style, et quelques imperfections ; mais déterminé par des circonstances particulières, à mettre promptement au jour cet Ouvrage, je me suis hâté de donner à ma patrie ce dernier témoignage de mon attachement. J'espère de l'indulgence des vrais savants, qu'ils rectifieront mes incorrections.

FLEURS.

PLANCHES III, IV, V, VI ET VII, TOME II, PAGES 282 ET SUIVANTES.

Comme l'explication de ces planches est insérée dans le texte, je n'en dirai ici autre chose, sinon qu'on peut réduire toutes les formes des fleurs qui ont des relations directes avec le soleil, à ces cinq premiers patrons de fleurs, à réverbères perpendiculaires, coniques, sphériques, elliptiques, plans ou paraboliques; et les fleurs qui ont des relations négatives avec le soleil, aux cinq autres patrons de fleurs en parasol, qui sont représentées ici en contraste avec les premières. Cependant, quoique celles-ci soient de formes bien plus variées que les fleurs à réverbères, on peut rapporter toutes leurs espèces négatives à ces cinq formes positives.

Je pense que, si on ajoutait à ces cinq formes positives ou primordiales un certain nombre d'accents, pour en exprimer les modifications, on aurait les vrais caractères de la floraison, et un alphabet de cette agréable partie de la végétation. Je présume aussi qu'au moyen de cet alphabet, on pourrait caractériser sur les cartes géographiques les différents sites du règne végétal. Il suffirait d'en appliquer les signes aux forêts qu'on y représente ; car en y voyant, je suppose, celui du réverbère perpendiculaire exprimé par un épi ou par un cône saillant, on y reconnaîtrait aussitôt les forêts du Nord ou celles des montagnes froides et élevées. Des accents particuliers joints à ce caractère de cône saillant, distingueraient entre eux les pins, les épicéas, les laryx et les cèdres ; et des rayons qui partiraient de ces caractères modifiés, montreraient l'étendue des règnes de ces diverses espèces d'arbres. La chose n'est pas si difficile qu'on se l'imagine. La géographie représente bien des forêts sur les cartes ; il ne s'agirait donc que d'y joindre quelques signes pour en déterminer les espèces, et ces signes caractériseraient encore, comme nous l'avons vu, la latitude ou l'élévation du terrain. D'ailleurs, on exclurait de ces cartes botaniques une multitude de divisions politiques dont les noms en grands caractères occupent inutilement beaucoup d'espace. On n'y représenterait que les domaines de la nature, et non ceux des hommes. Ainsi, au moyen de ces signes botaniques, on reconnaîtrait d'un coup-d'œil dans une carte les productions naturelles à chaque terrain : les forêts avec leurs différentes espèces d'arbres, et les prairies même avec les variétés de leurs herbes. On pourrait encore y faire sentir l'humidité ou la sécheresse du territoire, en joignant aux signes des fleurs, les caractères des feuilles et des semences des végétaux. On ajouterait ensuite aux villes et aux villages qu'on y représente, des chiffres qui exprimeraient le nombre des familles qui les habitent, ainsi que je l'ai vu dans des cartes turques; et on aurait des cartes vraiment géographiques; qui présenteraient d'un coup-d'œil une image de la richesse et de la température du territoire, et du nombre de ses habitants. Au reste, ce n'est pas un plan que je prescris, mais des idées que je propose à perfectionner.

GRAINES VOLATILES.

PLANCHES VIII ET IX, TOME II, PAGES 316 ET 336.

On voit planche VIII, le sparte ou jonc des montagnes d'Espagne, creusé en échoppe, pour recevoir les eaux des pluies; et planche IX, le jonc cylindrique et plein des marais. La graine de celui-ci ressemble dans son développement à des œufs d'écrevisse. Je n'ai pu recouvrer de graine de sparte; mais je ne doute pas qu'à l'opposé de celle du jonc des marais, elle n'ait un caractère volatil. Je ne sais même si le sparte fructifie dans notre climat. MM. Thouin, jardiniers en chef du Jardin du Roi, auraient bien pu satisfaire, à ce sujet, ma curiosité. Ce sont eux qui m'ont prêté la plupart des graines et des feuillages que j'ai fait graver ici, entre autres le cône du cèdre du Liban; mais accoutumé, dans mes études solitaires, à chercher dans la nature seule la solution des difficultés que j'y rencontre, je ne me suis point adressé à eux, quoiqu'ils soient remplis d'honnêteté et de complaisance pour les ignorants comme pour les docteurs.

Quoi qu'il en soit, c'est au fruit que la nature attache le caractère de volatilité; et c'est par la feuille qu'elle indique la nature du site où le végétal doit naître. Ainsi on voit dans la planche VIII le cône du cèdre composé de folioles comme un artichaut. Chaque foliole porte son pignon : tel est celui qui est représenté ici détaché du cône; et chacun d'eux, dans la maturité du fruit, s'envole, à l'aide des vents, vers les sommets des hautes montagnes pour lesquels il est destiné. Remarquez aussi que les feuilles du cèdre sont d'une forme filiforme, pour résister aux vents qui sont violents dans les hautes montagnes; et elles sont agrégées en pinceaux pour recueillir dans l'air les vapeurs qui y nagent. Chaque feuille de cet arbre, a de plus un aqueduc tracé dans sa longueur; mais, comme elle est fort menue, la gravure n'a pu l'exprimer. Au reste, cette forme filiforme et capillacée, si propre à résister aux vents, ainsi que celle qui est en lame d'épée, est commune aux végétaux de montagnes, comme pins, mélèzes, cèdres, palmiers : elle se retrouve aussi très-fréquemment sur les bords des eaux également exposés aux grands vents, comme dans les joncs, les roseaux, les feuilles de saule; mais les feuillages de ceux-ci diffèrent essentiellement de ceux des premiers, en ce qu'ils n'ont point d'aqueduc, et que ceux de montagnes en ont; leur agrégation n'est pas non plus la même.

Le pissenlit croît, comme le cèdre, dans les lieux secs et élevés. Ses graines sont suspendues à une sphère entière de volants, qui forme au dehors un polyèdre très-régulier d'une multitude de faces hexagonales ou pentagonales. Ces faces ne sont point exprimées dans la figure, parce qu'on l'a copiée d'après celle d'un livre de botanique très-estimé, mais qui, comme les livres en tout genre, n'a recueilli que les caractères qui convenaient à son système. La feuille du pissenlit détermine particulièrement son site naturel; elle est large et charnue, parce que s'étalant sur la terre où elle forme des étoiles de verdure, elle ne craint point les vents : elle est découpée profondément en dents de scie, pour ouvrir un passage aux graminées; et ses dentelures se recourbent en dedans pour recevoir les eaux des pluies, et les porter à la racine. Ainsi la nature proportionne les moyens à chaque sujet, et redouble d'attention pour les plus faibles. La sphère du pissenlit est plus artistement faite que le cône du cèdre, et est sans contredit bien plus volatile. Il faut des tempêtes pour porter au loin la semence des cèdres; il ne faut que des zéphyrs pour ressemer celle des pissenlits. Il faut de plus un Liban pour planter le premier, et à l'autre il suffit d'une taupinière. Ce petit végétal est aussi bien plus utile dans le monde que le cèdre; il sert à la nourriture de plusieurs quadrupèdes, et de beaucoup de petits oiseaux qui se repaissent de sa graine. Il est fort salutaire à l'homme, sur-tout au printemps. Aussi on voit alors beaucoup de pauvres gens qui cueillent ses jeunes pousses dans les campagnes. C'est le seul aliment que la nature présente encore gratuitement à l'homme dans notre climat. Il vient par-tout dans les lieux secs, et jusque dans les intervalles des pavés. Il tapisse souvent les cours des hôtels dont les maîtres n'ont pas beaucoup de clients, et semble y appeler les misérables. Ses fleurs dorées émaillent très-agréablement le pied des murs, et sa sphère de plume relevée sur une longue hampe au sein d'une étoile de verdure, ne laisse pas d'avoir son agrément.

C'est donc la feuille qui détermine particulièrement le site naturel d'un végétal; car, comme nous l'avons vu, il y a des plantes aquatiques qui ont leurs graines volatiles, parce qu'elles croissent sur les bords des lacs ou des marais qui n'ont pas de courants, telles que le saule et le roseau; mais leurs feuilles alors n'ont point d'aqueducs. Il y en a même qui sont pendantes, et qui, par cette attitude, refusent les eaux du ciel. L'érable de Virginie, qui se plaît sur les bords des lacs, des marais et des criques, a des graines attachées à des ailes membraneuses, semblables à celles d'une mouche, comme celle de l'érable de montagne qui est représentée ici. Mais il y a cette grande différence entre eux, que la large feuille du premier est pendante, et attachée à une longue queue, que cette queue, loin d'avoir un aqueduc, a une arête ; et que la feuille de l'érable de montagne, qui est d'une moyenne grandeur, anguleuse et corticée pour résister aux vents, s'élève presque verticalement, et porte un aqueduc sur sa queue pour recevoir les eaux du ciel.

GRAINES AQUATIQUES.

PLANCHES IX ET X, TOME II, PAGES 336 ET 337.

Les graines aquatiques ont des caractères entièrement opposés à ceux des graines de montagnes, si on en excepte, comme je l'ai dit, celles qui viennent sur les bords des eaux stagnantes ; mais celles-ci même ont à-la-fois des caractères volatils et nautiques, car elles sont amphibies. Elles surnagent dans l'eau, et elles volent en l'air ; telle est celle du saule, etc. C'est la feuille qui détermine le site, comme je l'ai dit : car les plantes aquatiques n'ont jamais d'aqueduc sur leurs feuilles. La plupart même repoussent les eaux. Jamais les feuilles de nymphæa et de roseau ne se mouillent. Il en est de même de celles de la capucine, qui ne sont jamais humides, quelque pluie qu'il fasse, quoique cette plante aime beaucoup l'eau ; car elle en consomme des quantités prodigieuses dans sa culture. Je suis persuadé que, si un marais était ensemencé de cette sorte de plante, il serait bientôt desséché. La feuille du martinia de la Vera-Cruz, qui est représentée, planche IX, dans les plantes aquatiques, est au contraire toujours humide. Elle a même dans son premier développement une cannelure sur la queue. Par ce double caractère montagnard, je soupçonne que le martinia croît sur les bords arides et sablonneux de la mer; car la nature, pour varier ses harmonies, met des lieux fort secs sur les bords des eaux, comme elle met des flaques d'eau et des marais dans les montagnes. Mais par la forme de la gousse du martinia, qui ressemble à un hameçon de dorade, je la crois destinée aux lieux exposés aux débordements de la mer, tel qu'est en effet le terrain de la Vera-Cruz, d'où cette espèce est originaire. Je présume donc, que lorsque les rivages de la Vera-Cruz sont inondés par les grandes marées, on doit voir des poissons accrochés à cette plante ; car la tige de sa gousse est très-difficile à rompre, ses deux crochets sont pointus comme des hameçons, et élastiques et durs comme de la corne. De plus, quand on la trempe dans l'eau, ses sillons ombragés de noir brillent comme s'ils étaient remplis de globules de vif-argent. Or, l'éclat de la lumière est encore un appât qui attire les poissons. Ce ne sont là que des conjectures ; mais je les fonde sur un principe bien véritable, c'est que la nature n'a rien fait en vain.

FIN DE L'EXPLICATION DES FIGURES.

TABLE DES ÉTUDES

CONTENUES DANS CE VOLUME.

Étude XII. De quelques lois morales de la nature... page 1
    Faiblesse de la raison. Du sentiment; preuve de la Divinité et de l'immortalité de l'ame par le sentiment................................. *ibid.*
Des sensations physiques.................... 34
    Du goût............................. 36
    De l'odorat........................... 37
    De la vue............................ 39
    De l'ouïe............................ 47
    Du toucher.......................... 53
Des sentiments de l'ame, et premièrement des affections de l'esprit........................ 57
Du sentiment de l'innocence.................. 61
    De la pitié........................... 62
    De l'amour de la patrie................. 65
Du sentiment de l'admiration................. 67
    Du merveilleux....................... 69
    Plaisir du mystère.................... 71
    Plaisir de l'ignorance.................. 72
Du sentiment de la mélancolie................ 77
    Plaisir de la ruine.................... 80
    Plaisir des tombeaux.................. 89
    Ruines de la nature................... 94
    Plaisir de la solitude.................. 96
Du sentiment de l'amour..................... *ibid.*

De quelques autres sentiments de la Divinité, et entre autres de celui de la vertu............. 121
ÉTUDE XIII. Application des lois de la nature aux maux de la société....................... 136
 De Paris............................ 205
 De la noblesse....................... 260
 D'un élysée.......................... 264
 Du clergé............................ 291
ÉTUDE XIV. De l'éducation................... 298
RÉCAPITULATION............................. 357
NOTES DE L'AUTEUR........................... 383
EXPLICATION DES FIGURES..................... 407

FIN DE LA TABLE DU TOME TROISIÈME DES ÉTUDES.

www.ingramcontent.com/pod-product-compliance
Lightning Source LLC
Chambersburg PA
CBHW070539230426
43665CB00014B/1740